摆渡者教师书架
课堂的秘密丛书

主编◎刘海涛

课堂讨论

高效课堂的思维激荡

肖芙　王林发◎著

教育科学出版社
·北京·

出 版 人　李　东
项目统筹　何　薇　闫　景
责任编辑　杨　巍
责任校对　贾静芳
责任印制　叶小峰

图书在版编目(CIP)数据

课堂讨论:高效课堂的思维激荡 / 肖芙,王林发著. —
北京:教育科学出版社,2016.10
　(课堂的秘密丛书)
　ISBN 978-7-5191-0359-0

　Ⅰ.①课… Ⅱ.①肖… ②王… Ⅲ.①课堂教
学—教学研究—中小学 Ⅳ.①G632.421

　中国版本图书馆 CIP 数据核字(2016)第 017621 号

课堂的秘密丛书
课堂讨论:高效课堂的思维激荡
KETANG TAOLUN:GAOXIAO KETANG DE SIWEI JIDANG

出版发行	教育科学出版社		
社　　址	北京·朝阳区安慧北里安园甲 9 号	市场部电话	010—64989009
邮　　编	100101	编辑部电话	010—64981265
传　　真	010—64891796	网　　址	http://www.esph.com.cn
经　　销	各地新华书店		
印　　刷	莱芜市新华印刷有限公司		
开　　本	177 毫米×240 毫米　16 开	版　　次	2016 年 10 月第 1 版
印　　张	16	印　　次	2016 年 10 月第 1 次印刷
字　　数	210 千	定　　价	35.00 元

如有印装质量问题,请到所购图书销售部门联系调换。

"课堂的秘密丛书"编委会

创造教师的专业之美

刘海涛

2011 年 10 月,教育部颁布了《教师教育课程标准(试行)》,标志着我国教师教育学科和教师队伍建设进入到一个崭新的阶段。一轮体现时代特征的、适应我国基础教育改革发展的现代教师教育课程体系建设,在《教师教育课程标准(试行)》的引领下向深度和广度挺进。今天的新型教师具有广阔的国际视野和精湛的专业技能,他们创新教师的职业内涵,并将其提升到一个与时俱进的新境界。

叶澜在《教师角色与教师发展新探》里,从生命价值的角度对教师职业做了全新的阐释。教师是一个使教育者和受教育者都变得更完善、更完美的职业。今天的教师不仅"育人",而且"育己";不仅"授业",而且"创造"。教师能将外在的知识和他的创造成果转化为自己成长的养分,努力地追求并实现教师职业的快乐境界。一名教师不仅要养成高尚的师德,也应把教师的专业性发展成职业美。当实现了职业美时,教师就唤醒了自身的生命,也就开启了学生美好的人生。所以,教师要努力培育自己高尚的品德,掌握专业化的教育理论、方法和技能。

富有创造力的教师,能让技术性很强的教学工作呈现一种美的教育智慧;能让专业性很强的教学贯穿一种类似游戏般自由自在的快乐精神;能让生活性很强的体态、口语和情感展现一种具有审美特性的魅力——他们课堂上的口头语言、课堂外的文字语言已上升为一种赏心悦目的教学艺术。

　　富有创造力的教师,绝不把学生看作被动的接受者,而是努力让学生用主动的精神、积极的情绪来参与教学活动,他们让学生做到了:在主动的参与中生长,在愉快的讨论中飞翔,在自主自立的发展中成熟——他们像苏步青的教育活动那样,以教出超过自己的学生而感到高兴和荣耀。

　　教师的职业美首先体现在他对美的课堂的创造上。换句话说,优秀教师打造美的课堂是有绝招的。

　　真正美的课堂,应该是教师所传授的知识符合学生的接受程度,课堂信息量大,能够激发学生的求知欲,能够让学生通过教师传授的方法,开展真正意义上的探究性学习;授课教师的语调、语速能够凝聚学生的注意力,并富有较强的感染力……这样的优秀课堂的境界,我们虽然不能时时刻刻达到,但是时时刻刻心向往之。这是一个教师专业化和职业化的具体体现。本丛书提出了各种课堂问题,比如:精彩课堂的有效捷径——"课堂导学"如何开展;魅力课堂的内在动力——"课堂激趣"如何形成;高效课堂的思维激荡——"课堂讨论"如何实施……这些课堂技能的学习和训练,相信可以帮助教师运用专业化的方法和技巧来创造美的课堂。

　　若要成长为一个能上优质课、能创造美的课堂的教师,就需要从每一堂课的精心准备、长期积累开始。一堂好课要做哪些准备呢？一个卓越的教师通过什么样的学习和训练培养自己扎实深厚的教师素养,并在此基础上备好一堂课呢？"课堂的秘密"将会给您答案——

　　首先,寻找最好的教学资源。比如课程标准、优质课件、教学数据库等。只有找到了本课程最好的教学资源,备课才能从一开始就站在较高的起点上。正像双方交战的部队,如果你的武器装备比别人的好,你就有了打一次胜仗最基本的条件。最好建设一个可以满足你教学需要的课程网站。课程网站海量般的储存功能,会让你的教学以一种新颖、生动的数字化形态展现在学生面前。

　　其次,设计完整的教学方案。青年教师第一轮备课时,最好能做到把课堂上要讲的主要内容都事先准备好,写下来。据一些教学理论专家研究:青年教师讲授一次课(两课时),一般需要用 12－14 小时来备课。你只有做了充分准备,才有可能在课堂教学中从容、镇定,而只有进入从容、镇定的状态,这堂课才可能会有超水平的发挥。详细的、完整的教案,包括教学设计、案例分析、课堂讲稿、阅读清单、作业设计、考试试题、课后小札等。教师应通过仔细研读课标、教材,明确课程的结构体系,把握各个知识点之间的内在关系,掌握本课的教学重点、难点,并选择好教学方法。

再次,撰写系统的教学反思。当教学经验有一定的沉淀后,你就要有一个远大的并富有创造性的教学理想——深入研究,系统阐述。如果有了这个念头,你就可以做这样的事情:你教什么,就研究什么;反过来,你研究什么,就教什么。在今天的信息化校园里,你可以启动"把详细的教案改造成教材和专著"的工作,可以考虑"占领"一个教学制高点——让现代教育理念支撑你的教育活动。

最后,构建先进的教育平台。比如在"微时代"和互联网时代,你可以下载"云阅读"里的资源,并将之改造成为自己所用的教学资源,然后通过"云笔记"进行研究、编辑、写作,通过微博发布来引导学生开展课堂内外的探究性学习。这样的教育平台会让你觉得课堂教学是一件很快乐的事情。你可以随时在微博、微信上发表自己的教研成果或教学成果,可以随意转载你在网上看到的、觉得对你的教学有用的教学素材。学生的及时跟帖、评论会开辟一个课堂以外的的师生交流的空间。

无论是教学,还是教研,当你获得了学生的认可、业界的赞同,你将会从中体验到一种做教师的愉悦感和成就感。我认为,这种愉悦感和成就感在各个不同层次、不同类型的学校是等值的,是无论用多少金钱都买不来的一种人生的快乐和职业的快乐。这正是"课堂的秘密"想追求和实现的教育理想、教学目标和教育境界。

2015 年 9 月 23 日

目　录

导　论

课堂讨论的独特魅力

"旧"的形式，"旧"的教师，形成的是"旧"的课堂。但是学生是"新"的，环境也是"新"的。那么，"旧"教育如何适应这一切的"新"呢？如此一成不变的思想，怎能与时俱进呢？如此"不思进取"的教师，怎能培养学生成为创新型人才呢？这就迫切地需要我们学会用"新"的目光看待教育。其中之一就是以课堂讨论的方式激荡思维，实现高效课堂。

课堂讨论可以使学生的智力充分得到挑战，思维产生碰撞，情感受到熏陶，使课堂充满生机、活力，独具魅力。

苏霍姆林斯基认为："在人的心灵深处，都有一种根深蒂固的需要，就是希望自己是一个发现者、研究者、探究者，而在儿童精神世界中，这种需要则特别强烈。"课堂讨论作为教学的一种手段，促使学生从学习中发现问题、提出问题、研究问题、解决问题，从根本上转变学生等待教师传授知识的习惯，消除学习上的依赖心理，使学生由被动接受变为主动探究。

课堂讨论是一种富有创造性的教学活动，更是一个新意频现的教学载体。既体现了新课改的精神，也体现了"以人为本，以学生的发展为本"的现代教育思想，确立了学生是"语言实践主体"的意识，有助于学生真正成为学习的主人、实践的主人。

第一节　妙不可言：精彩课堂的不二法门

精彩的课堂源于师生间的有效交流，可以使学生敢于说话、敢于争辩、"无所顾忌"。课堂讨论正是创造精彩课堂的不二法门，不仅可以激发学生创造性思维的火花、激活创新潜能，扎实提高课堂学习效率，还能为沉寂的课堂注入新鲜的血液，为专制课堂找寻民主阵地，为课堂发展体现人本追求。

一、通过讨论为课堂注入新鲜血液

传统的教育方式以知识的传递为核心，使得学生成为盛放知识的容器，导致教师忽略学生的主体性、主动性、独立性，不重视培养学生的实践能力和创新精神。再加上班级制授课本身的局限，使得学生成为一个个"规格划一"的"产品"，课堂也渐渐沉寂下来。

课堂讨论为沉寂的课堂注入了新鲜血液，为培养学生的批判性思维、独立思考的能力以及发现问题和解决问题的实践能力夯实了基础。

教 学 案 例

《社戏》教学实录（节选）①

师：小说有三要素：人物、情节、环境。这篇小说不仅情节吸引人，自然环境描写细腻，更塑造了一些热情的伙伴和淳朴的乡民形象。请同学们运用"我喜欢文中的_____（人物），因为他（他们）_____（评价其性格的品质），比如_____（举人物表现）"的句式，与你的同桌进行讨论，简单地勾勒人物形象。

学生进行自主讨论后，汇报如下。

生1：我喜欢文中的双喜，因为他胆大心细、聪明伶俐，比如当"我"看不成戏、"急得要哭时"，双喜计上心来，解决了"大船"的问题，并且"打包票"保证"我"的安全，让"外祖母和母亲也相信"。

——————————
① 刘素梅. 初中教学经典细节及对策［M］. 长春：东北师范大学出版社，2010：83. 本文略有改动。

生2：我也喜欢双喜，因为他像个小领袖，敢于负责，比如当老旦唱个没完没了、大家都已经厌倦但不好说回去的时候，又是他提议回家。

生3：我喜欢文中的阿发。因为他纯洁无私，比如午夜归航时，阿发以"我们的（豆）大得多"为由，建议去偷自家的豆。

生4：我喜欢文中的六一公公。因为他淳朴厚道，热情好客。比如，对于孩子们偷他的豆，只是轻加责备，听说摘豆是为了请客，马上说是"应该的"。

生5：我来补充一下，还有他亲自送豆给"我"吃，"我"夸他的豆好吃，他"竟非常感激起来"。

生6：我喜欢文中的一群小伙伴，因为他们友爱热情，比如"我"是"远客"，他们得到父母许可，"伴我来游戏"。

生7：我也喜欢文中的小伙伴，因为开船时"年幼的都陪我坐在船中，较大的聚在船尾"，以防万一。

生8：因为他们聪明活泼，比如对付细心的八公公，他们议论之后，想出要八公公归还枯柏树，当面叫他"八癞子"的办法。

生9：因为他们很能干，比如他们驾船技术高超，水性很好。

这是人教版七年级下册《社戏》的教学实录。在语文教学中，课堂常常涉及人物特点和性格等方面的讨论，往往需要花费大量的时间。教师运用了"我喜欢文中的_____（人物），因为他（他们）_____（评价其性格的品质），比如_____（举人物表现）"这样的开放句式，让同桌进行讨论。根据学生的讨论，我们不难发现学生已经掌握了各个人物的特点，并且懂得将自己的想法如实地表达出来。

学习需要个人独立思考，刻苦钻研，也需要和他人进行共同讨论，集思广益。在课堂学习中，教师要给学生提供充分的自主活动空间以及广泛的交流思想的机会，引导学生思维碰撞，大胆发表创新见解。

（一）主动性

新课程理念倡导自主、合作、探究的学习方式。课堂讨论恰恰切合这些方式，能够鼓励学生将自己的思考所获，以及由此联想和想象的内容与大家交流。这时候，学生之间、师生之间就形成了互相补充、互相促进的关系。

传统的教学模式更注重向学生灌输知识，而忽略了学生在接受过程中的心理状况，因而很容易让学生产生逆反情绪，不利于课堂教学。可见，教学的好与坏在很大程度上取决于学生是否愿意主动地学习。因此，调动学生学习的主动性就成了教学的重中之重。这时候就需要为教学注入新鲜的血液——课堂讨论。课堂讨论可以充分调动学生学习的主动性，最大限度地激发学生学习的积极性。学生是极富能动性的人，他们不只是教学的对象，而且是学习的主体。教师传授的知识与技能、施加的思想影响，都要经过学生自己内化吸收，才能成为学生自己的知识。在实际教学中，一些胆小的学生不敢发表自己的见解，如果长此以往，他们会渐渐地成为课堂里的"摆设"。一般情况下，这些学生愿意将自己的想法告诉自己的同伴，这时，教师如果给予学生讨论的机会，让学生说出自己的见解，那么每个学生的心理诉求都能得到满足，都能得到锻炼的机会。

（二）参与性

在高效的课堂讨论时，学生精神高度集中，思维异常活跃，几乎每个人都表现出强烈的参与意识，将每个学生潜在的竞争意识、好胜心理、被尊重的需要都充分地调动了起来。这充分体现了"以学生为本"的理念。

（三）自主性

课堂讨论更利于学生自主学习，有助于达到事半功倍的教学效果。讨论过程中，学生的思维呈开放的状态，不同的见解和不同的思路在讨论中碰撞、激化，从而促进思维的有序发展，提高思维活动的逻辑性和敏捷性。这种教学方法在新课程的实施中得到广泛的运用。这不仅培养了学生自主探究的意识，而且让学生养成了倾听同伴意见、取长补短的良好习惯，也培养了与他人真诚合作的精神。

（四）进步性

在讨论过程中，学生还可以学会尊重别人的意见，并接受别人的批评，从而在为人处世上更宽容、更谦虚。课堂讨论还可以培养学生的集体意识和集体责任感、荣誉感，为学生的健康成长铺垫发展之路。课堂讨论作为一种教学方法，在促成学生的良好性格、提高学生的道德水平方面，具有十分重要的作用。近年来，课堂讨论的优越性和重要性越来越凸显，尤其是新课改的深入，更是为讨论提供了一个良好的环境。

二、让讨论成为课堂的民主阵地

课堂讨论是一个尊重学生、探求真理的民主方式，让学生成为课堂的主人，还学生自主学习的权利，为学生发展个性和施展才能提供舞台，充分调动全体学生广泛参与教学活动的积极性、主动性和持久性。下面这一节"平行线"概念的数学课就充分体现了课堂讨论的民主阵地作用。

教学案例

我的地盘我作主①

在学完平行线的基本概念及基本性质之后，老师按照书上的要求向学生提问：在同一平面内，两条直线有哪几种位置关系？老师将学生分成小组进行讨论，然后每组派一位代表上台陈述自己小组的观点。老师事先鼓励学生说："今天的发言只有'说没说'，没有'错没错'，也就是说只要言之有理，你们的结论都会得到赞许。"

生1带头说："有两种位置关系，相交和平行。"

生2接着说："我们认为有三种位置关系，相交、平行和重合。"

这一下大家就说开了，有说赞成1的，有说赞成2的。老师这时候顺水推舟，叫大家再次讨论：不管你赞成哪方，你得说出理由。片刻，讨论结束，老师先请赞成1的同学举手，有7位举手（以下称为1类同学），又请赞成2的同学举手，有31位举手（以下称为2类同学）。

生3说："我们赞成同学2，因为重合，既不是相交也不是平行，应属第三类。"

生1辩驳说："两条直线有公共点就是相交，重合的两条直线是有公共点的，所以重合属于相交。"

生4反对说："两条直线相交只有一个交点，而重合时却有无数个公共点，所以重合不是相交，应属第三类。"

这时1类同学有点儿不知所措，2类同学有点儿得意。过了一会儿，生5

---

① 李亚男. 小学数学教学的细节及案例 [M]. 长春：东北师范大学出版社，2010：68. 本文略有改动。

想说又不敢说，老师叫她大胆一点儿，她红着脸说："我的想法不知对不对。"在老师的鼓励下，她终于上台了。

生5："我想重合是相交的特殊情况，我们只要绕着相交直线的交点（她用事先准备好的两支笔做道具），慢慢地转动其中一条直线，两条直线就会重合。所以重合是相交的特殊情况。"

这位平时学习不怎么样的学生的回答，让老师感到吃惊，这种运动思想居然能在普通学生中形成，于是老师赶紧说："同学们，她说得太好了，我们大家拍手鼓掌。"所有同学都为她鼓掌，这位女同学为大家赞同她的观点而感到非常高兴。这会儿轮到2类同学尴尬了。过了一会儿，有人打破了沉默。

生6："照同学5这么说，我们如果在相交直线中固定某一条，在另一条直线上取一个非交点的固定点（也用事先准备好的两支笔做道具），这条直线绕着所取的点转动，会从相交慢慢地变成平行，这样平行成了相交的特殊情况，平行、相交属于同一类，这不成了笑话？"

学生的辩论能力开始显现。这时候老师抓住时机说："同学6说得太好了。不过，在生活中有没有两条平行线看上去好像是相交的例子呢？对！铁轨的远方看似相交，高空中平行的电线也是这样。有人正是根据这个特点，约定两条平行线在无限远处相交，从而就产生了一门数学分支学科——射影几何。同学6所说的现象在平面几何中是一个笑话，而在射影几何中就不是笑话了。"

老师继续说："到现在为止，对两条直线有几种位置关系的讨论还没有结束，有人主张分三类，有人主张分两类，也许有人已经倾向分一类了。如果有人问我到底分几类，我只能老实地说：不知道！我听了同学们的发言，觉得都很有道理。事实上，不同的人、不同的书往往有不同的说法，这是一个没有定论的问题。以后哪个同学在数学上有成就的话，就给出一个定论，免得以后的人再争论不休。"

一节愉快的数学课就这样结束了，而下课时，一个学生找到老师，她以一种期盼着老师赞许的目光看着老师说："老师，我还是认为分两类比较好，因为课本上说'在同一个平面内不相交的两条直线叫作平行线'，所以说只要不相交就是平行线，而重合属于不相交，所以重合是平行的一种。"

这位教师提出一个问题，让全体学生通过讨论的形式解决问题。在讨论开始前，教师就明确讨论的"标准"，让学生明白：发言只要言之有理，没有绝对的对错之分，从而打消了学生紧张的念头，充分尊重了学生的个性和人格。这种方式鼓励学生们在讨论中"争吵"，充分发挥主体意识。在教师良好的引导下，每个学生都产生了跃跃欲试的冲动，进而积极参与到热烈的讨论中，促进了其思维的活跃性。学生的主动性、独立性和创造性在讨论中渐渐显现，充分显现了自身学习的主体地位。

（一）"轻视"标准性

民主的课堂讨论没有顾虑，不用担心回答是否符合"标准答案"，师生都可成为探究真知道路上的志同道合者，让学生真正成为课堂的主人。在一种民主、和谐的学习氛围中，学生通过课堂讨论获得知识，主动探究，积极思考，有利于激发求知欲，促进创新思维的发展。

富有创新性的课堂讨论改变了过去学生规规矩矩、从头到尾听教师"满堂灌"或一味回答教师"满堂问"的教学模式。课堂讨论把一个班分成若干小组，让每组学生凑在一起做做、算算、画画，充分发挥了学生的主体地位，培养了学生自主探究学习的能力。在课堂讨论中，教师应该根据学生的接受能力、文化基础等，有针对性地设计一些讨论问题，让学生不要有所顾忌，畅所欲言，大胆讨论，敢于发表自己的见解。

（二）关注求异性

在自主互助的学习中，教师应该十分珍惜学生的求异思维，让学生敢想、敢说、敢问，敢于表达不同意见和看法，敢于提出不同的问题。我们应该积极鼓励学生提出奇思妙想，迸发求异的火花。教师应该保护学生求异的想法，切忌当头一棒。所以，教师在设计讨论题目时，应该注意采用开放式的题目，让学生在轻松、自由的环境中放飞自己的思想，锻炼求异的思维。

当然，由于学习能力的差异、个性的差异等因素，每个成员参与讨论活动的程度不一，对于不积极参与讨论的成员，教师要激发他们的表现欲，鼓励他们争取发言的机会；对于发言无论好坏的成员，教师都要给予积极的反馈，使他们明白讨论在言之有理的基础上可以畅所欲言；对于发言过于冗长、不注意聆听他人的发言甚至打断他人的发言的成员，教师则应该通过语言或身体暗示，加以制止，力求每一个学生都得到发展。

（三）采取层次性

让讨论成为课堂的民主阵地，还需要对讨论方式进行恰当的安排。比如，对于较容易、互相启发就能得到答案的问题可采取同桌讨论；对于稍有难度、意见分歧较大的问题，可同小组内几人进行讨论，让学生充分发表自己的意见；对于教学内容的重点、难点问题，可采取组间讨论，甚至以辩论的形式开展。真正的课堂讨论，既可以活跃气氛，也可以提高学生学习的积极性。

（四）重视效果性

在课堂讨论中，我们要注意学生的思维水平。学生经过讨论，对于有的问题能够解决，但对于有的问题还是一知半解。那么，教师在积极参与学生讨论的同时，还要做好指导。比如，对讨论结果及时进行总结；对错误的、不全面的回答要及时纠正，以免产生模糊认识；等等。所以，课堂讨论不应该只看到问题是否得到解决，更要关注是否达到应有的效果。

三、通过讨论实现课堂的人本追求

人本追求并不在于知识、智力，而在于人性、自信、道德、兴趣、创造性、意志力等。课堂讨论作为人本追求的载体，以培养更好的人才为目标，以自我实现、自我超越为本质核心，体现的是认知、情感、行为的全方位教育。在这里，我们并不强调课堂讨论的工具性，而是更注重学生的自主人格。

课堂讨论必须符合学生的认知规律和特点，通过学生主动参与学习和师生、生生之间保持有效互动，使学生在讨论中厚积知识、破难解疑、方法优化，达到能力提高、学习高效的境界。同时，给学生创设良好的学习环境，让学生充分享受学习的快乐。

教学案例

资源与环境国策[①]

课前，教室多媒体播放《大中国》这首歌曲，有的学生很兴奋，就跟着哼唱起来。

师：同学们，刚才看到大家在听歌时很兴奋，你们知道这首歌是谁唱的吗？

生（齐）：知道。

师：虽然这位著名的歌手已经离开了我们，但他的歌声永远留在我们的记忆中。我想请同学们说一说刚才你们听到这首歌时的感受？你也来描绘描绘祖国。

生1：我们的祖国很伟大。

生2：我国人口众多、资源丰富。

生3：我们的祖国领土辽阔，地大物博。

师：同学们描绘得都很好，总结来说就是：我们这个大家庭领土辽阔、人口众多、山川秀美、资源丰富……大家提到了资源丰富，下面请大家看表，表中是我国自然资源在世界上的排序，这里有两组数据，我们先来看第一组，2、3、4、5、6，这说明了什么问题？（多媒体播放）

生4：我国的资源总量丰富。

生5：我国的自然资源人均拥有量很少，大多低于世界水平。

师：我们再也不能骄傲地说中国资源丰富，我们应该说中国的资源总量丰富，但绝大部分的人均占有量低于世界平均水平。又由于科学技术比较落后，长期过度开发，造成资源极大浪费和环境问题。请看大屏幕，然后再看课本，在看的过程中，请议一议、问一问。

①在看课本的过程中有不懂的请提出来，我们一起探究；

②联系你平时所看到的、想到的、了解到的，或你身边发生的你不懂的提出问题。看哪位同学提的问题更有深度？（学生边看课本边写问题，时间为

---

① 牛学文. 初中历史与社会教学案例专题研究［M］. 杭州：浙江大学出版社，2005：117-118. 本文略有改动。

5—8分钟）

师：同学们，有疑问吗？请大胆提问。

生7：课本上说中国与其他国家一样在追求工业化和经济发展的时候，没有很好地保护环境，造成了严重的环境问题，为什么发达国家环境比中国好？

生8：怎样提高人均资源的占有量？

生9：为什么中国的资源很丰富，而开发利用得比较少？

生10：黄土高原怎样来的？为何沟壑纵横？

生11：中国有哪些资源短缺？

生12：黄河为什么会出现断流现象？

……

《资源与环境国策》的课堂讨论体现了新课改的人本精神。在整个课堂讨论过程中，教师扮演的是一个引导者的角色，引导学生进行探讨。在《资源与环境国策》的教学中，学生思考和讨论的时间占了整个教学大部分时间，这充分体现了以生为本的人本精神。

当课堂讨论承担了人本教育的追求时，也就承担了修缮人性的责任。柏拉图说："教育者只能给予推动，让学生自己找到必须认识的东西。"学生是学习的主体。在课堂讨论中，我们既要重视培养学生基本知识和基本技能，又要重视培养学生的情感与价值观，还要真正站在学生发展的角度来组织课堂讨论。

四、通过讨论制造课堂高潮

课堂高潮，是一节课最动人、最精彩的教学环节，是教与学达到的最佳状态，是师生双方交流达到最佳配合的时刻。学生通过教师引导、启发、点拨、激发，让师生心中产生一种共同的愉悦和冲动，使得思维进入最活跃阶段，让情绪达到最兴奋水平。一节课若是没有高潮，就如同一潭死水。教学的成功与否和课堂是否具备高潮有直接的关系。

在课堂高潮时，师生之间、学生之间的信息交流、思想交流和情感交流等教学活动都在不断地进行着。教师若要让自己的教学跌宕起伏、摇曳多姿，就要向课堂高潮借力了。让我们来看看数学特级教师李烈老师在"两位数乘以两位数"的课堂教学中，是如何制造上课高潮、达到"以学论教"的效果的。

教学案例

两位数乘以两位数[①]

师： 我有一点儿想法，把你们小组的成员叫到前面来介绍你们的想法。你们的意见都没有统一，产生了争论，遇到这样的事你们先要统一意见，下去你们再商量商量。哪个小组说第二种方法？

生1： 老师在讲两位数乘两位数之前，先对我们说了，我们算一位数乘两位数是算得比较准确的，所以呢，我们就把这个两位数乘两位数改成两位数乘一位数的算式。

师： 他要把两位数乘两位数改成两位数乘一位数，这样，问题是不是就解决了？他这个思路实际上是特别重要的、特别好的一种数学思想，叫什么？（板书：转化）咱们来看看他是怎样转化的？

生1： 用 $12 \times 4 + 12 \times 10$。

师： 问题解决了吧！这个会吧！这是旧知识吧！$48 + 120$ 结果是 168。

生2： 老师，他这种想法与竖式的方法一样，只不过用的是脱式罢了。

生3： 我们用的方法比较好算一些。

生2： 感觉和竖式一模一样。

生4： 因为它是把一个整数分成两部分。

师： 明白了？（指着竖式和横式的相应部分）这不就是 4 个 12 吗？这不就是 10 个 12 吗？然后这两部分一加。思路一样不一样？

生（齐）： 一样。

师： 什么不一样？

生（齐）： 格式不一样。

师： 格式不一样，表达的方式、形式不一样。很好！

---

① 李亚男. 小学数学教学的细节及案例［M］. 长春：东北师范大学出版社，2010：31-33. 本文略有改动。

师：第三种方法，请坐在最后的一组同学讲一讲。

生5：把12分成2×6，14分成2×7，12×14就等于2×6×2×7，等于4×42，最后等于168。

师：可以吗？

生（齐）：可以。

师：其实他的思路挺启发我的，不知道能不能启发你们？他把12拆成2×6，14拆成2×7，拆完之后干什么很重要！两个2结合，等于4，4乘6等于24，再算24×7，它就变成了一位数乘两位数，这是旧知识呀！问题就解决了，思路挺好的。还有没有比这个更简捷一点的，能不能直接拆成一位数乘两位数？拆成4个数有点麻烦。

生6：可以把14拆成两个7，用7×12＝84……

师：（板书12×14＝12×7×7＝84×7）这个方法对吗？

学生在思考，小声讨论。

师：从结果看就有问题，84×7肯定不是正确答案。

生6：应该用12×7×2，两个7，是乘2，12×7＝84，84×2＝168。

同学们点头认可。

师：我明白了，刚才有的同学说方法甚至有10种。那就按着这种方法，我们把它转化成一位数和两位数相乘，还有很多种方法。第三种方法是把14拆了，还可以拆12。但是正像一位同学说的，这个方法和那个方法的思路是一样的。我真的发现咱们班同学的水平够高的！其实你们现在用到的知识是四年级才学的——乘法分配律（约有10个学生附和）。12×7×2这是运用了乘法结合律（也有约10个学生附和），真是了不起！这样的话，今天的两位数乘两位数的问题有没有解决？学新知识了吗？

生（齐）：学了。

师：解决的时候有新知识吗？哪一点是需要老师告诉你们的？

生（齐）：没有。

师：靠的是哪种思想？

生（齐）：转化思想。

师：两位数乘两位数转化成两位数乘一位数，转化的目的是什么？

生（齐）：好算。

师：不只是好算，同学们还利用旧知识解决了今天的新问题。关于这方面同学们没有问题了吧?

生（齐）：没有了。

师：多种方法计算这道题，你喜欢哪一种?

大部分学生说喜欢第一种，有学生说喜欢第二种，也有学生说喜欢第三种。

师：第一种和第二种思路是一样的，一个横式表达，一个竖式表达。可以竖式算，也可以 $12 \times 14 = 12 \times 4 + 12 \times 10$ 这样算，还可以 $12 \times 14 = 12 \times 2 \times 7$ 这样算，但不能 $12 \times 7 \times 7$ 这样算。今天对于你们来说，竖式不是最新的，以前也见过，但今天见的层次多了，我想今天学习了两位数乘两位数，要重点掌握竖式表达。

有人说：三流的教师教知识，二流的教师教方法，一流的教师教思想。教师要求学生针对"12×14"这个问题进行研究讨论，让学生通过讨论来解决问题，事实证明最终的汇报非常有效。教师帮助学生更好地理解了"两位数乘两位数"的计算法则，"转化"学生数学思想的教学目的也就水到渠成。

在上述案例中，多人之间的多向对话代替了教师的单向灌输，这种方法既培养了学生学习的方法、习惯和能力，又制造了课堂的高潮。由此可见，在预设讨论时，我们要充分考虑讨论需要足够的时间。讨论交流的基础只有建立在学生独立思考的基础上，才能在讨论后的汇报环节形成课堂高潮。

（一）选择论题

要想借助课堂讨论来形成课堂高潮，教师首先要抓住课堂讨论的重中之重——选择论题。论题的选择要紧扣学科特点，具备一定的难度和探究性，还要能引发学生的多向思维。一节课的知识点是多方面的，而高潮应该在教学的主体部分出现，因此，教师应着眼于教学的重点、难点，使之成为学生的思维点、兴奋点。这样就要求我们在选取论题时，要从本课知识点和学生多样的知识需求中筛选、提炼，找出主攻点，在具体的教学环节层层推进，把课堂教学推向高潮。

教师应该重视学生求异思维的发展。在选择论题的时候，我们可以采用开放式的讨论题目，让学生充分放飞自己的思想，懂得求异，锻炼发散性思维。

（二）确定讨论时间

除了好的论题，安排好讨论时间也是通过课堂讨论制造上课高潮的重要环节。我们首先要确定何时进行课堂讨论，是开头，还是中间，或是结尾？这就要求教师根据教学内容灵活掌握，引导学生的意识进入一种"觉醒"状态，以达到提高课堂效率的目的。由于教学的重难点一般放在较靠后的部分进行教学，所以，我们通常选择中间或者接近尾部的时间组织课堂讨论。

课堂讨论是一种比较"浪费"时间的教学形式。教师应该懂得把握好讨论的时间，切忌"囫囵吞枣"，让学生在过短的时间里措手不及，不能解决讨论的问题；也切忌"长路漫漫"，让学生在过长的时间里无所事事，不能珍惜课堂的时间。教师将问题呈现给学生讨论时，未留给学生足够的思考时间，就宣布讨论开始；还未到两三分钟，就宣布讨论停止。有的小组讨论或许刚刚进入状态，有的小组或许才刚刚开始……这些情况完全颠覆了课堂讨论的精神和意义所在，属于盲目地走形式。所以，教师在组织学生课堂讨论时，要给学生提供充裕的讨论时间，让每个学生都能有发言的机会和互相补充、更正、辨正的时间，使不同层次学生的智慧都能得到发挥。让小组讨论达到合作学习的目的，从而激发学生讨论学习的热情，养成合作学习的好习惯。

（三）掌控讨论艺术

一堂课没有高潮，如同一个人缺少了灵性。用课堂讨论推动课堂高潮是一项高超的教学艺术。但我们需要注意的是：课堂高潮，并不是刻意为之，不要因为教师理解偏差、操作不当，就让课堂讨论流于形式、浮于表面，甚至让课堂假高潮泛滥。课堂高潮是师生在教学活动中，随着感情的发展自然而至的。其中关键是全体学生的课堂情绪发展的结果。教师必须掌握课堂高潮艺术美的原则和时机，把握好分寸，适时加以引导，巧妙地进行搭桥铺路，切不可为高潮而进行做作的讨论，也不可为高潮而组织无病呻吟的讨论，更不可在高潮过后组织画蛇添足的讨论。

动人的语言描述，变化的面部表情，丰富的肢体语言……这些无不为讨论添加艺术的高分。如果没有艺术，课堂讨论就如同一潭死水，会没有行人驻足欣赏。我们用艺术的手段将平常的课堂讨论艺术化，创造课堂高潮，让教学余音绕梁，学生才能久久不忘。

五、通过讨论进行课堂调控

课堂调控，简单说来就是教师驾驭课堂教学并形成课堂积极氛围的教学管理艺术。教师在教学中要以协调学生听课的注意力为目的，对他们的学习心态做到合理的判断，并采取相应的措施，以达到最佳的课堂效果。

教师通过讨论进行课堂调控，让学生服从教师引导，保持步调一致。在课堂中，分组讨论可以体现学生在课堂中的主体地位，又可以让学生在教师所掌握的知识范围内敞开思想，畅所欲言。当发现绝大多数的学生不敢正视提问时，教师就应采用课堂讨论的方法，实现教师和学生、学生和学生之间的互动，以此调动起学生的思维。

教 学 案 例

《探究影响浮力大小的因素》教学实录（节选）①

情境：某学生在家里利用盐水腌鸡蛋，他把鸡蛋放在水里，看到鸡蛋沉下去，他在水里加入足量食盐后，发现鸡蛋竟然浮起来了。从这种生活现象中你能提出哪些值得研究的探究性课题？

经过学生的讨论、交流，提出研究的课题：浮力的大小与哪些因素有关？

师：针对同学们提出的课题，根据你们已有的知识和经验，能否做出关于影响浮力大小因素的猜测？讲一讲你们的猜测理由或根据。

（让学生自己猜测，有利于培养学生的发散性思维，有利于进行开放性学习，这是本节课第一个重点）

生1：浮力的大小与物体在液体中的深度有关，因为我把皮球往水里按时，越往下按越吃力。

生2：浮力的大小与物体的质量有关，因为木块放在水里会浮上来，而铁块放在水里会沉下去。

生3：不对，如果把一个质量比铁块大的木块放在水里，还是木块浮在水面上，铁块沉下去，所以第二个猜想不成立。应该是浮力的大小与物体的密度有关。

生4：物体受到的浮力与液体的总质量有关，因为我在浴缸里洗澡时，我

① 杨祖念. 物理探究课教学设计与实践 [M]. 北京：高等教育出版社，2010：104-105.

能坐到底部，而我在较深的河里面却触不到河底。

生5：浮力的大小与物体的体积有关，因为大轮船能容纳很多人，而小轮船能容纳的人少。

这时学生争着举手，积极思考，课堂气氛相当活跃。

教师对学生的猜想给予及时的表扬和鼓励，但不做正确与否的判断，而是引导学生对每个因素进行分析处理，使实验在有利于突出主要因素、排除干扰的条件下进行。

在上述案例中，通过讨论，原本"寂静"的课堂变得生机勃勃，教师以讨论的形式激发学生的求知欲，使之保持了稳定的注意力。这种教学形式一改教师讲、学生听的"注入式"弊病，建立了以学生主动参与活动为主的"交互式"模式，把学生置于教学的主体位置。教师重在引导和指导，使学生积极思考、主动参与，成为课堂真正的主人。学生在教师指导下，通过思考、讨论等多种学习活动，从而内化知识，获得能力。

教师通过讨论营造宽松、和谐、自由的学习环境，创设生态课堂、绿色课堂。教师可以在疑惑时组织讨论，可以在概念模糊时组织讨论，可以在揭示特征或规律时组织讨论，更可以在解答开放性题目时组织讨论，让学生尽快进入学习状态，激发学生的学习兴趣，促进学生快速产生学习的欲望，以轻松愉悦的心情学习知识，将课堂调控到最佳状态。

（一）化解尴尬

课堂千变万化，具有偶然性和不可预测性。课堂教学不可能完全按照教师预设的那样顺利进行，有时会出现意外，而这些意外又可能使课堂陷入窘境。因此，教师要善于处理课堂教学中的偶发事件，因势利导，冷静处理，运用教育机智，巧妙地利用各种契机为课堂教学服务。课堂讨论常常可以成为化解课堂窘境的好帮手。

从《探究影响浮力大小的因素》讨论看到，教师通过设置情境，让学生清楚盐会影响鸡蛋在水中的浮力，但学生由于认知水平有限，无法立刻解释浮力究竟与哪些因素有关。这时，教师让学生进行讨论，既活跃了课堂氛围，又解决了学生无计可施的尴尬。学生通过讨论，开动脑筋，最终解决了难题。

课堂提问是一种常用的教学形式。教师将问题抛给学生，让学生回答题目，但是实际上，学生有时候难以在短时间内通过自身的思考解决难题。课堂讨论可以解决这种"暂停"现象，不仅可以化解教师的尴尬，还能化解学生的茫然无措。所以，当学生面对问题无所适从时，教师就可以让学生进行讨论，达到既能化解尴尬，又能解决问题的目的。

（二）改变形式

一个富有生命力的课堂，教师不能总是固守某种单一的教学方法，堂堂用、年年用，而要创新教学方法，以不断新鲜的信息刺激学生的学习欲望，使之形成持久的注意力。教学实践证明，呆板的、千篇一律的教学，即使是一种较好的教学方法，教师久用而不变其法，学生也会感到索然无味，学习情绪也会随之降低；反之，教师如果能够根据教学内容和教学对象的特点，选择和运用多种教学方法，就会使学生兴趣盎然，学习热情兴而不衰。而讨论这种常见的学习形式恰恰能满足这种需要。在不同的情境下，讨论的问题可以以不同的面目出现，讨论的形式更是多种多样，可以丰富教学方式，能够在很大程度上集中学生的学习注意力，调动学生的学习积极性。

课堂讨论凭借它较为新颖的特点，深受广大师生的喜爱。教师喜欢用新颖的讨论，改变课堂单一的教学模式，从而调动学生的积极性。因此，我们可以在教学重难点时采用课堂讨论，将学习的主动权交给学生，提升学生自主学习和合作学习的能力。

（三）明确方向

在组织讨论时，教师要让每一个学生都参与到讨论中来，不要让讨论变成走过场，不能让课堂讨论变为作秀，为"讨论"而"讨论"。我们要注意讨论交流的时限不能太随意，过短或过长都不利于高效地完成讨论任务。讨论的目的一定要明确，问题要准确。教师要注意调控讨论的氛围，让讨论变得生动、有趣、活泼，以实现最大的教学效益。

课堂调控不是随意、盲目地对课堂进行控制。教师应该根据教学的内容、学生的反应情况和教学时间等进行考虑，决定是否采取讨论的形式进行教学。当决定采取课堂讨论进行教学时，教师应该把握讨论的时间，同时深入到学生的讨论中，积极发挥引导者的作用。

第二节　披沙拣金：深层讨论的意领言辩

一位哲学家的一批弟子就要毕业，哲学家将学生带到一块荒芜的田地中，告诉大家，将在这块荒地上完成最后一课。

哲学家提出的问题是："怎样除去这块地上的杂草？"

弟子们各抒己见：

"可以用手拔取这些草。"

"可以使用除草剂。"

"我用火烧的方法。"

"可以通过向土里加石灰的办法，使草失去生长的土壤条件。"

……

哲学家说："大家回去按自己的办法除去地里的杂草，一年以后，都到这儿来，说一说效果，这就是我的作业，再见。"

一年后，弟子们陆续从各地来到这块土地上，一年前荒芜的土地已经长满了绿油油的庄稼。可是，老师始终没有来，弟子们开始猜测"从不迟到的老师为什么没有来"。大家结合一年前老师提出的问题，再看看这绿油油的庄稼，弟子们明白了：除去杂草的最好办法是用绿油油的庄稼占领；而除去心中的邪念，就要用美德占领……

如何确定讨论内容，让深层讨论意领言辩？上述案例提出了一个解决方法：用绿油油的庄稼占领。这样的回答生动、形象，给予我们很多启发。深层的讨论需要教师帮助学生破译问题的深层内涵，让学生不但知其然，还要知其所以然。

课堂讨论不仅能活跃课堂气氛，激发学生的学习动力，还能提高学生的学习能力。教师需要让一些有趣、有用、有价值的讨论"占领"课堂，实现学有所得。上述案例看似简单的论题，实则蕴含深层的思想。随着答案的揭开，学生真正理解了其中的隐意，认清了哲学家的态度和意图——除去心中的邪念，就要用美德占领——也就能站在更高的角度，去感受课堂讨论的魅力。

课堂讨论，看似容易，实则涉及领域广，内容丰富，运用起来并非易事。

教师组织课堂讨论不仅需要口才，而且需要机智。创设情境、准备话题、展示交流、点拨校正、整合总结，一个宏观的讨论单元需要步步为营；组织讨论的时机、分寸、节奏、推进、详略，一个微观的讨论细节也需要深思远虑。教师引领全员参与、全程参与、主动参与、真实参与，保持思维的碰撞、情感的共鸣，需要稳扎稳打。新课改背景下，我们更需要披沙拣金，让课堂讨论成为激发学生灵气的妙方。

一、新课程下的课堂讨论

新课改背景下，课堂教学要求充分突出学生的主体地位。在课堂上，为了发挥学生的主动性、创造性，教师往往用问题探究的方式引发学生思考和讨论，在激发学生学习自主性的同时活跃课堂气氛，使课堂成为互动的课堂、思考的课堂、师生互相学习的课堂。

（一）课堂讨论类型

1. 专题性讨论

专题课堂讨论主要用于扩大和加深有关学科的理论知识。一位教师在教《小兴安岭》一课时，组织了"说说小兴安岭四季美景和特点"的专题讨论。教师请学生按照自己的喜好来组成小组，喜欢春天的同学组成"春之歌"小组，喜欢夏天的同学组成"夏之声"小组，喜欢秋天的同学组成"秋之韵"小组，喜欢冬天的同学组成"冬之旅"小组。小组组成后，各成员讨论他们最喜欢的季节有哪些特点和独特的美景，最后各派代表汇报讨论成果。[1] 专题讨论尊重了学生的兴趣，肯定了学生的喜好，发展了学生的个性，调动了学生的积极性。更重要的是，学生学会了如何抓住季节的特点来描写一个地方的美丽景色，解决了写景类文章中"如何抓住景物不同季节的特点"来写这一个重要的问题。

2. 综合性讨论

综合性讨论涉及的问题是跨学科的，是对讨论对象的整体认识。一位教师教一年级手工课《有趣的线贴画》时，先让学生讨论身边"线"的存在。学生通过讨论，发现了各种各样的"线"，像缝衣服的线、打毛衣的线、电话

---

① 任恩刚. 如何培养老师的开放教学能力 [M]. 桂林：漓江出版社，2011：122.

线、电线等，认识到"线"就在身边；接着教师又以"惊奇一线"为论题，让学生讨论这些各种各样的"线"可以用来做什么，充分探索"线"的奥秘，体验"线"的奇妙变化。① 综合讨论是在分析的基础上进行的，由此而形成一种新的整体性的认识。

新课程理念下的课堂讨论的意义在于学生通过各抒己见、互相启发，巩固已取得的知识，或解决有争论的、学生难以直接理解的问题，有助于培养他们独立分析问题、解决问题的能力和训练口头表达能力，有助于他们成为学习的主人。

当然，不论是何种类型的课堂讨论，教师都应起主导作用，但是，教师要认识到，课堂讨论始终是民主思想在教学上的反映。只有把握这一点，课堂讨论才能有利于培养学生的思辨能力，有利于发展学生的智力，有利于激发学生的创造性思维。

（二）课堂讨论指导

课堂讨论活跃了课堂气氛，调动了学生学习的积极性，激发了学生的创造性思维。它融知识传授、能力培养、素质教育于一体，既是实现启发式教学和参与式教学的有效途径，又是一种研究型学习模式。那么，在新课程理念下，教师如何指导学生开展课堂讨论呢？

1. 转变角色

课堂讨论要求教师从知识的权威者转为学生讨论的参与者，从知识的传递者转为学生学习的促进者、组织者、指导者，从单纯的知识传授转为关心学生的终身发展。

首先，教师不再是独尊者。学生是学习的主人，拥有话语权和自主权。现代课堂不再仅仅出现教师的声音，更多的应是学生的声音。教师应该放低身姿，不再占据独尊地位，把自主权交还给学生。

其次，教师不再是权威者。学生虽然由于年龄比较小和认知水平发展不高，难以解决一些难题，但是众人拾柴火焰高，学生在热火朝天的讨论中，或许会迸发出意想不到的创意火花。教师应放弃权威者的身价，深入到学生的讨论中，为学生提供适时的引导。

① 万国权，丁国林．合作学习指导手册［M］．南京：江苏科学技术出版社，2013：122．

2. 平等对待

教师应该放下架子，充当学生讨论的导演、教练角色，尊重学生，客观地评价学生。还有，教师应该及时了解学生讨论的情况，有针对性地进行点拨与督促，帮助他们进一步提高学习积极性；对有学习困难的学生或小组要进行个别辅导，或创设必要条件，或帮助他们调整讨论问题。

3. 恰当评价

若要让学生对课堂讨论保持盎然的兴致，教师的评价就应是激励性的。教师的评价包括学生参与讨论的态度、学生在讨论中获得的体验、学生在讨论活动中所取得的成果，以及学生的创新精神和学习能力获得的发展情况等。

随着现代社会的迅猛发展，各种竞争日益激烈，我们要通过课堂讨论的开展，让学生学会从他人的智慧中获得启迪，最大限度地发挥个人潜能。培养学生的合作精神和能力，发展学生综合运用知识的能力，引导学生主动求知、学会学习、学会发现、学会创新，是课堂讨论追求的目标。

二、课堂讨论的常见模式

课堂讨论实际上是在学生之间建立积极的相互依存的关系。在讨论中，每个成员不仅自己要主动学习，还要以每个成员都学好为目标，帮助其他同学学习。课堂讨论的形式多种多样，常见的有以下几种。

（一）问题式讨论

问题式讨论就是教师提出问题，学生围绕问题进行讨论。教师要根据教学内容，有针对性地提出问题，注意问题的准确性和科学性。问题可以多元化，最好以开放式或者半开放式的形式，培养学生的求异思维。

还有，问题可以是单一的或者一连串的。如果是一连串的问题，教师应该重视问题的相关性、逻辑性，不能胡乱地将问题展示给学生，以免学生产生混乱感。

（二）循序式讨论

循序式讨论就是学生先看学习材料或录像，在设定的地方暂停一下，讨论之后再继续。循序式讨论通过材料或录像给予学生视觉的冲击，直观的形式能够激发学生已有的认知水平，调动学生学习的热情。此外，循序式讨论用"暂停"的方式，让学生根据学习材料或者录像畅所欲言，在最后呈现答案。

循序式讨论给予学生思考的时间，充分尊重学生的主体地位，让学生学会思考，在讨论中获得问题答案的同时也增强了团队意识。

（三）实例式讨论

教师给出实例由学生讨论分析，并提出解决方案，这就是实例式讨论。这种真实案例可以给学生亲切的感受。学生可以根据原有的认知水平，通过讨论的方式，在自主思考和集体智慧的作用下解决实例问题。

选择的实例最好是学生喜欢的事件，或者当时轰动的时事热点，或者是学生常见的生活事件。学生讨论自己感兴趣或熟悉的问题，能够很容易获得成功解决问题的信心，从而积极地投入到实例讨论中去。经过实例式讨论，学生能将所学知识应用于生活，最终达到学以致用的效果。

（四）滚雪球式讨论

滚雪球式讨论就是由个人先写下要点、两人结伴交流，然后再融进小组讨论的形式。这种讨论形式较为新颖，具有强烈的层次感。从个人到两人，从两人到小组，层层递进，逐渐深入。

滚雪球式讨论能够让学生发挥自主性，开动自己的小脑袋。如果问题较为复杂，则可以利用两人或者集体的力量解决问题。

（五）马蹄式讨论

马蹄式讨论就是学生分组围坐，小组排列成马蹄形，缺口对着讲台，就特定任务进行小组讨论，然后全班讨论。它是以特殊的形状命名的讨论方式。这种丰富多变的"队形变化"让学生根据小组特定的任务，有针对性地进行讨论，具有很强的"针对性"；同时，明确的目标可以促进课堂讨论的有效进行，减少时间的浪费。

（六）自由式讨论

自由式讨论则是讨论的题目和方向主要由学生小组控制，教师只对辩论中出现的异常问题或不相衔接情况加以评议。这种方式能够充分发挥学生的主体作用，锻炼学生自主学习的能力，让学生学会掌控学习的节奏，逐渐锻炼主动学习的能力和意识。

（七）联想式讨论

联想式讨论就是讨论组的每个组员充分发挥自己的想象，广泛联想，互相搭载，对提出的看法深入讨论。联想式讨论是一个动态的、随机生成的过程，在讨论期间，学生提出的新想法是无法预料的，而这些新想法往往就促成了学生的新的联想与想象，将课堂教学推到新的高潮，有效的学习活动也在学生的讨论中生成。可见，联想式讨论有利于形成更加鲜活的课程资源，将学生引向更深入的思考之中。

（八）话剧式讨论

话剧式讨论就是在课堂上虚构情境，对"脚本"进行讨论。创设情境是一种广泛地应用到现代教学的形式。话剧式讨论利用创设情境的特点，能够给学生真实而又亲切的感受，让学生在情境中获得意想不到的讨论效果。

（九）内外圈式讨论

这是一种小组半数人围成内圈，另半数人观察内圈讨论，可用于小组学习评价等。课堂讨论不能缺少有效的评价制度。由于学生生性比较好动，认知水平较低，所以在讨论的时候往往会出现注意力不集中或者难以解决问题的情况。内外圈式讨论不仅可以锻炼学生评价的能力，还能督促学生有效地进行讨论。

实践表明，有效的课堂讨论，可以充分调动学生的积极性，增强学生的求知欲，发挥学生在教学中的主体作用；可以培养和发展学生的思维能力。只要我们精心设计论题，大胆创新讨论方式，就一定能让师生在教学中充分享受教和学的魅力。

三、课堂讨论的四个要素

课堂讨论模式多种多样，不管是哪一种模式，都应该具备以下四个要素。

（一）积极互助

积极互助指的是学生不仅要为自己的学习负责，还要为小组其他同伴的学习负责。为了促使学生关心彼此的学习，他们必须坚信他们之间是"人人为我，我为人人"的关系，是"荣辱与共"的合作伙伴。那么，如何使学生在课堂讨论中形成一种积极互助的氛围呢？

1. 集体奖励

积极互助要求学生重视团队的作用，以小组为自己的小集体。教师要重视培养学生的团队意识，使学生形成集体荣誉感，积极为小组的荣誉而战。

因此，教师可以以讨论小组为单位，奖励表现好的小组，促进学生形成集体意识，积极互助，为荣誉而战。

2. 明确目标

教师必须让学生明确讨论的目标，讨论有方向，进取有目的，学生的讨论才能更加积极。讨论小组的成员共同朝着讨论的目标一起努力，能够逐渐形成积极互助的意识，促进课堂讨论的顺利进行。

3. 相互支持

只有相互支持，才能产生所希望的合作效果。讨论小组的成员可以对表现突出的成员进行表扬，对表现努力但效果不佳的成员进行鼓励。在讨论的过程中，教师应当最大限度地提供机会，使学生互帮互助、相互鼓励，对付出和努力的学生要及时地进行赞扬。

（二）个体责任

讨论小组是由几个组员构成的，具有集体性和个体性。个体责任是指每个组员必须承担一定的任务，并掌握所分配的任务。学生不仅要意识到讨论小组是一个集体，更要意识到自己是小组内不可或缺的成员，对讨论小组的发展起着至关重要的作用。每个讨论小组的成员必须明确自己的任务，朝着共同的目标，发挥自己独特的魅力。为了落实个体责任，每个成员的讨论都应该受到评估，并保证不能有人"搭便车"。讨论小组的成员必须相互监督，相互促进，以完成个体责任，促进集体任务的完成。

（三）讨论技巧

老子云："天下难事，必作于易；天下大事，必作于细。"可见，讨论的技巧很重要，如果学生缺乏讨论技巧，即使论题选择适当，效果也会大打折扣。教师应该教学生一些讨论技巧，以帮助他们进行高效合作，让学生能够彼此认可、彼此接纳，从而建设性地解决问题。那么，如何才能获得讨论技巧呢?

1. 舍得时间

学生形成良好的讨论技巧并非易事。教师必须以提高学生讨论技巧为教学的长期目标，学生只有在长时间的熏陶下，才能渐渐地掌握良好的讨论技巧，进行有效的课堂讨论。

2. 舍得精力

如果没有园丁长时间辛勤的劳动，就无法开出绚丽的花朵。首先，教师应该意识到讨论技巧的重要性。其次，教师必须将培养学生讨论作为重要的教学目标。最后，教师需要耐心地教导"无知"的学生。这一切都需要教师花费大量的精力。

（四）结论加工

结论加工在课堂讨论中发挥着极其重要的作用，是讨论部分的点睛之笔。学生是学习者，需要获得别人和自身的肯定，明确自己的不足，改正自己的缺点。结论加工是促使学生进步的有效形式。在讨论中，成员必须将大家的观点进行分析归类，取其精华，去其糟粕，进行结论加工。讨论小组的成员都需要对讨论的结果进行共同评价，以保持讨论的有效性，促进成员在认知和认知水平上思维的发展，强化组员积极的行为和小组的成功。

四、课堂讨论的基本特点

课堂讨论作为一种常用的教学形态，与其他的教学形态既有相同的地方，又有本质的区别，这体现了课堂讨论的独特性。

（一）针对性

课堂讨论当然应为学习目标服务，为突出重点、突破难点服务，为引导学生主动探究和获取知识服务。课堂讨论有一定的目的性、方向性和针对性，是为了引导学生解决问题，而不是漫无目的地进行交谈。

（二）开放性

教师要鼓励学生自己去寻找问题的答案，针对问题进行讨论交流，并通过讨论掌握解决问题的有效方法。课堂讨论是建立在教学对话基础上的多向交流活动，他们彼此倾听，相互提问，相互补充，相互启发，相互批判，相互争辩，从而达到互相学习的目的。当然，讨论的开放，不仅是形式的开放，也是内容的开放。讨论所提问题的答案或解决方案可能是已有的结论，但更多的可能是没有定性结论。教科书上最好没有现成答案，即使有现成答案，教师也应引导学生将教科书中的答案看作一家之言，以启发学生探讨可能的多种答案。

（三）能动性

讨论把讨论学习建立在人的能动性基础上，以尊重、信任、发挥人的能动性为前提。讨论使学生的学习状态发生了根本变化：从他律到自律、从被动到主动、从消极到积极，讨论不仅激发了学生的潜能，而且培养了学生的责任心。

（四）合作性

无论是同桌的双向讨论，还是小组讨论，乃至班集体内的大讨论，都是人与人之间的一种交互合作行为。这种合作性，提升了课堂教学的探究氛围。

（五）交流性

通过讨论，学生之间、学生与教师之间可以交流思想、交换意见，从而实现课堂内的互动，为课堂教学带来活力。

（六）探究性

课堂讨论本身就是一项研讨行为，有利于思维的碰撞和新观点的生成，也有利于学生在讨论中反思自己的行为和观点，并加以更正。

（七）平等性

不管讨论的最终结果如何，实施课堂讨论的前提便是给了学生平等对话的机会。在讨论过程中，每个学生都是主人，都有责任发表见解，从而最大限度地调动每个学生参与的积极性。

五、课堂讨论的开展保障

如何保障课堂讨论的真正开展？如何在实际的课堂操作中激发学生，使讨论变得优化，使讨论真正成为学生的需要，使讨论由"要我讨论"变成自觉的"我要讨论"，这是我们亟待解决的问题。

（一）原则

1. 民主性原则

在课堂上要想充分发挥每位学生的积极性，教师必须要为课堂讨论创造一个和谐宽松的民主氛围，让学生心情愉快、思维活跃，无拘束、无畏缩地表达自己的观点。教师应尊重学生的智能、情感和兴趣，要尊重其个性，应该让学生施展思辨才华。如果教师在课堂上板着脸，使得学生提心吊胆，害怕老师提问自己，那么，学生几乎不可能展开充分的讨论。教师可以与学生一起讨论，甚至可以在一定程度上把讨论的主导权交给学生。学生只有在轻松平等的气氛下参与讨论，才能充分发挥主体意识和创造意识，积极思考问题，踊跃发言，使课堂讨论达到理想的目标。

2. 全面性原则

课堂讨论切忌精英表演，必须全员参加，要面向全体学生。讨论的内容、方式要照顾到各层次学习水平的学生，这样才能符合促进全员参与、争取更大面积丰收的宗旨。在课堂讨论中，要使全体学生都参与并且有收获，教师必须精心设计好论题，使不同水平的学生都能有思考点。"好论题"要有一定的标准，首先，要使讨论内容紧扣教学重点；其次，要为讨论提供一定的分歧点，引起学生兴趣、触发学生的灵感；再次，要讲究科学性、启发性；最后，还应注意要有适当的坡度，难易得当，使所有学生都有收获。

3. 有效性原则

苏霍姆林斯基说："如果你追求的只是那种表面的、显而易见的刺激，以引起学生对学习和上课的兴趣，那你就永远不能培养起学生对脑力劳动的真正热爱。"一切教学方式都必须经受有效性的检验。任何形式的课堂讨论都要有效，使学生各得其所，切忌走过场。把课堂讨论视为教学的"点缀"，只图表面的热闹，是不可取的。我们要提高课堂讨论的质量，就要保证讨论内容有一定的思想价值，能促进学生多角度地去思考、去讨论。

4. 鼓励性原则

教师应始终把关爱和信任的目光投向学生，倾听其意见，鼓励其自信，从而点燃学生思维的火花，获得最好的讨论效果。有一些教师常常轻率地否定学生的意见，压抑学生的个性，从而影响了学生创造性思维的发展。教师应当肯定学生主动表达的勇气和可取之处，同时对学生不成熟的意见给予点拨、指导、辨析，令其心悦诚服，最终使学生主动地接受正确的观点。

（二）要求

1. 合理分工，明确职责

讨论小组一般六到八人为宜（若是小班教学，也可三到四人一组），教师可以从学生不同的知识结构、学习成绩、学习风格等来优化组合。组内应设小组长，小组长的主要职责是对本组成员进行分工，组织全组人员有序地开展讨论交流、动手操作、研究活动。

2. 充分准备，按时完成

充分的准备是保证课堂讨论成功的基础。教师可以在课前布置小组应完成的任务，促使小组成员通过查资料、向教师咨询等方法提前准备好讨论内容，并收集相关资料。在讨论中，教师应要求小组成员既要积极承担个人任务，又要相互支持、密切配合，以发挥团队精神，有效地进行讨论。

3. 遵循规矩，尊重他人

（1）要求学生独立思考。（2）要求学生学会认真倾听他人的意见，分析对错，以便及时修正和补充，同时可借此检验自己的观点是否正确。（3）要求学生积极参与、踊跃发言，给小组提出有效的建议。（4）让学生学会整理讨论的结果，综合各种意见。（5）要求学生遵守课堂纪律和讨论常规，避免不必要的争论和争吵。

4. 及时协调，有效指导

考虑到学生在讨论中可能提出的各种问题，教师要课前准备好解答的方案。这就要求教师认真检查、分析学生应完成的任务，广泛收集有关资料，把学生可能质疑的问题进行梳理，准备方案。在小组活动期间，教师要进行巡视，但并不是以权威的身份提供信息，而是以促进者和顾问的身份参与学生的讨论，不对学生的回答做权威的判断。教师要做的事情，是积极引导学生围绕讨论内容进行发言并促进学生之间的相互交流，积极发挥组织者、调节者的作用。在讨论中，如果有的学生参与不够积极、有的学生影响到了他人、有的学生与别人争吵等，这时教师就要指导他们如何与别人沟通。同时，教师应该关注学生参与讨论的广度和深度。讨论要求人人参与、全程参与、实质性参与，而不是少数尖子生的参与、某一环节的参与、形式的参与。教师要特别关注那些胆小、性格内向、不爱发言和学习有困难的学生。教师要引导和平衡学生参与讨论的差异，真正让讨论成为每一个学生的"讨论"，而不仅仅是优秀学生的专利。教师在巡视中还要对学生讨论的结果给予关注，必要时给学生提供知识支持，告诉学生哪些方面该怎么做，哪些方面做得不够好，等等。

第三节　思想风暴：思维展现的难得盛宴

课堂上，当学生们围绕一个特定的论题提出自己的新观点、新看法时，一场难得的思维盛宴就此展开了。由于讨论并没有太过明确的对错之分，所以，学生们能够自由地思考，产生更多的观点和想法。学生们在自由、愉快、畅所欲言的气氛中交换观点，并以此诱发集体智慧、激发学习者创意与灵感，帮助他们开阔思路，变被动学习为主动学习，从而改善学习策略，提高学习质量。当然，教师要更好地运用课堂讨论，必须具备问题意识、过程意识、创新意识和理性意识。

教 学 案 例

《My Country》（节选）①

Step 1　Revision：Talk about your daily life

1. 教师在屏幕上显示学生在谈论中可能谈及的事情或可能用到的单词：

go shopping，go to school，play football，have lunch，

go home，play games，go to bed，water flowers

2. Tell your daily life to your friends.［让学生自由寻找对象（朋友）进行对话］

3. Choose the phrases and report the message you have got.

（参考屏幕上的词语向老师和全班同学表达刚才在谈论中所获得的信息）

例如：

Li Ying goes to school at seven o'clock.

Zhang Hua plays football on Friday.

……

凡愿意主动回答的学生，不管回答好坏，都能为小组争取到计1分，并在黑板上的小组记分表上登记。回答得好的学生，老师奖励一个小礼物，如一颗糖、一块曲奇；回答有错的学生，教师会进行"惩罚"，如让他做一个滑稽的动作或扮动物叫；等等。

生1：Zhang Hua plays football at Friday. （应用 on 却用了 at）

师：What should he do? （他该做什么？）

生（齐）：Turn a round! （转一圈）

生1按要求做了一个滑稽的转圈动作。（全班笑）

生2：Li Ying go shopping on Sunday. （动词没加"es"）

---

① 佚名. 小学英语教学案例分析［EB/OL］.［2013-09-15］. http://tc-es. whedu21. com/ben-candy. php？fid＝16&id＝4013.

师：What should he do?（他该做什么？）

生（齐）：Say wooh wooh!（扮狗叫）

生2学狗叫，并学着狗的模样和动作。（全班笑）

4. 小结：答得最好的奖励什么呢？Now let's see the present.

屏幕上显示一幅漂亮的画面：You will be free to visit Japan for 10 days！

（学生笑）

教师让学生围绕明确的主题进行讨论并发表观点，使得学生对学习内容理解得更透彻。如果只是教师讲、学生听，那么，学生可能记住学习内容，但难以理解学习内容。"头脑风暴"既调动了学生参与讨论的积极性，更锻炼了学生的思维能力，充分体现了讨论的问题意识、创新意识和理性意识。

一、问题意识

（一）问题意识是创新精神的基石

学生自主发展的动力来自于学生头脑中内在的矛盾和冲突，引发这些内在矛盾和冲突的导火线则是一串串的问题。教师要组织好课堂讨论，必须要有问题意识。爱因斯坦说："发现问题往往比解决问题更重要，因为解决一个问题也许仅是科学的实验技能而已。而提出新的问题、新的可能性及以新的角度看旧的问题，都需要有创造性的想象力，而且标志着科学的真正进步。"

心理学认为，问题意识实际上是思维的问题性心理，是人们在认识活动中经常意识到一些难以解决或疑惑的实际问题及理论问题，并产生一种困惑、探索的心理状态。问题意识不仅体现了个体思维品质的活跃性和深刻性，也反映了思维的独立性和创造性，包含人们勇于追求真理的怀疑精神和创新精神。这种心理状态能有效地激发学生主动怀疑、自主反思、大胆探究，从而促使学生积极思维，不断提出问题、分析问题和解决问题。相反，没有问题意识的教师，只会盲目从众，被动吸纳，只会将本应富有创造性的工作当作日复一日的重复性劳作。

（二）问题意识是课堂讨论的基点

教师只有强烈的问题意识，才能自主地、自觉地、有效地反思教学，发现并改进自己存在的问题，才能更加清楚地引导学生去发现问题、解决问题。

教师的问题意识要具有现实性，在准备论题时，应从所教学科中寻找问题、发现问题。问题应该具有普遍性，这样才能更广泛地引起学生共鸣。

二、过程意识

在传统教学中，教师只重视知识的结论、教学的结果，而忽略知识的来龙去脉，让学生去背诵"标准答案"，这种做法有意无意地压缩了学生对新知识学习的思维过程。教师应把教学重点放在过程中，放在揭示知识的形成规律上，放在师生互动、生生合作学习上，让学生通过自己的感悟，去概括知识，运用知识，进而发现真理，掌握规律。

心理学家布鲁纳认为："认知是一个过程，而不是一个结果。"课堂讨论不是"走过场"求热闹，而是真正踏踏实实地进行，重视学生自主、合作、探究式学习的过程。过程比结果更重要，没有过程的结果是无源之水、无本之木。下面的文章可以给我们一些启示。

《空心看世界》（节选）①

当我看到水田边一片纯白的花，形似百合，却开得比百合花更繁盛，姿态非常优美，我当场就被那雄浑的美震慑了。

"这是什么花？"我拉着田边的农夫问。

"这是空心菜花呀！"老农夫说。

原来空心菜可以开出这么美丽明亮的花，真是做梦也想不到。我问农夫说："可是我也种过空心菜，怎么没有开过花呢？"

他说："一般人种空心菜，都是还没有开花就摘来吃，怎么会看到开花呢？我这些是为了做种，才留到开花呀！"

我仔细看水田中的空心菜花，花形很像百合，美丽也不输给百合，并且有一种非常好闻的香气，由于花是空心的，茎也是空心的，在风中格外的柔软摇曳，再加上叶子是那么绿，如果拿来作为瓶花，也不会输给其他的名花吧！可惜，空心菜是菜，总是等不到开花就被摘折，一般人总难以知道它开花是那么美。纵使有一些作种的空心菜能熬到开花，人们也难以改变观点来看待它。

---

① 林清玄. 空心看世界 [J]. 教书育人，2010 (2)：19.

《空心看世界》告诉我们，无论课堂讨论多么的热闹，教师还是需要重视学生的独特感受。我们应该清楚学生学习热情的背后是什么？应多给学生一些凝神静默、沉思冥想的时间。

苏霍姆林斯基说："人的心灵深处总有一种把自己看作发现者、研究者和探索者的固有需要。这种需要在儿童精神世界中尤其强烈。"在学生进行讨论时，教师不要急于发表自己的见解，而是要让学生自己发现、纠正、完善。即使学生没有达到所期望的目标，也不要心急，更不要将答案全盘托出，这时候只需要一个充满激励的等待，也许会看到"空心菜开出美丽的花朵"。

将讨论的过程还给学生，在教学过程中力求做到正确引导，善于激发，积极促进学生思维的发展，淡化课程执行中的预定性和统一性，不用有限的结论锁定无限的对话过程，注重学生的独特感受、体验和理解。你会发现学生的自信心增强了，学生会更主动地、自发地参与讨论，个性也得到了发展。

三、创新意识

创新意识是与创新有关的一切思维和活动的起点，是一种创造的冲动、愿望或意图，表现为创新主体的一种心理冲动、一种情绪或者头脑中的灵光闪现。教师若能用创新意识引导课堂讨论，并能将创新原理与技巧转化为个人的内在习惯，变成一种自觉行为，进而保持创造的欲望与勇气，那么课堂讨论将是充满活力的。

（一）走出书斋，积极参与社会实践

在瞬息万变的时代中，教师必须打破自身的封闭性，走出书斋，开阔视野，以改革的参与者和促进派的身份，深入改革开放的前沿，通过对实际生活的观察与思考，得出自己对生活、文化、社会的正确认识并传授给学生。只有这样才能不脱离时代，不脱离现实生活，才能得到学生的认可。

（二）加强培训，树立全新的教育理念

教师应通过各种途径参加理论学习和专业培训，辩证地认识素质教育既不是完全否定应试教育，也不是培养全能全优的教育，而是依据学生的身心发展特点进行教育；认识到教师应把知识传授的过程改为思维训练的过程、潜能开发的过程。教师要努力打破自己的思维定式，敢想、敢说、敢为，勇于探索。教学要坚持创造性思维训练，鼓励标新立异，鼓励学生质疑，鼓励

学生发表不同见解，鼓励学生拓展新的思路，培养学生的创新意识。

（三）不断学习，站在文化发展的前沿

在知识爆炸的今天，知识更新的周期越来越短。教师如果还只是沉浸在自己上学时掌握的知识里，埋头于一本教科书中，就会显得十分狭隘和贫乏，谈不上能给学生什么教育和启发。因此，教师要不断地提升学科素养，并努力加强对与专业有关的边缘学科知识的了解和学习，加强横向联系，不断将新学科知识融入自己的专业知识中，向"博大精深"迈进。

（四）虚心求教，努力做到教学相长

"弟子不必不如师，师不必贤于弟子"。古人的遗训至今仍富有深刻的哲理，更何况在网络时代，人们接收信息的途径多种多样。我们面对的是看电视、玩电脑长大的孩子，他们知识面广、思维敏捷、接受新知识快，有主见、独立性强，在许多方面值得教师学习。因此，教师除了向专家、书本学习外，也应该虚心向学生学习，这样才能做到"教学相长"，真正成为受学生欢迎的教师。

（五）与时俱进，善于运用现代教学媒介

教师要善于把现代教育技术和传统教育技术结合起来使用，使其相得益彰，提高教学质量。古人云："工欲善其事，必先利其器。"教师应该善于运用多种现代化的、有效的教学手段，创造性地掌握现代教学技巧，以更好地完成教育任务。

我们所处的是一个充满生机与活力的开放时代，各种思潮、各种学派、各类知识会不断从四面八方涌来，叫人应接不暇。作为有创新意识的教师不能只坐在书斋中，抱着几年甚至十几年不变的讲稿，在落后与陈旧中寻求安稳。教师必须以开放的心态学习最新的、最前沿的知识，并有所选择地传授给学生，只有这样才能保证学生跟上时代的步伐。教师一定要更新观念，从培养创新型人才的高度出发，充分认识创新意识的培养对学生发展的重要意义。

四、理性意识

从教育的层面上讲，理性意识指的是教师运用概念、判断和推理等逻辑思维形式，对教育实践进行自主思考，以做出合理教育行为选择，并将其付

诸实施的一种个人品质。它对于教师实现作为人的本质性规定、提升道德水平、增强教育目的合理性和提高教育方法的科学性具有重要意义。

（一）冷静的态度

在开放式讨论中，教师往往会遇到一些意想不到的事件，如何处理突如其来的问题，是对教师应变能力的考验。如果问题化解得巧妙，不仅能使教师迅速摆脱窘境，保证课堂讨论顺利进行，而且还会赢得学生的敬佩；反之，不仅不能完成讨论任务，教师在学生心目中的威信也将大打折扣。

由于课堂讨论开放性的特点，学生可以畅所欲言，而这时候恰恰最容易出现突发情况，也就是"非预设性教学"。这时，教师应冷静处理，把这种意外及时纳入预设之中，以使课堂意外转化成课程资源。

（二）全面的认识

在讨论过程中，教师只有做到对教材高度稔熟、对学生充分了解、对知识科学对待和对学生充满感情，才能适应现代教学的要求，才能灵活自如地驾驭课堂教学的进程。

（三）详细的分析

教师在进行讨论之前，要详细分析学生的学情和教学的目标，并要认真分析达成学习（或教学）目标的支持性条件。教师要通过对教学各个环节的详细分析来判断学生认知、思维水平和心理状态，只有建立在详细分析的基础上，教师才能更理性地处理问题。

（四）得体的举止

教师要尽可能站在学生的旁边和中间，而不是站在他们的对面，要让学生自然地把教师当作合作的伙伴；教师要注意自己的表情、语气和手势，要注意倾听学生的发言，适时纠正补充，要保护学生的自尊心。教师的评价要以鼓励为主，同时，教师的追问要尽量避免使学生感到"山穷水尽疑无路"，当讨论进行到节点时，教师可超前性地追问或再次递进提问，让学生感到"柳暗花明又一村"。要给每个学生创造成功的机会，让他们品尝成功的喜悦，同时要营造宽松、和谐的氛围，让每个学生有话想说，有话能说，有话尽说。

（五）多种的备案

由于讨论的灵活性，课堂常常会出现不可控的状况。而不可控状况发生时，教师最容易用"非理性"的态度去处理。为了避免"非理性"的出现，教师必须准备多种方案，比如，当讨论进行不下去时，应该怎么引导学生。当学生对讨论问题难以理解时，应该如何向学生解释，等等。准备了多种方案，也就增强了理性意识。

理性意识还体现在对讨论结果的严格把关上，也就是说，既要保护学生回答问题的积极性，又不要使学生的发言漫无边际、正误不分。在听取学生讨论时，教师要审时度势，及时、积极地评价学生——回答正确，要肯定和强化其原有认知结构；回答错误，要给予及时调整、纠正，改变学生原有欠缺的认知结构。

第四节　实战案例：如何展现讨论魅力

一、实战案例

小组合作学习①

（一）问题情境

1. 问题

学校操场原来长 60 米，宽 50 米，扩建后长是原来的 3 倍，宽比原来增加 40 米。扩建后操场的面积是多少平方米？比原来增加了多少平方米？

2. 要求

（1）画出操场扩建后的图形。（2）把扩建前操场的面积涂上蓝色，扩建后增加的面积涂上红色。（3）说说你作图的理由。（4）怎样列式计算。

（二）合作学习

1. 教师讲清要求，让学生分组进行活动

课堂上学生自由发言，气氛十分活跃。

---

① 伍雄. 小组合作学习纪实 ［M］//胡重光. 现代活动教学与素质教育. 长沙：国防科技大学出版社，2002：189. 本文略有改动。

2. 学生分组活动

（1）第一种情况：

生 1：我是这样画图的，你们看对不对？

生 2：你这样画图不对。宽虽然扩大了 40 米，但它的长应该是原来的 3 倍，你没有表示出来。

（2）第二种情况：

生 3：我是这样想的。长是原来的 3 倍，我接着原来的长画了两个 60 米，宽比原来增加 40 米，我又把宽多画 40 米。你们看我画的对不对？

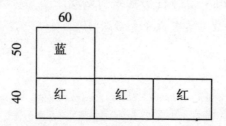

生 4：你说的有道理，我看是对的。

生 5：不对。扩建后的操场是这个样子？新操场应把这个角补起来，使它成为一个完整的长方形。

生 3：生 5 说得对，这样新操场又大又漂亮。

（3）第三种情况：

生 7：我是这样画图和计算的，你们看：

$180×40＝7200$（平方米），

$60×50＝3000$（平方米），

$7200＋3000＝10200$（平方米）。

生8：像你画的这样，扩建后的操场多难看。应该把上面这个缺口补起来，原来操场的两条长都要扩大3倍。

生7：这个角补起来以后，图形变了，我原来的计算也就不对了。

生8：你可以把刚才补的这块面积算出来，会不会算？

生7：$120×50＝6000$（平方米），$10200＋6000＝16200$（平方米），$7200＋6000＝13200$（平方米）

生8：对的。你再看图，想一想，看看有没有别的算法？

生7：我用"$180×90＝16200$（平方米）"得整个操场的面积，用"$16200－3000＝13200$（平方米）"就是增加的面积。这样计算简便多了。

(4) 第四种情况：

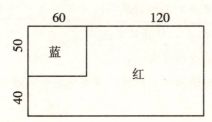

$60×3＝180$（米），

$50＋40＝90$（米），

$180＋90＝270$（米）。

生9：你画的图是对的。$180＋90$是算什么？面积是怎样计算的？

(5) 第五种情况：

生10：我是这样计算的：

$60×50＝3000$（平方米），$40×3＝120$（平方米），$3000－120＝2870$（平方米）。

生11：错。$40×3$得出的结果是指什么都不知道，$3000－120$又是谁的面积？

……

(6) 第六种情况：

生12：你们看我的计算：

$60×50＝3000$（平方米），$60×3＝180$（平方米），$50＋40＝90$（米），

180×90＝162000（平方米），162000－3000＝159000（米）。

生13：180×90的得数你写多了一个"0"，最后得数也就错了。

生14：还有两个地方也错了，你仔细检查看看。

生12：真的，180平方米、159000米这两个单位搞错了。

（7）第七种情况：

在学生分组活动的过程中，生17画的图与众不同，全组学生持两种观点。

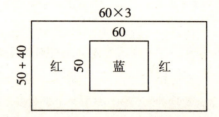

生15：不对。

生16：是对的。理由是扩建后操场的长180米，是原来长的3倍，宽是90米，比原来的宽多40米，符合题目意思。

师问生17：怎样求增加的面积？

生17：扩建后操场的面积－扩建前操场的面积＝增加的面积。

（三）活动评比

让学生充分讨论后，要求每小组选派一名图画得好、解答正确的同学，带着答卷参加全班"说优秀"比赛。评比结果生11、生9、生17三人获优秀。老师让他们三人分别向全班同学谈了他们的解法，并总结：生11、生9画图准确、书写工整，解答正确；生17画图新颖，解答正确。

二、实战经验

（一）活动教学，事半功倍

在上述案例中，学生通过分组学习，自己动脑、动手、动口，激发了他们的学习兴趣，发挥了学生的主体作用，学生脸上挂满了胜利的喜悦。利用"活动教学法"教学，学生再也不吃别人嚼过的馒头了。活动教学作为一种新兴的教学方式，逐渐深入到教师和学生的心中。活动教学丰富了课堂教学，化难为易，激发了学生学习的兴趣，达到了事半功倍的效果。

（二）小组讨论，思维碰撞

小组讨论的形式让学生在各种思维碰撞之下，会产生意想不到的想法。学生相互讨论，正确答案在思维碰撞中产生，这促进了思维的发展。思维碰撞迫使学生去思考其他组员的想法，联系自己的思考结果，再做出判断。伍老师要求学生以小组为单位，针对应用题进行讨论，小组讨论的教学方式使得讨论现场如火如荼。有些学生列的算式由于粗心大意，算错了，几个同学细心观察，发现了问题，帮助他们及时修改了错误。总的来说，小组讨论就是一种学生在讨论中共同进步、以团队力量促进问题解决的有效方式。

（三）气氛活跃，思维创新

在小组讨论中，学生你一言，我一句，课堂气氛非常活跃。在活跃的氛围中，学生的思维如泉涌，不可遏止。一些学生的想法颇有新意，学生们围绕这个想法展开了讨论，各抒己见，促进了思维的发展。

（四）教师引导，模范作用

学生在自由的氛围中热烈地展开课堂讨论，使得教师也积极参与其中。伍老师对学生循循善诱，比如问学生如何计算面积，引导学生进一步思考问题，并检验想法的正确性。最后，教师让学生评选优秀学生。这些优秀学生的产生不仅鼓励了优秀的学生，也激励了其他同学，使课堂讨论达到了预期的教学效果。

三、实战策略

（一）改变单一模式，建立有层次的讨论课堂

教师要彰显讨论在课堂教学中的魅力，首先，要改变教师单一讲授的模式，只有改变师生的课堂关系，才能让学生之间、师生之间开展富有成效的课堂讨论，使得师生的友谊之花绽放。其次，要构建有层次的讨论课堂，讨论内容必须与学生的身心发展特点相一致，充分考虑学生的认知水平。教师在对课堂讨论进行设计的过程中，要充分考虑学生的能力和学习状态，为其安排合适的讨论方案。此外，教师应充分考虑学科学习的规律，进行科学合理的具有层次性的课堂讨论。

（二）提升教学效果，搭建可操作的讨论课堂

课堂讨论凭借独特的优势，吸引着广大师生，成为一种有魅力的新型教

学方式。选择合适的讨论题目，选择合适的讨论时间，选择合适的讨论方式，都是课堂讨论至关重要的因素。教师切忌单纯为了活跃课堂而进行讨论，也不要忽略教学目标，以免导致教学效果下降。构建可操作的讨论课堂，一是教师需要在开展课堂讨论时注重对学生学习手段和技巧的指导；二是教师应有目的地降低论题的开放性。通常情况下，课堂讨论论题的答案应是多样化的，教师的教学设计应使学生的多元思维能力得到行之有效的锻炼，进而有效地培养学生用不同方式审视问题的能力。

（三）丰富讨论内容，营造有氛围的讨论课堂

课堂讨论让课堂呈现了不一样的氛围，教师滔滔不绝的讲课声，变为了学生的自由之声，以及师生交流的声音。要保持师生间的平等对话，让课堂讨论充满魅力，教师更应该在课堂讨论中引入为教学服务的课本以外的讨论内容。在时间充裕的情况下，教师还可以让学生解决各种类型的问题，丰富讨论的内容。活跃的课堂讨论调动了学生学习的积极性，集中了学生的注意力，营造了良好的课堂氛围。

第一章

课堂讨论论题设置的艺术

在课堂上巧妙开展讨论，能最大限度地发挥学生的主体性，激活整个课堂。心理学家指出，发现问题是思维的第一步，回答问题是思维的第二步。课堂讨论的过程使课堂形成了不断推进的思维流程，进而迸发创造性思维。

课堂讨论贵在有好的论题。论题是论述者所主张并加以辩证的命题，是有待于证明的命题，是讨论的问题或对象。最深刻、最持久、最新颖和最有趣的论题，能让课堂讨论闪现创造性的火花，让学生的口头表达能力和人际交往能力得到培养，使新的信息得以交流，甚至还可以消除学生学习的疲劳，使其保持学习的热情，提高学习效率。

第一节　热点：最热门的论题

热点论题是人们关注和议论的中心话题，对学生有一定的影响，甚至有些论题对学生影响很大。利用社会关注的热点论题进行课堂讨论，可以让学生体验到"不出门便知晓天下事"的妙处，可以极大地激发学生的学习兴趣，提高课堂教学效率。

增强自我保护意识和能力（节选）①

一、导入新课

师：同学们，我们在前面的课程中学习了有关未成年人保护的哪些法律？

生1：《中华人民共和国未成年人保护法》和《中华人民共和国预防未成年人犯罪法》。

师：好！非常正确，这些法律的颁布为未成年人的健康成长提供了有力的保障，但这些都是外在因素，作为未成年人，我们要使自己免受伤害，还应该做到什么呢？

生2：增强自我保护的意识和能力。

师：好，今天我们就来学习一下这方面的内容。

（老师拿起粉笔，在黑板上书写了"增强自我保护意识和能力"的课题）

二、初步讨论

1. 呈现案例，进行讨论

……

师：下面就请A组同学展示一下青少年受侵害的案例。

（A组的三名学生代表分别讲述了他们搜集到的案例）

师：通过案例展示，大家想一想，家庭、学校、社会、司法等保护对他们起到真正的作用了吗？

生3：没有，我们要增强自我保护意识和能力。

2. 阅读材料，总结观点

师：好，下面大家快速阅读一下本节课内容，想一想增强自我保护意识和能力有什么必要性。

（几分钟过后，生1非常流利地将增强自我保护意识和能力的必要性给大家读出来）

---

① 赵海霞. 教师教学探究力修练 [M]. 长春：东北师范大学出版社，2010：185-188. 本文略有改动。

3. 研究案例，陈述观点

师：好，大家知道了必要性，那么我们如何增强自我保护意识和能力呢？同学们自我保护能力的现状是怎样的？请B组同学代表公布他们的调查结果。

生2：我们利用课余时间走访了年级内的同学及在网吧的同学们，调查结果令人担忧，年级内20%的同学经常有违纪现象，有5%的同学屡教不改，而上网的同学则在年级中占有80%的比例，上网内容无外乎聊天、游戏，这对青少年的身心健康极为不利，有个别同学甚至因为上网而出现了夜不归宿的现象……

师：这样的调查结果给我们敲响了警钟，这些现象对青少年的健康成长极为不利，那么我们应怎样做才能避免这种现象呢？

生3：我们在初一心理健康课中学习了要增强自律能力，我想只有自律才能避免这种现象。

师：大家同意他的观点吗？

（"同意！"学生们异口同声，老师在黑板上写出了"自律"二字）

三、深入讨论

1. 教师展示材料，引导学生讨论，自主探究

师：下面我们看一下大屏幕，一起来分析一下这个案例。案例讲的是某校女生在校被高年级同学打伤，险些丧命。

师：好，看完这段案例，请同学们讨论一下，打女生这种做法对不对？应该如何避免？

（学生们对这个问题十分感兴趣，他们激烈地讨论起来，你一言我一语，有的气愤不已，有的点头称是，有的则眉头紧锁，显示了积极的参与意识）

师：好，时间到。讨论结果是什么？

生1：我们小组的讨论结果是，这种做法不对，可以告诉老师。（一位学生插嘴道："也可以告诉家长。"又有学生迫不及待地说："报警，打110最好。"）

师：大家说得都非常对，那么如何概括一下这几种方法呢？

生2：用法律武器维护自身的合法权益。

师：好，很准确。（老师将这一观点写在黑板上）

2. 教师放映录像，引导学生讨论，自主探究

师：下面咱们再看一段录像吧！看看录像中同学们的表现如何。

（录像开始，几幅画面出现了：有的学生在楼道里大声喧哗，有的学生随地乱扔纸屑，有的学生翻越护栏，甚至有的学生偷偷地拔了其他同学自行车的气门芯……录像一放，气氛顿时活跃起来，有的学生边笑边看，有的学生则对号入座，有的学生则羞愧难当）

师：好，录像看完了，请出我班的小记者针对录像内容，对大家进行采访吧！

（老师这么一说，大家热烈鼓掌）

生3（神气十足，拿起话筒）：

（1）为什么有的同学会这样做？

（2）家长、老师发现会怎么样？

（3）C组同学代表说一说对家长、老师采访的结果。

（面对小记者的提问，学生们跃跃欲试，踊跃回答，提出了自己的看法，有的见解独到，有的则有失偏颇。最后大家一致认为要正确对待父母和学校的教育）

师：总结自我保护的方法，第一，学会自律。第二，运用法律武器保护自己。第三，正确对待父母和学校的教育。

近年来，有很多学生受伤害的事件成为社会关注的热点，上述案例中，教师引入这一热点问题，引起了学生热烈的关注。教师通过课前调查和课中分析两个阶段的讨论，引导学生逐步总结自我保护的方法，提升了学生的自我保护意识和能力。

一、"热点论题"的实际价值

在课堂讨论中，引入热点论题的价值何在？

（一）激发学生的学习兴趣

热点论题之所以能成为热点，是因为这些论题有新颖性、独特性和敏感性的特点，同时，这些论题是现实生活中已经发生的、与学生关系密切的事情。因此，讨论这些论题能够激发学生讨论和深入探析的欲望，满足学生的猎奇心理。这些热点论题能够使学生将情感融入分析研究中，并以高度的集

中力参与讨论过程中。因此，在课堂讨论教学中，教师一方面要立足于课本，另一方面要将一些社会现实中学生感兴趣的热点与教学内容有机地结合起来，这样就会使学生对学习兴趣盎然。

（二）培养学生的思辨能力

热点论题包含社会生活的方方面面，常常有较大的争议性。通过对"热点"的讨论，学生可以在良性的沟通和对话中培养思考辨析问题的能力，提高运用知识考察社会和认识社会的能力，以及运用知识解决问题的能力。社会上的焦点、难点事件都可成为热点论题的来源，通过对这些事件的讨论，学生会更加关注身边的事情，会更独立地思考问题，也会慢慢地形成对公共热点论题的个人意见。长此以往，学生就能全面地、联系地、发展地看问题，进而拥有独立思考、客观判断的能力。

（三）砥砺学生的创新思维

热点论题是社会生活的一个话语反映，往往能够揭露社会深层次的问题，既是社会生活的"放大镜"，也是社会生活的"显微镜"。引导学生从热点论题出发，透过"放大镜"，从宏观层面认识社会，引导学生看问题应树立全局意识；透过"显微镜"，从微观层面分析社会，引导学生看问题要防止浮光掠影。对热点论题的讨论，将会点燃学生的思维火花，促使他们开动脑筋，学会从宏观和微观两个层面去思考问题。

（四）提高学生的道德修养

很多热点论题往往与道德修养有关，教师应借题发挥，让学生从道德方面展开讨论，分析热点问题中做法是否合理，是否值得学习，或讨论这些做法是否需要引以为戒，是否应该鄙弃。让学生在讨论中增强对社会问题的认识，增加对社会生活的体验，提高道德修养。教师如果结合教学内容，适时地引入热点论题，让热点论题服务于教学，则能激起学生的共鸣，从而达到更好的德育效果。

二、"热点论题"的把握原则

在教学中，把生活中发生的热点事件适时引入课堂，是让课堂讨论更有效的方式之一。而事件的选择、切入的角度、材料的整合、引入的时机等，都关系到讨论的效果。既然"热点"是最有价值的论题，那么，精选热点论题要把握哪些原则呢？

（一）要服务教学目标，突出目的性和方向性

生活中的热点论题有很多，但并不是所有的热点都能成为学生讨论的热点。教师选择热点论题要切合教学内容，使论题能够服务于教学目标。切勿让热点论题喧宾夺主，本末倒置。热点论题是作为教学内容的一个实例，在较短时间内让学生透过案例加深对所讲知识的理解，以起到巩固学习的效果。教师要选择契合教学内容的、能够为教学目标服务的、能够加强学生对知识理解的热点。

（二）要注意初衷所在，把握思想性、教育性

教师选择热点要把握思想性、教育性，要选择具有良好的道德情操和道德效应的热点。要让学生通过讨论热点论题，形成积极向上的生活态度，培养健康积极的世界观、人生观、价值观，从而帮助学生健康成长。教师要避免选择一些涉及社会阴暗、过于暴力的热点，太过现实的热点有时不但不能起到教育的作用，反而会弄巧成拙，摧毁学生对社会的美好愿望，打乱学生对社会的认识，不利于学生的健康成长。教师要选择与学生生活距离近的、为学生熟悉且容易接受的论题，以提升学生对论题讨论的热情。

（三）要贴近时代发展，紧扣时代性和新颖性

选择热点必然是当下的热点话题，即近期发生的事情。教师如果选择过去的热点作为讨论话题，则会让学生感到陈旧，不容易引起学生的共鸣。教师要选择能够体现当前学生生活环境的热点，选择近期发生并让学生能够切身感受到的实例，在选择的过程中要注重热点的新颖性。

（四）要关注本地问题，体现地域性和本地性

选择热点要顾及地域性，具有地域性的热点更能引起学生的关注。本地区的热点问题往往是学生熟悉的问题。选择这些问题既体现了本地特色，又能使学生感受到学习与生活是相互联系的，学习来源于生活，学习是为了解决生活难题，这更能激发学生讨论的热情。

（五）要切合学生特点，明确层次性和需要性

教师为学生设置热点论题，要力求这些论题是能够引起学生兴趣的，与学生距离近的、为学生所接受的、契合学生学习能力水平的、迎合学生思维

的论题。切勿将高深莫测、成人都难以讨论出结果的论题抛给学生，把学生牵到牛角尖里。太"难"的热点论题不但不能激发学生讨论的兴趣，还会让学生产生畏难心理，打消讨论的热情，这不利于课堂效率的提升。

三、"热点论题"的讨论策略

教师是热点讨论的重要引导者与开发者，怎么使热点论题更具有价值，使热点讨论为教学目标服务，这有赖于教师如何利用热点论题调动学生的学习积极性、如何组织学生进行讨论等。

（一）注重论题设计

热点事件往往有很多的切入点，教师应该找到最适合教学的切入点来设计论题。设计论题是应由"给出知识"转向"引起活动"，让学生打破思维定式，从不同的角度进行思考，以寻求多个解决方案。教师要懂得对于同一热点事件可以从不同的角度、不同的层次进行讨论。

热点论题的设计，一要依据教学内容，并且具有一定的综合性；二要联系生活实际，选择与学生有关或相关的问题；三要培养学生的独立见解和创新性思维；四要对学生进行行为养成教育或思想教育。总的来说，就是要做到热点、学生、教材三者有机结合。

（二）紧扣教学目标

组织课堂讨论，不能为"讨论"而"讨论"。每一次的讨论都要紧扣教学目标，突出教学重点。选择热点论题也是一样，一定要紧扣教学目标，突出教学重点，选择典型的论题，使讨论更具代表性，更富有说服力。

（三）详述热点事件

学生对热点事件的关注和掌握程度不同，所以，教师一定要将其涉及的热点事件一一阐述清楚，确保每一个学生都能了解热点事件的来龙去脉，真正参与到讨论中来。

（四）促进师生互动

教师要充分尊重学生的差异性思维，尊重学生的认知水平和认知方式。不仅如此，教师还要本着民主平等的原则，参与学生的讨论，鼓励不同的观点进行交锋，不同的思维进行碰撞，促进学生在思辨、争论、合作过程中实现有效学习。

（五）巧用激励机制

既是讨论，就必有争鸣。面对不同观点，教师应该进行激励式评价，既指出错误所在及其原因，同时肯定正确的部分并予以鼓励。这样既保护了学生的自尊心和求知欲，又促使学生加以改正错误。激励式评价是抚慰学生稚嫩心田的春风，运用得当，将有力地激发学生的上进心、求知欲和潜力。

第二节　质疑：最有趣的论题

古人云："学贵有疑，小疑则小进，大疑则大进；疑者，觉醒之机也，一番觉悟，一番长进。"学习过程实质是发现问题、探究问题、解决问题的过程。"质疑式论题"是培养学生发现问题、学会质疑的有效载体。在讨论过程中，教师不为学生提供现成的知识答案，而是引导学生去质疑，激发学生对未知事物的认识，自主完成学习任务。

思维活动产生于质疑，问题产生于已知和未知之间。从心理学角度出发，多问和好奇是儿童的天性，是儿童求知欲的表现；从认知规律出发，质疑、析疑、解疑是不可分割的思维过程。亚里士多德说："思维从疑问和惊奇开始。"由此可见，学生的学习过程就是质疑、解疑的认知过程。教师应借助质疑来组织课堂讨论，激发学生探究真知的兴趣。

教学案例

质疑出真知①

政治课堂上，老师向学生提出这样一个论题："在社会主义时期，剥削阶级作为阶级在我国已被消灭，但阶级斗争在一定范围内将长期存在，在一定条件下，还可能激化。"这一论题是否有矛盾，应怎样理解呢？问题一提出，学生们纷纷议论，课堂气氛活跃起来。

老师接着又提出问题："如果一支敌军被我军消灭了，能否说，就没有一

---

① 佚名. 浅谈思想政治课教学中学生学习兴趣的激发［EB/OL］.［2013-09-15］. http://teacher. wjsszzx. com/show. aspx? id=4736&cid=27.引用时有删改，题目为本书作者所加。

个散兵对我们打冷枪？"然后又向学生提问："在社会主义国家内部，剥削阶级的各种影响及其腐朽思想的遗毒是否还存在呢？社会上危害社会主义制度的反动势力是否存在？"并举例说明。

这些问题引起了学生的兴趣，使学生很快进入角色，在质疑中学生明白了道理，提高了思想觉悟。可见，在讨论中不断质疑论题，比平铺直叙讲理论更有效。

在针对经济常识、价值规律与市场经济的一般特征的教学中，老师设置的论题是："不找市长找市场"，几年前人们就体会到"市长"与"市场"关系的微妙变化，如今"看不见的手"逼得市长也要"过关"。市场经济条件下，市场关当然非过不可，市场是无情的，如逆水行舟，不进则退；但市场也充满了魔力，把握好市场脉搏，经济就会快速发展，当前过市场关需要强化三种意识，即开放意识、法制意识、竞争意识。试问："看不见的手"为什么能逼市长"过关"？过市场关需要强化三种意识，反映了市场经济什么特征？为什么要强化这三种意识？

问题提出来后，学生们置身于思考质疑的气氛中，教师引导学生对各种答案进行评议、争论，使学生形成自己的看法，最后，老师指导学生阅读和小结。当学生看到教材中表述的内容与自己的见解基本一致而且自己又有新的见解时，他们会由衷地感到一种成功的喜悦。

教师通过引导学生质疑政治论题来培养学生的思辨能力。新课程强调培养学生的创新精神，而创新精神的培养需要学生具有"质疑意识"。"在社会主义时期，剥削阶级作为阶级在我国已被消灭，但阶级斗争在一定范围内将长期存在，在一定条件下，还可能激化吗？""'看不见的手'为什么能逼市长'过关'？过市场关需要强化三种意识，反映了市场经济什么特征？为什么要强化这三种意识？"这些问题引发了学生强烈的质疑，与文本、与同伴、与老师对话交流，构建了认知意义。

在传统教学中，教师习惯于抓住重点，通过设疑来解决问题。这抑制了学生学习的主动性，限制了学生的思维，不利于培养学生的创新思维。我们必须突破"教师问、学生答"的教学模式，大力鼓励学生质疑，变教师"自我设疑"为学生"主动质疑"，才能充分调动学生的积极性，让学生通过讨论真正成为学习的主人。那么，如何从学生的质疑中选择论题呢？

一、激发学生的质疑兴趣，变被动为主动

在课堂讨论中，教师给予学生质疑的机会，并将学生有价值的质疑变作论题，让学生寻找答案，这样有利于学生打开思维的大门，产生探究的兴趣。

（一）设置有趣的话题

兴趣是最好的老师。学生只有对一个论题产生兴趣，才有继续往下了解的欲望。因此，教师要设置受学生欢迎、有趣、值得质疑的问题。教师要细心观察学生的思想动态，把握学生群体的兴趣所在，结合学生的思维特点，有针对性地为学生设置论题，培养他们的质疑精神。

（二）营造宽松的氛围

教师要营造一个宽松的课堂氛围，打破沉闷、呆板、一问一答的模式。要想让学生感受到个人质疑的重要性，就要鼓励学生敢于创新和保持独具一格的质疑精神。当学生的质疑方向出现偏差或错误时，教师应善意地提出来，而不要对学生加以指责、批评，以避免让学生感受到被质疑的挫败感。

（三）增加参与的程度

在课堂中，教师要改变过去以教师为主体的传统，要加强学生的主体地位。教师要将自己的主体地位变为主导作用，引导学生进行针对性质疑。教师应减少"拷问"的次数，增加质疑的机会。当学生遇到问题难以解决时，教师不要直接说出答案，而是应逐步引导，增加学生的成就感和参与热情。

二、发挥教师的主导作用，变灌输为指导

课堂讨论本来就是一个相对开放的学习活动，讨论时，学生很可能"天马行空"，讨论范围较广，内容较杂，往往缺乏目标性。教师应充分发挥自己的主导作用，引导学生有针对性地质疑，让学生学会质疑，善于质疑。

（一）主导学生的质疑方向

学生质疑问题时，可能会不着边际，五花八门，让人哭笑不得。教师要充分发挥主导作用，引导学生朝着正确的方向进行质疑。在这里，教师不是为学生提供一种封闭的质疑方向，也不是让学生必须按照老师给出的方向思考，而是矫正学生错误的质疑方向，让学生做出符合常理的质疑。

（二）指导学生的质疑方法

质疑就是有依据的疑问。质疑不是信口开河，也不是随心所欲，而应有法可循。那么，具体来说，如何质疑？一是示范引领，点拨诱导；二是审视文本，放胆质疑；三是标新立异，逆向质疑。指导学生把握质疑方法，有利于调动学生的积极性，提高学生的思维能力、表达能力和自学能力，从而实现学生创新意识的形成。

（三）点评学生的质疑深度

学生对论题提出自己的质疑，无论是深刻还是肤浅，都是学生具有独立见解的表现，教师要充分尊重，并给予积极评价。如果质疑很深刻，教师鼓励学生再接再厉；如果质疑有肤浅之处，教师要指出不足，并给予有针对性的指导。

三、创设质疑的问题情境，变消极为积极

教师创设问题情境，目的在于诱导学生积极质疑，深入讨论。一个问题的提出往往需要时间和空间，只有留给学生充足的时间和空间，学生才能发现问题、提出问题和解决问题。

（一）创设质疑时间

学生对问题做出质疑，不是一蹴而就、脱口而出的。教师要"等一等"学生，给学生足够的质疑时间，让学生能够在开放、宽松的氛围中发挥自己的想象力，提出独特的见解。当学生质疑出现错误时，教师不能一口否定，而应鼓励学生进一步思考，给学生思考的时间，让学生的质疑趋向合理。教师要用心倾听学生的质疑，包容学生质疑时的尴尬，并培养学生勇于质疑的精神。

（二）创设质疑空间

质疑是开放性的，教师应给学生创设质疑的空间，让他们怎么想就怎么问，问错了没有关系。同时引导学生从无到有、从少到多，从现象到本质地提出问题，让学生慢慢地学会质疑。

"疑"是思维的火花，思维总是从发现问题开始，以解决问题告终。"疑"是深入学习知识的起点，也是闪现智慧的开端。新的发现或创造发明，往往都跟"疑"密切相关。不善于质疑的人，在学习和工作中就难有创新精神。我们应鼓励学生大胆质疑——敢于疑课本之说、疑教师之解、疑权威之言，在质疑中探幽索微，寻求真理，以此发展思维能力，提高认知水平。

第三节　探究：最持久的论题

探究式论题有利于发展学生的主体性，有利于培养学生可持续发展的能力，有利于培养学生健康的社会情感和积极的创造精神。探究式论题是学习过程中最持久的论题。

在教师的引导下，学生以已有知识和经验为基础，自由发言，自主质疑，独立探究，共同讨论。也就是说，学生在学科领域内或现实生活情境中选取某个问题作为实破点，通过质疑、发现问题，调查研究、分析研讨，解决问题，表达与交流等探究学习活动，获得知识，激发情趣，掌握程序与方法。探究式讨论尊重学生的主体地位，发挥学生的主体作用，让学生从被动地位转向主动地位，真正让学生自主学习，从而成为课堂教学的主人。

教学案例

篱笆——把平常围出了神奇①

期中复习时，老师出了几道应用题，其中一道是：

一个篱笆正好围出一个长 9 米、宽 6 米的长方形菜地，如果用它围出一个最大的正方形菜地，这个正方形的边长是多少米？

当老师评讲这道题时，一幕幕意想不到的场景让她目瞪口呆。

生 1：应该先求出长方形的周长（9＋6）×2＝30（米），就是篱笆的总长，也就是围成的正方形的周长是 30 米，再用 30÷4＝7.5（米）。

生（齐）：对、对。

生 2：老师，我是这样做的：（9＋6）÷2＝7.5（米）对吗？

师：同学们，你们认为怎样？

生 2：不对，哪有这么简单。

师：真的不对吗？再想想，看哪个小精灵最先想到。

---

① 孙瑞欣. 打造精彩课堂有妙招［M］. 长春：东北师范大学出版社，2010：131-133. 本文略有改动。

生 3：我认为是对的，但说不清楚为什么？

生 2：我自己说。我也是对的。因为长方形和正方形的周长相等，只要把长方形的长和宽变成同样长，长方形就成了正方形，所以，我用长加宽的和再除以 2，就把长和宽变成同样长了，也就是正方形的边长了。

这时，老师和全班同学一起用最热烈的掌声表示了对他的赞赏。

师：还有疑问吗？

老师本想了解还有没有学生不懂的地方，可这时意外发生了。

生 4：老师，我有问题。

老师一看，是他！这个小家伙，最爱出风头，常常提一些稀奇古怪的问题。

师：又有什么新发现，说来听听。

生 4：如果篱笆有一边是靠墙的，这个正方形的边长还是 7.5 米吗？

一石激起千层浪。

生 5：是啊，是啊。

生 6：题中没有这个条件，怎么能这样做呢？

生 7：也没有说篱笆不能靠墙啊？

教室里像炸开的锅，趁大家争得面红耳赤的片刻，老师忽然意识到：这不正是数学教学企盼出现的结果吗？何不趁势抓住这一难得的教学契机，最大限度地挖掘和利用这一来自学生的创新资源呢？

师：同学们，刚才××同学提的问题很不错，老师都没有想到。让我们一起来探讨探讨，怎么样？

"好！"全班几乎异口同声。

师：大家先思考一下，然后四人小组讨论。

看到孩子们那兴奋的样子，老师终于明白了"问题是开启创新之门的钥匙"这句话的真正含意。

师：生 4 同学提出的问题，你们组先说说吧。

生 4：如果篱笆一边靠墙，那么篱笆总长就是 9＋6＋6＝21（米），正方形边长就是 21÷3＝7（米）。

师：正方形有 4 条边相等，怎么是 21÷3 呢？（师假装不懂）

生 5：我来补充。因为围成的长方形有一边靠墙，所以正方形有一边也该靠墙，只有三边是篱笆。

师：真能干，还有吗？

生6：我们组是这样做的，如果是长方形的短边靠墙的话，那么篱笆总长就是9＋9＋6＝24（米），正方形边长就是24÷3＝8（米）。

师：真了不起，考虑得真周到。

生7：还有，我们组是这样做的：9＋6＝15（米），15÷2＝7.5（米）。

老师又是一惊，学生的创造力真的了不起。

师：不明白。你和前面那个同学的做法不一样吗？

生7：答案的确一样，但我们的思路不一样。如果长方形有两边靠墙，篱笆总长就是9＋6＝15（米）、正方形也只有两边才是篱笆，所以正方形边长是15÷2＝7.5（米）。

师：太精彩了。现在老师也想到了。如果篱笆三边都靠墙，正方形边长就是9＋6＝15（米），你们认为怎样？

许多同学点头称是。

生4：不对。

生（齐）：为什么？

生4：如果三边都靠墙的话，篱笆就只能围一边了，这和条件中篱笆有长有宽矛盾了。

师：真是太好了。孩子们，今天这些问题老师的确没有想到，你们真是了不起，为我们自己鼓掌吧！

教师成功地组织了一次探究式讨论。学生根据经验知道，篱笆围地往往会出现全围、三方围、两方围等情况，当然也包括一边围的情况。学生根据自己的想象，对各种情况加以分析、讨论、解决。在讨论过程中，教师用"还有疑问吗"、"真的不对吗？再想想，看哪个小精灵最先想到"、"同学们，刚才××同学提的问题很不错，老师都没有想到。让我们一起来探讨探讨，怎么样"等话语将讨论引向纵深，激发了学生探究的欲望。学生不再是接受知识的"容器"，而是知识意义的建构者。课堂讨论成为师生共同交流、沟通的舞台，学生是这个舞台的真正主角，教师只是一个"伴奏者"。事实证明，探究式讨论给课堂带来了勃勃生机。

一、"探究论题"的应用价值

（一）学生通过探究式讨论生成知识

相比教师灌输的间接知识，学生通过探究式讨论建构的知识更牢固、更深刻，运用起来也更得心应手。探究式讨论的过程，也是学生自己探究问题、寻求答案、掌握真知的过程。在这个过程中，获得的知识是不断生成的，是直接知识。

（二）学生通过亲身活动发现答案

探究式讨论要求学生亲身投入寻找答案、解决问题的过程中。学生主动参与解决问题，亲身经历分析问题、解决问题的全程，这样获得的知识更持久，更牢固。此外，学生通过探究式讨论解决问题，充满成就感，增强了求知的欲望，提高了学习的主动性。

（三）学生通过发散思维促进发展

探究式讨论是学生自主分析问题、综合问题、解决问题的过程。学生通过个人的力量或集体的帮助，对一个问题进行持续的、深入的摸索和挖掘，从而了解事情的真相，获得问题的解决方案。在这个过程中，学生的创造性思维得到了很好的发展，学生思考问题的方式也由单一思维变为发散思维，更重要的是，学生获得了学习的成就感，掌握了打开知识宝库的金钥匙。学生借助探究式讨论获得发散思维，改变原有的接受式的学习模式，形成自主学习能力，这让学生学习的主动性、独立性和创造性都得到了发展。

（四）学生通过自主探究突出主体

苏霍姆林斯基说："如果把掌握知识过程比喻为建造一幢大房屋，那么教师应当提供学生的只是建筑材料——砖浆等，把这一切砌垒起来的工作应由学生去做。"教师建筑的"房子"无论如何精美，也比不上学生亲自"砌垒"更容易获得成就感。探究式讨论是以学生为主体、教师为引导的学习活动。在探究式讨论中，教师提供了建筑材料——引导，更让学生亲自"砌垒"——自由表达、自主质疑、深入探究，从而发挥了主体作用，真正成为学习的主人。

二、"探究论题"的设置技巧

一个好的论题，往往能够激发学生强烈的问题意识和探究动机，引发学生积极思考，从而独立地解决问题，发展其创造能力。引发探究式讨论需要一个好的问题情境，也就是在教学中针对学生已有的经验和现有的知识水平，从学生熟悉的现象入手，提出能引发学生认知冲突的问题，激发学生探究的兴趣，促进学生探究活动的展开。

（一）以教学内容为根据，设置具有探究性的论题

新课标要求教师学会"用教材"而不是"教教材"。因此，教师设计教学方案要以教材为基础，深入研究教材，明确教学目标，设置便于学生自主探究的问题，并引导学生分析问题、解决问题，培养学生的探究能力。

（二）以现实生活为背景，设置具有探究性的论题

知识来源于生活，学习的目的就是解决生活中可能存在的问题。因此，论题设置要与学生生活密切相关，这样才能激发学生学习的兴趣。在传授知识过程中，教师要把知识与现实生活联系起来，由浅入深，由简单到复杂，让学生自主探究，这样既能培养学生的思考能力，又能让学生感受到知识的魅力，从而认识到知识在生活中的重要性。

（三）以学生所疑为问题，设置具有探究性的论题

新课标强调把学习过程看成发现问题、提出问题和解决问题的过程。探究式讨论不但强调培养学生解决问题的能力，更强调学生提出问题的能力。以学生所提问题为探究论题，这既是对学生积极思考的肯定和鼓励，又能有效地调动学生的积极性，让学生在不断地发现问题、提出问题、解决问题中形成探究问题的能力，并最终促进学生思维的发展。

三、"探究论题"的讨论策略

（一）提供问题情境

陶行知先生说："发明千千万万，起点是一问。"学生缺乏问题意识是我们教育的缺失，增强问题意识是教育的必然选择。在课堂讨论中，学生的质疑尤为重要，这是"探究论题"的重要策略，而学生质疑能力的缺失，导致了探究式讨论的推进困难。这时，教师就需要为学生提供问题情境。教师可以根据学科特点，恰当运用现代教育技术等手段，为学生创设鲜活的问题情境，激发学生的问题意识，从而更好地推进探究式讨论的进行。

（二）确定学习目标

探究式讨论应有一个明确的学习目标，即学生通过探究式讨论所应达到"发现答案"的水平，以及思维的创新能力水平。探究式讨论的过程实质上就是不断发现问题、提出问题、研究问题和解决问题的过程，学习目标一旦被确定了，整个讨论就应该围绕它展开。

（三）实施探究式讨论

1. 拟定小组，设置论题

教师按照异质分组原则将每 6—8 人拟定一个小组，小组成员推举组长 1 人、记录员 1 人。小组可以采取"头脑风暴法"或不做全面评判的方法，尽量说出自己的想法和疑惑，强调思维开放和经验分享。设置论题应具有探究性，讨论关键性问题；帮助学生全面分析论题；激励学生以多种观点看待论题。

2. 协商学习，提出方案

第一，小组成员分工对论题进行说明，初步提出解决方案，在小组进行发言。第二，各组员根据论题、学习教材以及相关资料，写出讨论摘要。第三，记录员记录、整理与书写解决方案，完成讨论报告。

3. 学生研讨，教师指导

学生遵循"确定论题—收集信息—整合资料—解决问题"的讨论思路，主要针对两个方面展开研讨：一是针对探究出现的问题，以提出改进方法；二是针对讨论成果提出质疑，以完善解决方案。教师指导是指在学生探究过程中，教师充当讨论过程的观察者、点拨者、咨询者，以帮助陷入困境的学生。

4. 分析评估，学生反思

教师对探究成果提供反馈意见，以激励学生进一步提高探究水平。教师组织学生进行提问与交流，之后教师进行讲评，在交流与评价的过程中帮助学生消化、提升，加深对问题的理解。学生在教师的分析评估过程中要明确自己做了什么，运用了什么探究策略，掌握了什么探究方法。学生通过反思，可以完成理论与实践的结合，有助于形成自主探究能力。

（四）说明学习成果

学生说明学习成果时，可以采用各种不同的形式，比如作品分析、辩论会、图表，甚至表演等。每个小组推荐一人组成全班评委，并按照评分标准给学习成果打分，报告者可以就相关问题进行辩论。辩论时，教师应该适时总结，引导讨论方向，创造一种促人向上、积极思考的学习气氛。

（五）学习评析反思

探究式讨论后，教师应要求每个学生根据本次的探究讨论进行总结。第一，要在个体学习、集体学习的基础上，结合学习成果说明，对探究方法做进一步的总结；第二，教师要对学习成果进行评价，应及时、准确、公平地给出总结、表扬和指导性的建议和意见。

第四节 想象：最新颖的论题

爱因斯坦认为："想象力比知识更重要，因为知识是有限的，而想象力概括世界上的一切，推动着进步，而且是知识进化的源泉。"在教学实践中，教师应充分利用课堂讨论的主阵地，因势利导，努力培养学生的想象力。

教 学 案 例

走入古诗的意境①

师：（用多媒体播放古诗《山行》的视频）同学们，你们看到了什么？又听到了什么？

生1：我看到的是枫树林，火红的枫叶，好似二月里盛开的鲜花。

生2：我仿佛听见秋风吹过枫树林，火红的枫叶在沙沙作响，好像一首动听的歌。

生3：我看到诗人下了车，走上弯曲的石径，欣赏枫树林。

生4：我仿佛看见诗人被眼前的景色所陶醉，诗兴大发，随即吟诵这首《山行》。

师：眼前的美景激起了诗人作诗的兴致。那你们能发挥想象力，编一个故事吗？以四人小组为单位，一起编故事，待会派一个代表将你们小组编的故事讲给大家听。

……

（学生们兴趣大增，开始七嘴八舌地讨论）

---

① 孙瑞欣. 打造精彩课堂有妙招 ［M］. 长春：东北师范大学出版社，2010：232-233. 本文有改动。

教师创设情境，引导学生通过想象走入作品。想象诗歌所表达的意境，还可让学生编说故事，将丰富的内心世界展示出来。

一、"想象论题"的基本内涵

《现代汉语词典》对"想象"的解释是：想象在心理学上是指在知觉材料的基础上，经过新的配合而创造出新的形象的心理过程；也可以理解为对于不在眼前的事物想出它的具体形象。想象是一种特殊的思维形式，能突破时间和空间的束缚，天马行空，无拘无束，能达到"思接千载"、"神通万里"的境域。借由想象来设置论题，形式新颖，内容新鲜。

二、"想象论题"的现实意义

（一）有利于发挥主体能动性

学生的主体能动性是指每个学生具有的对未知事物进行主动探索的愿望和能力。发挥学生的主体能动性是激发他们创造性学习、培养其创造力的基础。

现代素质教育非常注重培养学生的创造力，强调发挥其主动性。在具体教学中，如果教师不断地引导学生参与学习，要求他们在学习中敢想、会想，就能打破传统教学以教师的讲解为中心、学生只是被动接受的教学模式，从而促使学生进行创造性学习，发挥主体能动性。

想象法讨论是学生在自我的思想世界中进行讨论的自主行为。这样的想象讨论行为不受教师的约束，学生可以积极主动地进行思维活动，充分发挥想象力。因此，想象法讨论能够有效地发挥学生的主体能动性，让学生自主参与到课堂学习中来。

（二）有利于建立新型的师生关系

在传统教育中，教师处于主导地位，师生关系以教导与服从为特征。教师师道尊严的形象，让学生处于被动位置的教育模式，不利于师生们交流，更不利于学生独立思考。教师在教学中，应注重培养学生的想象力，教师应主动发挥想象，将自己内心的想法与学生分享，从而促进师生之间的交流合作。在这个教学过程中，教师就打破了传统的界限分明的师生关系，打破了教师高高在上的形象。教师通过想象，积极与学生讨论，加强与学生互动，有利于建立新型的师生关系，有利于师生之间情感的交流，有利于提高教师教学质量和学生学习效率。

（三）促进学生智力的发展

想象力是学生智力活动的基础，是学生智力发展的体现。丰富的想象力又与学生记忆、思维的发展密不可分。在学习的过程中，学生发挥想象力，积极主动地进行思维活动，有利于培养创造性思维，从而促进自身的智力发展。同时，丰富的想象力能够促进学生思维能力的发展，提高学生的注意力和记忆能力，培养学生的创新能力。可见，丰富的想象力对学生的智力发展是何等重要。

（四）培养学生丰富的情感

情感是想象的动因，而想象则是情感升华的重要途径。人们在产生想象时，往往会随之产生一定的情感。比如，看到美丽的风景，人的心情就会高兴、愉悦；反之，人的心情就会悲观、失望。学生通过想象，探索未知的世界，可以感受不一样的情感。在虚幻的想象世界中，加强学生与生活的联系，与自我理想的联系，让学生通过想象发现不一样的世界，领悟某些道理，进而促进自我情感的发展。

总而言之，想象法讨论推动了教学的进步，教师应该想办法培养学生的想象力，让自己的课堂因想象法讨论的存在而富有魅力。想象法讨论是激发学生学习兴趣的好方法，但是想象式论题却不是老师凭空想象出来的。所以，意图通过想象法讨论改变学生的老师，一定要先让自己变成一个想象型的教师，才能让想象真正成为学生飞翔的翅膀。

在课堂讨论中，如何从学生的想象中选取论题呢？

三、"想象论题"的设置策略

（一）给学生充分的想象时空

在课堂讨论中，教师应该给学生创设想象的时间和空间。无论是什么课，学生都是课堂的主角、学习的主体，应该允许学生拥有自己的舞台，拥有自己的时间。教学不能急于求成，急于求成的教师只会给学生灌注知识，扼杀了学生的想象权利。在课堂讨论中，教师应鼓励、启发学生通过想象去理解、掌握、获取知识和习得技能。久而久之，学生的创造力会逐步向更高的程度发展。

（二）给学生个性言说的权利

学生的个性言说有的可能显得不可思议，但应该给学生"胡言乱语"的权利。现行教学中，教师习惯了用知识代替智慧，用习惯代替遐想，用共性淹没个性，用标准取代多元，用呵斥扼杀童心。久而久之，学生就会失去想象飞翔的羽翼，变得心灵麻木，思维迟钝。

作家袁炳在《弯弯的月亮》中讲了一个这样的故事：星子当学生时，有一次回答老师说："弯弯的月亮像豆角。"因为星子的答案与众不同，遭到了老师的批评。后来，星子也当了教师，学生们在回答同样一个问题时几乎异口同声地说："像小船。"仅有一个叫田菲的女生站起来说："弯弯的月亮像镰刀。"星子很高兴，他告诉学生说："田菲的答案是正确的，当然其他同学的答案也是正确的。我只是想告诉大家，在回答每一个问题时应该大胆地发挥想象力，多想几个答案。"再后来星子退休了，他突然收到田菲寄来的长篇小说《弯弯的月亮》。书的扉页上写着："献给我敬爱的启蒙老师，感谢你给我插上了想象的翅膀。"星子老师一个不经意的启发，放飞了一颗童心，竟成就了一个作家。

教师应该将个性言说的权利还给学生，如此，学生的想象力才不至于遭受扼杀，成长的希望才会一点点萌发、生长。

（三）给学生进行想象的方法[①]

1. 始于意象

积极想象是与无意识的主动接触。无意识中充满了带有情感冲动以及意象性和象征性的内容，因而，作为积极想象的开始，学生可以集中于某一被引发的情绪状态，直到出现某种意象。一旦意象自发出现，就可以开始积极想象。

2. 观感意象

积极想象中自发出现的意象来自无意识，观感意象也就是内视与感受无意识的意义与作用。这就是"把握与感受"，不是有意或刻意的认识或分析。

3. 呈现意象

学生一旦有了与意象的直接对话与感受，有了意象性体验，就可以准备选择某种适当的形式来予以表达，给予这内在的意象以某种外化的表现形式。

4. 赋予意象以意义

赋予意象以意义，也就是基于某种伦理与道德性的考虑。积极想象是一种方法与技术，本身无所谓好与不好。但是，学生使用这种方法与技术时，

---

① 佚名. 论积极想象及其方法［EB/OL］. ［2013-09-15］. http://www.xinli110.com/liaofa/js-fxlf/meng/201107/243160.html. 本文略有改动。

应该充分考虑使用的目的与效果，赋予其积极的意义。

5. 将意义付诸生活

鼓励学生把积极想象中所获得的意义展现于现实生活中，不仅仅是通过对"意象的呈现"，还要通过生活本身，让学生将来自无意识的意象及其形式纳入生活，与生活中的景象发生实际的关系，进而使无意识所包含的意义从中出现并充实于生活和学习中。

想象是创造的翅膀，创造是以想象为基础的，没有想象就没有创造。教师应该充分利用教材，设置富有想象力的论题，让学生进行热烈的讨论。有了想象讨论，我们才有可能创造发明，才有可能发现新的事物定理。如果没有想象讨论，我们人类将难以取得任何发展与进步。

第五节　情感：最深刻的论题

陶行知先生说："真的教育是心心相印的活动，唯独从心里发出来的，才能打到心的深处。"教育应该是学生体验生命价值的活动，展现自由精神的舞台。在成长过程中，学生需要人生的感悟、精神的自由和情感的呵护。在课堂讨论中，情感应该是最深刻的论题。情感论题最能引发学生深入讨论，并能从深层震撼心灵，让学生真正体会到生命的伟大之处。然而，要触及学生的情感，不是一件容易的事情。

一、"情感论题"的基本含义

情感，是人对客观事物的一种态度，是人对客观事物是否符合主观需要的内心体验，反映着客观事物与人的需要之间的关系。心理学研究表明，情感因素是影响教学质量的一个重要因素。积极丰富的情感能促进认识、增强意志，使个性品质得到较好发展。在课堂讨论过程中，蕴含丰富的情感因素，可以帮助学生树立正确的世界观、人生观、价值观，利于养成教育。

教师组织情感式讨论可以让课堂洋溢生机，燃烧激情，增进感情。教师应怀揣一颗热爱学生的火热之心，用声情并茂的教学语言，剖析教学内容的深刻内涵，引领学生去讨论，去探究，去思索，去感悟。情感式讨论蕴藏着情感体验，洋溢着情感要求，透露着情感诉求，使学生的智力和非智力都获得锻炼。

二、"情感论题"的应用价值

赞科夫认为："教学法一旦触及学生的情绪和意志领域，触及学生的精神需要，便能发挥其高度有效的作用。"只有真切的感受，才能缩短教师与学生的教育距离，引起学生对问题的关注，才能激发学生的情感。教师组织的讨论活动一定要符合学生的认知特点，否则就无法到达学生的心灵世界。

深刻的情感论题，可以让学生更懂得何为真善美，更懂得如何健康成长。进行情感式讨论，应面向全体学生，因材施教，使情感的分子充盈课堂的每一个角落，促进学生认知与情感的发展，培养出适应社会发展的人才。

三、"情感论题"的设置策略

（一）在讨论时，营造理解与信任的课堂环境

美国心理学家罗杰斯指出："成功的教育依赖于一种真诚、尊重和信赖的师生关系，依赖于一种和谐安全的课堂气氛。"在民主、平等、和谐的情感环境中，师生间才会迸发出思维的火花，创造出新鲜的事物。

1. 树立教师良好形象

学生往往因为喜欢一位老师而喜欢上他的课，喜欢他所教的知识。这种喜欢就是一种理解与信任。微笑是最美的语言，教师可以用微笑去感染学生，让学生感受到教师的亲和力，拉近教师与学生之间的距离。教师把学生当成自己的朋友，学生也当教师是自己的朋友，通过朋友的关系来建立师生情，更能够获得学生的信任与理解。

2. 发挥教师影响作用

教师对学生有着不可忽视的影响作用。在进行讨论时，教师要放下架子，从行动上关心学生、亲近学生。当学生遇到困难时，教师应从精神上给予关爱与支持，而非指责。陶行知先生说："你的教鞭下有瓦特，你的冷眼里有牛顿，你的讥笑中有爱迪生。"每一个学生都有他的特点、他的长处，给予他们信任与理解、尊重与鼓励，他们的成长会出乎你的意料。

3. 关注学生全面发展

每位学生都渴望得到老师的关注，都希望得到老师的鼓励和赞扬。教师要公平对待每一位学生。偏心的老师，只喜欢好学生的老师，是最不受学生欢迎的一类教师。教师如果偏心，比如对优等生特别照顾，对后进生不予理睬，这样既滋生了优等生骄傲的心理，又打击了后进生。教师要关注每一位学生的发展，关心每一位学生的思想动态，不落下任何一名学生。也许，教师一个小小的关心举动，都会拉近师生彼此之间的距离。

（二）在讨论时，教师应走到学生中去

1. 走到学生的身边去

作为教师，往往站在比学生课桌要高、要大的讲台上，这似乎象征着教师高高在上，有着不可触碰的权威。我们能不能走下讲台，走到学生中去，听听他们的所想，用心观察他们身上闪动的灵光呢？美国教育家杜威说："教师不应该站在学生前面上课，而应站在学生的后面。"在讨论时，教师应该走下讲台，全身心融入到学生中去，与学生一起交流、一起活动、一起学习，让学生在一种自然、亲近的情感环境中讨论、学习。

2. 走进学生的内心里去

要想进行情感交流，增加彼此感情，最快捷的途径便是心与心的交流。教师应积极走进学生的内心里去，倾听学生的心声。要想进入别人的内心世界，首先要打开自己的心扉。教师要乐于敞开自己的内心，主动关心学生，并让学生感受到教师对自己的关爱。教师要想学生所想的，并站在学生的立场说话，拉近彼此间的距离，增强学生对教师的信任感。

3. 走到学生的生活中去

教师与学生之所以存在距离感，一个重要的原因是由于成人与少儿之间存在必然的年龄界限，由于代沟形成的观念差距，使教师与学生之间形成巨大的鸿沟。若要改变这个现状，教师就要积极走到学生的生活中去，与学生"玩"在一起，感受学生的生活，了解专属于学生群体的代表事物，从而增加教师与学生的交流话题，拉近教师与学生的距离。

（三）在讨论时，教师要将自由空间还给学生

将自由的空间还给学生的出发点是促进学生全面、持续、和谐的发展。当然，这离不开民主。魏书生说："民主像一座搭在师生心灵之间的桥。民主

的程度越高，这座连通心灵的桥就越坚固，越宽阔。"给予学生自由表现的机会，激发他们主动创新的动机，让思维的火花在教学活动中绽放。

1. 学生自主讨论

在讨论中，教师要尽量让更多的学生参与，给他们创造时机，营造自由学习的空间，让他们自由地去想象，发挥自己的个性，表现自己的特长。更要学会适度放手，让学生充分地宣泄自己的情感，他们一定会给我们一个出人意料的惊喜。

2. 教师"隐退江湖"

在学生讨论时，由于教师在教室内，即使教师不说话，不做任何指示，仍然会在无形中给学生造成压力，打不开学生的"话匣子"，让学生放不开"手脚"讨论。为了给学生营造更加宽松的讨论环境，教师可以适时"隐退江湖"，暂离教室，让学生天马行空地讨论，想说什么便说什么。教师"隐退江湖"，并不意味着可以放任不管，而是外松内紧，随时把握课堂讨论动态，进行适当干预。教师"隐退江湖"，不仅可以还给学生一片自由讨论的天地，还能够有效地提高课堂讨论效率。

3. 打破固定模式

教师在指导学生进行情感式讨论时，要打破固定模式，应该给学生一个自由空间。比如，改变课桌的摆放，让学生"跳出"课桌，为学生创设一个无拘无束的交流环境；允许学生在教室中自由走动，不局限学生在一个小组内讨论，而是扩大讨论范围，加强讨论力度。

第六节　实战案例：如何设置讨论论题

一、实战案例

《登高》实录[①]

（一）缘起

在与学生一起讨论写秋的古代诗句时，学生举了好多有关秋的诗词名

---

① 佚名.《登高》讨论课课堂实录 [EB/OL].［2013-09-15］. http://hi.baidu.com/haiqing1969/item/48a24ee1649b83afcf2d4fa1.本文略有改动。

句。从唐代王建的"今夜月明人尽望，不知秋思落谁家"到刘禹锡的"自古逢秋悲寂寥，我言秋日胜春朝"，特别有学生提到了杜甫的"万里悲秋常作客，百年多病独登台"诗句。可以说，学生们已不仅仅是从写景体现秋季来回答问题，而是大多从秋所蕴含的感情色彩角度来展开讨论。在这种情况下，我便萌生了上一节《登高》课堂探究讨论课的想法，借此引导学生正确、全面地认识诗歌所表现的意图与思想情感，使学生既能够感受到诗歌的形象性，又能领会诗歌思想蕴含的深刻性，培养学生对古典诗歌的审美意识，使学生能汲取古诗丰富的营养，为课外阅读古诗奠定基础，提高欣赏品位。

（二）导入

师：同学们，今天让我们一起来欣赏杜甫的《登高》，学习诗的最好的办法是诵读，通过诵读，可以走进作品描写的意境中去，走进作者的情感世界里去，从而受到感染，获得启示。首先我们一起来欣赏《登高》的配乐朗诵和有关诗句的画面。

（用多媒体播放《登高》）：

风急天高猿啸哀，渚清沙白鸟飞回。

无边落木萧萧下，不尽长江滚滚来。

万里悲秋常作客，百年多病独登台。

艰难苦恨繁霜鬓，潦倒新停浊酒杯。

（学生认真地观看，感受诗意）

（三）讨论

师：请同学们有感情地再跟着画面朗读这首诗，讨论这首诗写了什么？又是怎样写的？下面请同学们交流一下。（学生交流后，有几名学生举起了手）

生1：写了夔州的秋天、落叶、长江、沙渚、猿鸣、飞鸟这些景物，有仰望，有俯视，是从多个角度来写的。

生2：还有诗人的登高远眺。从他眼中描摹了一幅"夔州三峡秋景图"，是由近及远、又由远及近来写的，采用了不同的视角。上、下、远、近的秋色塞满了整个天地之间。

生3：诗的前四句写景，后四句写人和事，是借景抒情的写法。

师：很好。你们对诗文内容已经很了解。那么，前四句写景出现的"猿鸣"、"飞鸟"、"落叶"、"长江"四个意象有什么寓意呢？诗人的意图又是什么呢？有什么深刻的内涵呢？

（生沉默）

师：哪位同学能发挥一下想象，把这幅"三峡秋景图"具体描绘一下，让同学们再深刻地感受一下，体味诗的意象，从而更好地领会诗人的情感和意图。（有几位文学基础好些的学生埋头在纸上快速地写着）

生1：这是唐太宗大历二年深秋的一天，阵阵秋风，送来山猿声声长啸。山鸣谷应回荡在天际，令人心惊胆颤。冷冷清清的水中小洲，泛着白光的岸边沙石，孤零零几只小鸟在其间低飞，秋风吹动稀疏的白发，诗人步履蹒跚，独自登上三峡一处荒寂的高台。呼啸的风声，澎湃的涛声，凄厉的猿声，声声入耳。那被风吹落的片片枯叶，满山遍野，不时掉落在诗人的脚下，又很快被秋风卷走。面对凄凉萧杀的景象，漂泊西南的诗人禁不住老泪纵横……

（不少学生鼓掌）

师：说得太好了，有MTV的那种感觉。同学们想一想过去我们学过的古诗中，"猿鸣"一般是不是用来表达人的内心的一种忧愁，那么"飞鸟"呢？

生1："飞鸟"既然是在空中飞，说明它无处停息，比喻孤独无依。

生2："落叶"有落叶归根的意思。

生3：长江一泻千里，比喻时间的流逝。

师：诗的意境已经深挖出来了，我们再联系一下"万里悲秋常作客，百年多病独登台。艰难苦恨繁霜鬓，潦倒新停浊酒杯"四句，自然就更能体会诗人借景寄托的心境了。大家再把这四句诗反复读几遍，小组讨论一下，然后做一番交流。

（学生讨论，教师巡视指导）

生1：这几句诗写出了诗人晚年的心境，因为"常作客"指万里漂泊，居无定所；"百年"指年迈衰老；"多病"指疾病缠身；"悲秋"写得就很沉痛，以往秋天都用来比喻收获，是喜悦，但诗人想到自己沦落他乡、年老多病的处境，就生出了无限的悲伤。

生2：说心境，不如说是处境：诗人因为漂泊无定，备尝艰难潦倒之苦，使自己白发满鬓；又因为疾病缠身，诗人喜欢喝酒而酒又没有了，自然就触景生情，心中的悲伤难以排遣。

生3：我觉得整首诗层次应该很清晰，前四句写季节之秋，后四句写个人之秋，全诗用"秋"字聚焦，用"悲"字贯穿，充分体现了诗人晚年孤愁的心境。

生4：难道孤愁就是杜甫的晚年，就是中国历史上最伟大的现实主义诗人晚年的心境吗？

师：我觉得这个问题提得好！同学们，如果用悲季节之秋、悲个人之秋来概括这首诗的思想情感，进而认为这就是诗人晚年的心境，那还是杜甫吗？

（生沉默）

师：请同学们认真思考一下，杜甫当时年老多病，为什么还要登高呢？

生5：因为他要望一望那安史之乱的硝烟中尚未消散的祖国山河，虽然他知道登高望远满目都是秋，但还是止不住那登临的沉重脚步。

师：能看到真的硝烟吗？

生6：看不到的，那是他心里的硝烟，那硝烟中，不断涌现出来的是大唐衰微，朝纲不振，满目疮痍……

师：那么，回过头，我们再一起来思考"无边落木萧萧下，不尽长江滚滚来"难道仅仅是季节之秋吗？"艰难苦恨"难道仅仅是由于作客、多病吗？让我们一起走入诗人的内心世界，深挖一下诗歌的思想内涵。（再次播放《登高》片段，让学生沉浸其中，感悟诗情）

生7：无边落木仿佛就是唐帝国衰败的写照，从江河东去中我们分明可以感受到无情的历史变迁，萧瑟的秋意中饱含杜甫多么深厚的忧国忧民的感情啊！

师：说得好啊！

生8："艰难苦恨"也不是杜甫个人万里作客的悲伤，"繁霜鬓"是由于杜甫忧国忧民、忧虑过深过重造成的。

……（发言的学生很多，不一一详述）

师：太感人了。同学们谈得都很有道理，只要我们从整体上去感受诗的氛围，从触景生情中去感受灾难时代的痛楚声音，就一定能够理解《登高》的真正意蕴。现在，同学们再讨论一下：在季节之秋和个人之秋中还渗透一个怎样的"秋"呢？

（师在黑板上画了三个圈）

师：噢，原来杜甫"苦恨"的是自己不能再为国为民尽力了！这是诗人的自责，他忧愤深广，既不像苏轼，也不像李白。苏轼在政治上失意时，能旷达自解、"倚杖听歌声"；杜甫做不到，他终生坎坷，却从不谈清风明月，即使晚年走投无路，也未曾问过桃园仙踪，他活得太执着。杜甫更不是李白。李白一会儿上九天揽月，一会儿下五洋捉鳖；杜甫却总在自责自己不能挽狂澜于既倒，不能救生民于水火，这才是"苦恨"的真正底蕴，这才是杜甫的精神啊！

（四）小结

同学们，这一节课老师和大家一起讨论了《登高》的思想内涵，边说边谈，边谈边说，每一个活动细节都进行得很好，特别是有好几位同学的发言很深刻，关于结构艺术方面的问题，由于时间关系，留着咱们下次说，好不好？下课。（师生道别）

二、实战经验

（一）展开想象

上课伊始，教师引导学生欣赏《登高》的配乐朗诵和有关诗句的画面，把学生带入诗歌的情境和意境之中。学生通过欣赏配乐朗诵和有关诗句的画面，发挥想象，想象诗人所处的情景，想象自己是诗人，体会诗人"万里悲秋常作客，百年多病独登台。艰难苦恨繁霜鬓，潦倒新停浊酒杯"的感情。教师对诗歌的讲解，并不是简单翻译，而是带领学生通过想象理解诗歌背后的深层含义。比如，教师问学生"猿鸣"、"飞鸟"、"落叶"、"长江"四个意象有什么寓意，诗人的意图是什么的时候，学生表现得有些困惑，不能理解。此时，教师引导学生进行想象，让学生根据自己的经验理解古诗词，而不是将自己的主观意见强加给学生。

（二）设置论题

教师为学生设置了质疑论题。"如果用悲季节之秋、悲个人之秋来概括这首诗的思想情感，进而认为这就是诗人晚年的心境，那还是杜甫吗？"这既是对前面的讨论的回应和评价，又为后面的讨论指明了方向。学生在教师的引导下，共同讨论，最终理解了杜甫"苦恨"的原因，从而找到了打开整篇诗词的钥匙。学生在讨论诗歌，教师注重引导学生融入情感，用自己的情感体会诗人的感情。

教师从学生的已有知识水平出发，为学生设置了想象、质疑、探究、情感等论题，注重为学生营造开放、宽松的讨论环境，始终坚持以学生为主体，只在关键时候给予相应指导，使学生在讨论中积极思考，充分发挥联想，提高了学习效率。

三、实践策略

（一）抓住热点，活跃气氛

在讨论中引入"热点论题"能够激发学生的学习兴趣，培养学生的学习能力，提高学生的思维发展水平。教师应留意学生群体中的热点论题，将符合学生学习和发展的"热点论题"植入教学中，让学生既关注当前的社会发展，又学习联系生活，提高社会适应能力。

（二）铺设质疑，引导好奇

设置学生感兴趣的质疑论题，能够使学生从被动学习转变为主动学习。学生由于好奇心理，急于想知道答案，就会积极参与讨论。学生通过质疑讨论，再经过辨析论证，既学习了文本知识，又提高了思维发展水平。

（三）创设想象空间，提倡创新

教师要抓住学生的思维特点，为学生创设自由想象的空间，给学生搭建思考的平台，可以通过引导学生想象，发展学生的智力，增强他们的创新意识，丰富他们的学习生活。

（四）引导探究，发展智力

教师要改变"教师问，学生答"的单一讨论模式，应让学生自主发现问题、分析问题、解决问题，培养学生的思辨能力，锻炼学生的发散思维。

（五）注入情感，寓情于文

教师要鼓励学生用自己的情感去理解文章，将感情注入到学习活动中。教师要创设彼此信任的环境，走下讲台，走进学生心里，给学生向上的力量，让学生主动地投入到学习中。

第二章

课堂讨论实施组织的技巧

在传统教学中，课堂讨论就是"教师问，学生答"。这是一种讨论误区，忽略了讨论的实质性与实效性。教师不了解讨论的实质，仅是为了"讨论"而"讨论"；忽略了讨论的形式，自然使得讨论显得呆板、单调、乏味；讨论过于随意，未能深入分析，使得讨论难以取得实效。

在以建立开放性课堂为目标的前提下，生成性的课堂讨论成为教师青睐的教学形式。开放性的问题情境、和谐的师生关系、多样化的教学方法，为课堂讨论提供了许多有效因素，有助于促进学生思维能力的发展。

课堂讨论多以小组形式开展，往往出现讨论随意、论题不明、方向错误等问题。这样的课堂讨论难以促进教学，学生也无法真正掌握知识。那么，具体来说，如何实施组织课堂讨论呢？

第一节　原则：设置底线

一、讨论原则的含义

讨论是指就某一问题交换意见或进行辩论，探讨研究并加以评论。即围绕某一个问题、一件事情、一项任务等组织人员进行交流的形式，也就是集众人的智慧，达到应有的效果。

原则是指看待问题、处理问题的准则。对问题的看法和处理，往往会受到立场、观点、方法的影响。原则是从自然界和人类历史中抽象出来的，只有正确反映事物客观规律的原则才是正确的。

综上，讨论原则是指探讨、评论问题的准则、立场、观点和方法。

二、讨论原则的类型

（一）需要性原则

课堂讨论使学生在融洽开放的学习氛围中积极主动参与学习，实现优势互补，减轻思想压力，增强自信心，培养学生的集体观念、合作精神以及竞争意识，让学生得到全面发展。然而，教师需要注意的是，并不是每一个知识点都适合开展课堂讨论。基础知识可通过学生的独立、自主学习进行认知。一般说来，应用性、分析性和综合性较强的学习内容适合讨论学习，且能通过讨论使学生获得较大的提高。

课堂讨论是具有目的性的教学活动，选择论题的需要性原则，正体现了这种目的性。因此，教师要结合学习要点的难度系数和学生的实际情况，根据需要性原则来确定讨论问题，将那些真正适合讨论的问题纳入教学之中。

（二）针对性原则

课堂讨论是一种目标导向的教学活动，是为了达成教学目标而展开的。在确定讨论问题时，教师要依据教学内容与教学重点、难点进行设置，避免讨论内容偏离教学目标。所确定的讨论问题应该有助于学生达成学习目标，为学习服务。在课堂讨论组织实施之前，教师要有针对性地让学生明确学习任务、学习目标、达标要求，讨论才有方向，学习才更有针对性。

（三）适度性原则

适度性原则是指实施组织的讨论的难度要适中，容量要合理，不能超出学生的接受范围。这就要求所确定教学目标的难度，既不能过高也不能过低；所讨论问题的容量，既不能太多也不能太少。目标过高，容量太多，会使学生不能在规定时间内完成讨论，不利于学生积极性的提高与自信心的培养，容易造成学生对学习的厌恶；目标过低，容量过小，不利于学生的发挥，讨论无法深入，浪费时间，不利于提高教学效率与质量。所以，在确定讨论问题时，教师要遵循适度性原则，设置适合学生认知特征与教学要求的问题，以提高课堂讨论的有效性，突出学生的主体地位，实现素质教育。

(四) 生成性原则

生成性原则是指课堂讨论的开放性为教学提供许多鲜活的生成性资源，对教学起重要的促进作用。每一位教师在上课前都会反复斟酌确定教学目标。但智者千虑，难免一失，当走进那充满生气和变数的课堂时，往往会发现既定目标的制定只是闭门造车。这就要求教师能够以灵活的教学机智改变教学的方法和手段，顺从学生的创新性思维拓展延伸，吸取生成资源中的有效因素，以提高教学质量与效率。

课堂教学是动态流动的。在教学过程中，教师要能够不断求变，适时调整，以教学机智激发教学活动的不断发展。在课堂讨论中，教师应以即时出现的有价值、有创意的问题或观点为契机，即时调整预先的方法手段，挖掘学生的潜能，引发学生的深入思考，从而展现学生的个性。当然，这种生成是不能偏离教学目标的。

(五) 主体性原则

主体性原则是指要把学生作为教学的主体，依据学生的需要与认知水平设置论题，从学生的认知特征设计教学方法和手段，以体现学生的主体地位。讨论的实施组织要从学生的角度出发，体现教学过程由教师本位向学生本位的转变。教师要充分调动学生的积极性和主动性，使学生最大限度地参与到讨论活动中，让学生有学会、会学、成功、创新的主动，从而使学生知、情、意、行各方面素质获得全面提高，使每一个学生的潜能都得到进一步发展，使学生在发展中成为符合时代需要的、具有创新精神和实践能力的人才。

(六) 层次性原则

层次性原则是指课堂讨论要依照一定的知识规律与教学顺序展开，层层深入地指导学生的思维活动，以提高教学质量。不同学生的知识结构、理解能力是存在客观差异的。在组织讨论的过程中，教师要考虑到学生的个体差异，要深入挖掘教材内容，找出知识点之间的关系，以逐步指导学生的合作讨论活动，体现层次性原则。教师可以根据学生的实际情况制定由低到高、循序渐进、分类实施的讨论目标。讨论既要面向大多数学生，又要兼顾两头，因材施教，做到因人而异，各有所得。在设置讨论问题时，要由浅入深、由易到难、由具体到抽象，循序渐进，步步深入。这有利于每个层次的学生都得到展示的机会，有助于激发学生的积极性，使每个学生都能体验成功，从而促使每个学生都得到发展。

（七）平等性原则

课堂讨论为学生创造了一个平等参与的机会，并力求改变强者独占一方的局面，使学生获得均等的讨论机会，从而都能感受到成功的愉悦感。教师要想让学生积极参与到讨论中，就要本着平等性原则，鼓励学生积极参与，帮助学生克服畏难心理。教师若想提高学生的积极性，可通过激励性评价，如表扬学生的创新性思维、赞扬学生的积极态度等，大大提高学生的自信心，鼓励学生积极学习，提高小组讨论的有效性。教师要让学生感受到尊重和理解，在平等、宽松的环境中敞开心扉，各抒己见。

三、讨论原则的应用

课堂讨论是一个动态过程，具有鲜明的开放性和多维性的特点。但是，这并不意味着课堂讨论是随意、盲目的。

教学案例

如何提高讨论的实效①

一次课上，我让学生探究厘米与分米的关系时，先提出问题："一分米等于多少厘米呢？请小组合作来研究讨论一下。"我的话音刚落，讨论声此起彼伏。我在巡视时发现，各小组的成员有的在说笑，有的在摆弄东西，即使有的在研究，但你问他，他却不知道发生了什么，还有的同学露出茫然的表情……小组合作讨论就在这样杂乱无序的状况下进行着。

面对小组合作讨论出现的问题，我陷入了思索：为什么学生会为厘米与分米的关系而绞尽脑汁，浪费了时间却没有实效？静下心来一想，我感觉自己对"讨论学习"的认识还不够全面，而且学生在潜意识里还是把自己当作单独的学习个体，根本没有参与合作的意识，他们不会倾听别人的意见，也没有明确的分工。此外，我提出的问题也不明确，所以本节课没有使讨论朝着正确的方向发展。我想，如果先让学生独立思考，再进行小组讨论，问题

---

① 林伟民，侯建成. 活力课堂：让课堂焕发生命活力的教学艺术［M］. 南京：江苏教育出版社，2012：46-47. 本文略有改动。

再明确一些，是不是就会提高讨论实效呢？带着如何提高小组讨论的有效性这个问题，我又开始了实践探索。

"摸球游戏"是让学生探索实践发生的可能性与必然性的活动，通过学生喜欢的游戏让学生去探索事件发生的必然性与可能性，我布置任务并提出要求："现在每个组长手中都有一个盒子，每个盒子中都装有 3 个白球和3 个黄球。规则是每个同学闭着眼睛只摸一次，摸出后先猜一下球的颜色，然后睁开眼睛看你摸出的球到底是什么颜色，组长做好统计，把球放回盒子里，一个人做完第二个再做。特别要注意的是，摸时不能看盒子里面的球，一定要闭着眼睛摸。看了就违反咱们的规则了。"为了让学生更明白应如何做，我请一位学生和我配合给全体学生示范。接着学生分小组摸球。

游戏结束后我说："根据你们的记录，看看你们发现了什么？注意认真讨论。"讨论后，有的学生说："我发现摸到白球和黄球的人数差不多。"有的说："盒子中有同样多的白球和黄球，所以我们班有近一半的人摸到了黄球，其余人摸到了白球。"

在让学生讨论厘米与分米的关系时，教师没有全面地考虑与周全地设计，以致学生淡化了学习内容和目标，变成闲聊或发呆。在"摸球游戏"的课堂讨论中，教师改变策略，先让学生理解、掌握一定的新知识，再让学生进行两个层面的合作交流（一是组内交流，二是全班交流）。通过交流，学生认识到其他同学的思维方法和思维过程，也认识了自身思维的单一和狭窄，从而有助于学生进行自我反思与完善，达到个性发展的目的。那么，如何应用讨论原则呢？

（一）坚持底线

教学正在进行，学生冷不丁地冒出一个问题，教学活动不得不暂停。每每遇此情形，教师总会进退两难：放弃既定的教学设计，担心影响教学任务的完成；装作未见，又有悖于"以生为本"的教育理念。若教师对学生的突发性提问一一解答，缺乏选择性，不但会浪费教学时间，还会造成教学目标不明，教学重点不清，反而模糊了学生的思维。

在完成预定教学内容的前提下，在不偏离教学目标的基础上，面对学生的"一时兴起"之问，教师可以适时适当地开展课堂讨论。这是课堂讨论的底线，守住底线是有效课堂讨论的一个基本保障。

（二）明确方向

教育家布鲁姆说："人们无法预料到教学所产生的成果的全部范围，如今的课堂正显示出刚性向弹性转变的趋势，更关注过程和体验，关注过程和体验中即时生成的东西，在动态生成的过程中出新思想、新创意。"叶澜教授说："课堂应是向未知方向挺进的旅程，随时都有可能发现意外的通道和美丽的图景。"教师必须把握讨论的方向，发挥指导者的作用。否则讨论方向偏离了，学习目标也就难以达成。

（三）逐层推进

教育家维果茨基认为，学生的认识水平分为两个阶段，即目前认识水平（主要表现为学生能独立理解和解决遇到的问题）和潜在发展水平（主要表现为学生在他人的帮助和指导下能够达到的认识水平）。这就是著名的"最近发展区"理论。讨论应该有层次，而且符合讨论层次性原则。在讨论之前，学生应该对论题有一定的了解，但深度不够没有形成系统，即便切合实质的看法，距离教学目标还是有一定的距离，这个距离就可以通过小组讨论来解决。①

第二节　思路：设计路径

课堂讨论是以教学设计方案为基础组织实施的。讨论思路常以教学重点为切入点。明确的讨论思路能够为学习指明方向，有助于提高学习效率。

一、讨论思路的含义

广义地说，思路就是人们思考某一问题时思维活动进展的线路或轨迹。从教学意义上来讲，也就是为了深化和表达其认识而遵循的思维活动的线路，是思考的条理脉络。

---

① 裴子敬. 组织课堂小组讨论的技巧[EB/OL]. [2013-09-15]. http://www.pep.com.cn/czyw/jszx/jxzt/201108/t20110804_1061774.htm.

二、讨论思路的设计

（一）精选信息，着力提高课前准备的有效性

1. 明确教学目标

教学目标是根据课程标准和教学内容而确定的。教学目标是设计讨论思路的依据，是课堂教学总的指导思想，是教学的出发点，也是教学的落脚点。教学目标要符合学生的学情和需要，宜少不宜多，要具有一定的层次性和预设性，不能设置过低或过高。

在课前准备时，教师要认真钻研教材，根据课程标准和结合教学内容来设计教学方案，对于学生要获得哪些知识、掌握什么技能、达到什么程度等，都需要了然于胸。

确定教学目标可以从三个维度，即知识与技能、过程与方法、情感态度与价值观进行考虑，以发展学生的知识、能力、情感为要求。只有把握好教学目标，才能充分考虑学生讨论的过程和方法，才能促进学生主动讨论、积极参与、多维交流等。

2. 精心提炼教材

很多精彩的论题并不直接出现在教材中，而是需要教师从教材中提炼，进行创造性的开发。

教师要紧密结合自身特点和学生实际，合理有效地对教材进行创造性开发，力求做到"实"与"活"的高度统一，"趣"与"理"的有机统一。从实践中来，到实践中去，尊重教学规律，尊重学生特点，力求避免主观行为，不以臆想指导讨论。

3. 突出教学重点

论题的设置必须建立在对学生情况全面了解、对教学内容精确分析的基础上。一般说来，课堂讨论的内容往往就是教学重点。教师应该考虑：通过讨论，学生能够理解和掌握哪些知识、学生在讨论时会遇到哪些困难等。讨论要围绕教学重点设置讨论的内容、次序和负荷，使每一次讨论都突出教学重点，使学生由简到繁、由易到难，有序和有重点地掌握较复杂的学习内容。

（二）周密组织，着力提高讨论的有效性

1. 目的性

目的性是指所创设的情境的具体目的与要求。在传统教学中，教师忽略良好学习氛围对学生学习的促进作用，仅靠单独的讲解是难以激发学生的积极性与兴趣的。新课改倡导教师以创设情境等手段吸引学生的注意力。情境的创设有利于学生的学习，能够促进学生认知技能、情感态度与价值观等方面的发展。在组织实施课堂讨论时，教师可通过创设问题情境，揭示论题，为学生指明讨论的方向，更好地解决问题，以提高实现教学目标的效率。

2. 层次性

发展性是指以动态的、发展的眼光看待学生、指导学生。在进行课堂讨论时，要关注和重视学生的个体差异，根据不同学生的需要，开展不同层次的、形式多样的、针对性强的讨论活动，以促进学生深入学习。

3. 主体性

教育家乌申斯基说："没有任何兴趣，被迫地进行学习会扼杀学生掌握知识的意愿。"尤其是部分后进生，有意注意时间短、持久性差，学习往往不得其所。学生是教师必须关注的主体，要求教师以学生的主体需要作为组织实施讨论的重要考虑因素。教师要关注学生的兴趣、认知水平与心理特征等主体因素，设置具有趣味性的论题，通过学生主体意识的调节作用、主体的践行，完成主体的内化。

4. 合作性

（1）要有估测

教师应该对以下问题有所估测：学生提出的论题，有没有讨论的必要？如果有，什么时候进行？论题怎么提？大约需要多少时间？可能会出现哪些情况？教师该如何点拨、引导？如何把全班讨论、小组讨论、个人发言这三种形式结合起来，做到优势互补？

（2）分工明确

让学生成为讨论小组的主人。小组成员为了完成共同任务，需要有明确分工的互助性学习活动。发材料、做实验、记录、发言、总结、汇报等都由不同的成员承担，使每个人在小组讨论中都有表现自己的机会。

（3）建立机制

通过建立机制，促进学生合作习惯的养成。我们要有意识地强化"讨论小组"的集体荣誉感，让每一个成员都能感到自己的行为会影响整组的学习结果，引导学生学会倾听别人的述说，尊重别人的意见，积极参与，学会思考。

（三）激活思维，着力提高学生对话的有效性

1. 要给学生充裕的思考时间

教师要给学生充裕的思考时间。课堂有效对话不仅仅是让学生说，还要引导学生深入地说，更要鼓励学生发表独特见解。因此，在对话时要有充裕的思考时间，让学生对各种信息进行加工处理，进而形成个人独特的见解。教师应鼓励学生进行充满热情的、独立的、反思的讨论，鼓励学生运用自己的想象力对论题做出反应。

2. 要给学生充裕的对话时间

教师要给学生充裕的对话时间。课堂对话信息主要来自三个方面：一是学生原有的知识基础、生活经验以及情感态度与价值观等；二是在学生与文本对话的基础上，形成个人的认知、情感和态度等；三是在师生、生生交流互动中获得的新知、重新建构的意义。对话的目的不是让学生呈现之前已获得的知识，而是通过对话信息的交流互动，生成和建构新的意义，使知识增值、价值提升。因此，对话交流需要有一定的时间保证，只有在充裕的时间里，师生、生生通过充分的对话，才能产生互动效应，使对话不断深入，对话的内容才会更加丰富、全面、生动和深刻，在互动中使师生的认知、思想、情感得到螺旋式的渐进与提升。

3. 要给学生主体的学习地位

学生之间用"伙伴语言"对答，容易沟通，也易激起智慧的浪花，因而常常激发起自由而热烈的讨论。课堂讨论要照顾到每一位学生，使人人有话说，个个有所得。在课堂讨论的实施中，教师要彻底地摒弃自己唱主角、几个优秀学生当配角、大多数学生当群众演员的状况，要让所有学生动起来，把"学生是学习的主人"落到实处。"重视学生的主体地位、主体意识，坚持外部帮助和自我内化相结合，坚持教师的教育与引导和学生的积极主动参与相结合，重点提高学生的自我教育、自我管理能力。"

4. 要给学生充分思辨的机会

"一千个读者心中便有一千个哈姆雷特。"思辨是生生对话的主要形式，是对话的生命。学生之间的对话无处不在，它能使个体认识更为成熟，更为全面。在生生对话中不乏有辩论，不乏有新思想。对话各方需是精神敞开和彼此接纳的。目前课堂中的"敞开与接纳"，更多的是人云亦云或一锤定音。这样的后果使生生对话流为俗套，陷入平庸。长此以往，学生的思辨能力无法得到发展，思维品质自然也就无法提高。

（1）要鼓励"异己"的"异议"

多少年来，我们的课堂都是"标准件车间"，"异己"自然没有生存的空间。而对话教学强调的是对话主体间视界的融洽、精神的相遇、理性的碰撞和情感的交流，这些，在一个"四平八稳、风平浪静"的教学环境中是难以想象的。即使"异己"的见解最终被认定是错的，那么"否定的过程，往往是真理浮出水面的过程"。更何况，很多的"异议"带给我们更多的是惊喜，是随之而来的质疑、思考、交锋，直至最后的融洽。

（2）要给学生反驳的机会

如果在我们的课堂中，能多听到"我反对"、"我补充"之类的话，对话就会更有生命。即使最终无法达成一致，也并不与"融洽"相悖，因为对立有时也就是一种平衡。所以，在生生、师生的对话中，教师要敏锐地抓住有价值的"点"，让学生讨论、争论，甚至辩论，此举能有效地促进学生的思辨能力，提高对话质量。教师自己也要充分发扬民主、平等参与的精神，力求为学生带来积极的影响。

（3）要引导学生自我反思

在思辨的过程中，学生在同伴的思维里可以获得许多有价值的信息。与自己的观点发生碰撞时，教师要引导学生反思自己、评价自己。比如，如何接受同学的意见、如何克服面子问题、如何转化思想、如何站在他人的角度换位思考等。总之，自我反思是讨论的重要环节。

三、讨论思路的设计

（一）思之有"目的"

反思的目的是解决教学实践中出现的新问题，总结新经验，以提高教师自身业务能力。

1. 追问反思，自我探索

对课堂讨论的教学反思不是简单地回顾教学情况，而是教师针对教学中存在的问题与不足，进行理性思考，探索实践之路。教师不仅应清醒地了解自己的教学行为，而且要对自己的教学行为多问几个"为什么"。这种追问的习惯，往往能促使教师增强问题意识和提高教师解决问题的能力。

2. 总结反思，归纳经验

课堂讨论的教学反思要以提高教学质量为出发点。通过反思自己的教学过程，进一步改进教学，使之向更合理的教学实践努力；通过反思发现新问题，分析问题的原因与解决的办法，不断总结教学经验，努力提高课堂讨论的教学效果。

3. 反思改进，能力提升

课堂讨论的教学反思要以教师全面发展为立足点，只要我们立足于平时教学实践，对自己教学行为进行反思、研究和改进，使自己变得更加成熟起来，这样就能有效提高我们的教学能力，提升教学实践理性层次，使自己在今后的教学中更加挥洒自如。

（二）思之有"物"

1. 思考这次课堂讨论中体现的"特色"是什么

独具特色的教学，给人感受是别样的，给人的回味是无穷的。它蕴含于课堂讨论的诸多要素中：在教学理念上，看主体地位的突出，主导作用的发挥；在论题处理上，看教材特点的把握和知识之间的贯通；在讨论方法上，看教学层次的呈现和实践活动的安排；在教学方式上，看学生参与的程度和知识获取的过程；在教学效果上，看教学目标的落实和创新意识的培养。

2. 思考这次课堂讨论中体现的"精彩"在哪里

精彩的讨论依附于教学过程的方方面面，如组织引人入胜的开课讨论、组织别具风味的氛围营造讨论、组织新颖别致的难点突破讨论、组织别具一格的智能开发讨论等，这些都是需要我们在反思中重新回顾的问题。

3. 思考这次课堂讨论中体现的"偶得"有哪些

教学的"偶得"是指教学过程中的意外收获。面对课堂上的"阴错阳差"、"节外生枝"、"灵光一闪"，我们不能视而不见，而需要我们老师智慧的引领，使师生激情燃烧，个性彰显，智慧喷薄，让课堂教学在动态生成中得到完善，走向大气，走向洒脱，走向睿智；学生在动态生成中得到全面、健康的发展。意外的收获往往来自学生思维火花的捕捉：学生发现问题的独特渠道、提出问题的独特途径、分析问题的独特思路、解决问题的独特见解，等等。

4. 思考这次课堂讨论中体现的"缺失"在何处

教学永远是遗憾的艺术，一次课堂讨论后，总是或多或少有这样或那样的缺失。教师应该反思课堂讨论的时间安排合不合理、重点突不突出、论题设计科不科学、具体落实到不到位等。教师只有认真反思课堂讨论的实施情况，才会有不断的进步，才能使课堂讨论高效进行。

（三）思之有"据"

1. 课程标准

课程标准是教材编写和教学实施的基本依据。教学资源、教学方法的选择都要符合课程标准的要求，离开了这一点，教学活动就会成为无源之水。同样，课堂讨论的组织也要符合课程标准。

2. 学生发展

教学的本质是促进学生的发展。教师的教学行为是否符合学生的认知水平、学生是否有所收获并得到发展，都是学生发展始终要关注的问题，离开了这一点，课堂讨论就会成为无本之木。

3. 讨论实效

课堂讨论是师生、生生的多边活动，是交流互动的过程。从细节来讲，论题的提出、环节的安排等是否合理，讨论的组织、教师的引导等是否到位，学生参与讨论是否积极主动，学生的主体地位是否突出，讨论的气氛是否活跃，课堂讨论效果是否较好等，这些都是促成讨论成功的因素。课后将它们记录下来，可以作为我们有效反思的依据。

第三节　方式：设定策略

教师的任务不仅仅是传授知识，更重要的是让学生改变单一的接受性学习，掌握科学的学习方法，通过研究性、参与性、体验性和实践性的学习，培养学生终身学习的意识和能力。因此，改变学生的学习方法和学习策略是在课堂讨论教学活动中体现最新教育理念的关键所在。

一、讨论方式的含义

讨论方式是指讨论时所采用的方法或形式。讨论可分为三种方式：学习小组讨论，活动小组讨论，专题问题讨论。[①]

学习小组讨论是以帮助学习有困难的学生克服困难而进行的讨论。参加讨论的人数较少，以5人或更少为宜。

活动小组讨论一般围绕任务或活动展开。通过讨论将任务分配给小组的每个成员，确定各成员在小组中的角色地位，明确责任，并讨论如何完成任务；通过讨论，使每个成员都对活动有所贡献。

专题问题讨论是针对某一主题或有争议的问题进行讨论，具有较浓的学术研究色彩。专题讨论可以是教师组织全体学生分组进行，也可以是教师指导有兴趣的学生自愿参与。

二、讨论方式的转变

讨论方式要适应新时代的要求。丰富多样的讨论方式让讨论充满新鲜的活力，让教学更加高效。

（一）从专制变为民主，给学生以安全的心理支持

1. 淡化教师权威意识

确立教师是"平等中的首席"角色，融洽师生关系，创设一个民主、和谐的学习氛围，给学生以心理安全和精神鼓舞。把学生参与学习的积极性调动起来，自信心确立起来，想象、创造的潜能开发出来，从而获得健康的发展。

2. 尊重学生主体地位

首先，保护每一个学生的独创精神，哪怕是微不足道的见解，教师也要给予充分的肯定，鼓励学生积极思考，小心保护他们的"异想天开"；其次，

---

① 肖永娜. 讨论的形式[EB/OL]. [2013-09-15]. http://hnpx. cersp. com/article/browse/179567. jspx.

热情鼓励学生多思善问，发表自己的见解；再次，要点燃学生主动探索之火，要引导学生与他人进行思维碰撞，鼓励学生发表不同的见解。

（二）从枯燥变为情趣，给学生以快乐的课堂生活

学生的学习往往伴随着浓厚的个人情绪，觉得有趣，就学得积极、主动；反之，就学得消极、被动。因此，教师应该努力创设良好的教学情境，变抽象为形象，变无味为有趣，把学生的学习引入一个新的境界，营造快乐的课堂学习气氛，让学生兴趣盎然地学，感受讨论的快乐。

（三）从灌输变为互动，给学生以自主学习的权利

学生的知识是通过主动参与、多方互动、自我构建而获得的，并不是由教师灌输获得的。教师要更新观念，主动融入到学生中，并通过适时引导，开展丰富多彩的讨论；教师应成为理解学生的观点、想法的知音，与学生共同探讨。在这种讨论形式中，学生会表现出极大的讨论热情，不仅获取了新知，同时掌握了发现问题、分析问题、解决问题的方法，提高了思辨能力。

（四）从预设变为生成，给学生以创新学习的机会

预设是教学的基本要求。正因为如此，许多教师都十分重视教学方案设计。但是，由于学生的思维各不相同，课堂情况瞬息万变，尤其是课堂讨论，无论教师怎样了解学生，他所设计的教案都不可能符合所有学生的实际，学生提出教案以外的问题是情理之中的事。这就要求教师必须变预设为生成，把讨论引向纵深，碰撞思维和交锋思想，从而有所发现，有所拓展，有所创新，不断推进教学进程。

（五）从封闭变为开放，给学生以广阔的学习时空

开放教学过程，教师不刻意追求课堂结构的完整，而是把一堂课的学习作为学生整个学习生活的一部分，重在学习过程及情感体验；开放教学内容，既要冲破教材的束缚，创造性地使用教材，又要在教材之外找"教材"，引进必需的信息和知识；开放学习形式，允许学生根据学习需要，或独立学习，或小组合作，或自找学习伙伴；开放教学评价，教师不以先知先觉者自居，对学生的学习指手画脚，而是与学生共同探讨评价的整体性、激励性、发展性等功能，促进学生的可持续发展；开放学生思维，答案不要求统一，允许学生依据自身的知识和经验发言，鼓励创新，积极引导学生大胆进行想象，

展开求异思维。经过由封闭到开放的过程后，学习就成为一种培养人的个性，实现知识、能力、情感、人格有效建构的过程。

三、讨论方式的应用

（一）创造讨论土壤，营造宽松氛围

如果要让学生真正脱离束缚，主动参与、乐于探究，那么，教师首先要放下架子，走近学生，成为学生学习和发展的促进者，成为学生积极互动、共同提高的协作者，成为学生合作、探究学习的引导者。教师应努力创设一种和谐、宽松的学习氛围，使学生感到老师是自己的亲密朋友，老师与学生、学生与学生之间可以畅通交流。在讨论中，教师要把学生当作学习的主人，用商量的口气、活泼甚至幽默的语言与学生展开交流。

（二）创设学习情境，调动学习情绪

课堂讨论应激发学生的发散思维，注重培养学生的独立意识，为学生创设良好的学习情境。课堂讨论应是没有强制的活动。禁锢的要解放，潜在的要诱发。课堂讨论是学生自主的活动，要让学生在言语实践活动中真正"动"起来，开动思维，启动想象。教师借助生活经验和情感经历，创设符合教学内容的活动情境，要用饱满的感情，调动学生的学习情绪，让讨论成为自由和快乐的展现。

（三）尊重个体差异，关注讨论过程

由于学生智力发展的水平存在程度上的差异，所以，每一个学生的思维方式、思维宽度、思维深度都不一样。作为教师，必须尊重学生的个体差异，要针对不同的对象，选用不同的讨论方式，让每个孩子的潜能都得到发挥。教师应该根据问题的难易程度，选择讨论对象，让每一位学生都能够参与其中，并且尽量使他们能满意自己的表现，发现自己的长处。时间长了，就会积极主动地要求讨论。

（四）积极评价学生，推进讨论深入

从心理学角度讲，人的深层次需要都有渴望别人赏识的愿望。对思想初步定型的初中生来讲，更需如此。德国教育家第斯多惠说："教育的奥秘不在于传授本领，而在于唤醒、鼓舞。"教师对学生的积极评价，就是"唤醒、鼓舞"学生，让学生获得积极向上的力量。

学生有了积极向上的力量，才有讨论的热情，才有讨论的深入，才有讨论的持久；有了积极向上的力量，才能接近真理，走进真理，获得真理。

四、讨论的策略

课堂讨论是一个动态过程，受教师行为、学生思维与教学环境等多种因素的影响。课堂讨论需要一定的策略支持，才能保证讨论效果。

（一）紧扣论题

课堂讨论的关键便是设置正确的论题，论题要具有开放性、探究性、讨论性的特点。论题要紧扣教学目标，突出教学重点，以使学生的讨论富有针对性。相反，如果论题的中心不明确，或重点不突出，就会浪费教学时间，降低教学效率。紧扣论题是深入讨论的最佳选择。

当学生的讨论偏离论题、信口开河时，教师就要及时调控，引导学生向预定目标靠拢。要让学生明白辩论要有明确目标，要与学习目标有关，而不能节外生枝。

（二）积极引导

多维讨论为学生建立起一个开放的、平等的交流平台，让学生的思维得到自由展现，有利于培养学生的创新性和发散性思维。在开放的讨论中，讨论容易偏离教学内容，找不准学习的要点、问题的本质，思维方向在讨论中愈发散乱，讨论的结果零碎散乱，无法获得良好的效果。当学生的讨论有偏差或停滞、卡壳时，教师不应批评、责怪学生，而应及时引导、鼓励、点拨和疏通，把学生的讨论思路拽回正轨，以保证讨论能够顺利进行。

（三）拓展深入

受知识积累、生活阅历、心理条件等因素限制，课堂讨论有可能缺少广度和深度，甚至出现错误情况。此时，教师应尽量用激励性语言，给学生以帮助、鼓励和信心，引导学生的讨论向纵深方向发展。

组织实施课堂讨论的策略有很多，总的思想就是"让学生成为学习的主人"。课堂讨论中往往会遇到很多意想不到的事情，教师要因时而变、因情而作，发挥自己的教育智慧，组织好课堂讨论。

第四节 艺术：追求效果

"水本无华，相荡乃成涟漪；石本无火，相击而发灵光。"[①] 讨论是观点的碰撞，是思维的交锋。经过讨论，学生对学习内容的认识会更全面、更深刻。新课改要求教师要精心设计和组织教学活动，重视讨论式教学，启发学生智慧，提高教学质量。讨论成为教学中常见的活动形式，也成为促进学生思辨能力的有效途径。教师应注重通过组织讨论让学生各抒己见，鼓励学生个性化的理解和表达，鼓励学生开展思维的交锋。

然而，由于讨论教学在组织上很难调控，费时较多。虽然很多教师做出了不少尝试，但效果不算很好，往往会出现"讨而不论"、偏离论题、冷场不热等问题。所以，激发学生进行有效讨论，是一种技巧，更是一种艺术。

一、讨论艺术的含义

心理学认为，艺术是人类通过某种媒介，表现在情感或观念，涉及人的知识、情感、理想、意念等综合的心理活动，是人们理解世界的一种方式。讨论艺术是指讨论的一种交流技巧，一种有效途径，一种特别思考。讨论艺术的中心议题大都集中于激发讨论欲望、营造讨论氛围、抓准讨论时机、调控讨论进程、点拨讨论结果等几个方面，讨论艺术属于语言的范畴，更属于思维的范畴。

二、课堂讨论的艺术

（一）激发讨论欲望的艺术

人本主义心理学家马斯洛认为人有认知需要，它驱动人类对自身和周围世界的探索、理解、解决疑难等行为。教师若激发学生的讨论欲望，则要让学生感到讨论对他们很有必要。学生是学习的主体，学生积极参与讨论是讨论有效性的保障。那么，具体来说，如何激发学生讨论的欲望呢？

---

① 夏茹冰. 巧联巧对 [M]. 太原：山西经济出版社，2004：175.

1. 切合学习目标

教师可以通过抓准与教学目标相契合同时是学生感兴趣的论题来激发学生的讨论欲望。兴趣能促使学生积极主动地参与讨论活动，并在讨论过程中收获知识和成功的喜悦。文本的"讨论点"与学生的"兴趣点"相契合时，学生的讨论活动就能够不费吹灰之力，水到渠成。

2. 创设问题情境

如果教师挖掘到的"讨论材料"在表面上无法吸引学生的兴趣，教师可以通过创设问题情境来激发学生的讨论欲望。教学实践证明，创设问题情境能有效地激发学生的求知欲和好奇心。疑问使学生处于一种似懂非懂、一知半解、不确定的状态，学生在这种状态中产生的矛盾、疑惑能激发他们的求知欲。教师要根据学生的回答或自己进行补充展示出不同的观点。当相异的观点出现时，学生会自然而然地产生要讨论交流的需要。这时，学生既有想通过发表自己的观点来获得别人的认同，又有倾听别人观点的欲望。当学生懂得自己知道的还很少时，就会想通过讨论去了解更多。

（二）营造讨论氛围的艺术

1. 迫切的氛围

课堂讨论需要学生亲自参与，要动脑思考，要学会交流。教师要善于营造民主、轻松、和谐、开放的课堂氛围。这个氛围不仅能激发学生主动去思考，还会使学生处于一种思考、质疑的状态，让学生从内心感到与同学、教师讨论的迫切需要。

2. 平等的氛围

教师应该营造一种师生自由平等的氛围，保证学生不会因为教师"权威"而"信以为真"，进而放弃独立和质疑。教材的解读具有多元性，但在大多数学生的心中，教师对教材的解读有绝对的权威性。因此，在师生讨论的过程中，教师不能以权威的姿态去表达自己的看法，也不要急于表达自己的看法，以免学生"妄信"权威，放弃交流。如果教师要提出自己的观点来引导学生思考，就要注意让学生针对教师的观点提出自己的看法，鼓励学生敢于质疑。

3. 公正的氛围

教师应该营造一种生生平等的氛围，保证班上每个学生都积极参与到讨论中。在组织小组讨论时，要注意优等生和后进生、敢于表达与羞于开口的学生之间的组合。只有这样，课堂讨论才能起到促进学习、促进学生发展的作用。

（三）抓准讨论时机的艺术

1. 苦思冥想时

孔子曰："不愤不启，不悱不发"。[①] 在学生苦思冥想时，教师不宜去启发、开导学生。课堂讨论中，教师在教学过程中发现了教学内容中的"讨论点"后，在学生没有对"讨论点"进行苦思冥想时，也不要急于开展讨论。教师先要启发学生积极思考，才能蓄势待发。

2. 意见各异时

学生的个体差异会导致学生对内容的理解有偏差。在这时，教师不要轻易把答案抛给学生，而应充分发扬教学民主，引导学生讨论。教师可以先通过提问把几种不同的见解展示给全班学生，在学生难以判断哪种观点的优劣时挑起讨论，促进学生的思维和表达能力的发展。

3. 思维受阻时

在学习过程中，由于已有的认知结构、注意、兴趣等因素的影响，学生对教师提出的问题会出现"卡壳"的现象。这时，教师不能一手包揽，也不能穷追猛打，更不能冷言相讥，而应发挥集体智慧，引导学生讨论。

（四）调控讨论进程的艺术

1. 给学生充分的思考时间

充分的时间是学生讨论问题的深度和广度的基本保证。思考的过程是循序渐进、层层深入的，学生只有在不断深入思考、不断讨论交流的过程中才会有思维的碰撞，而思维碰撞又将带来继续深入思考的角度或材料。因此，教师应该根据讨论的话题和具体要求给予学生充裕的时间，让学生做好讨论的准备。但也要注意观察学生的讨论进度，讨论时间太长可能会导致学生无说可说或闲话家常的情况。在讨论时间的安排上，教师要有预设，还要根据学生讨论的实际情况做出及时的调整。

学生的表现欲比较强，不少学生在教师组织讨论时，会急于发表自己的观点。部分学生往往在没有深入的思考讨论后就急于举手发言。此时，教师

---

① 杨伯峻，杨逢彬. 论语译注 [M]. 长沙：岳麓书社，2009：76.

不能急于让学生发言，要引导学生在充分思考讨论后再发表观点。这样才能从根本上保证讨论的有效性。

2. 对论题进行有效的控制

部分学生会在完成讨论任务后，抓住时间大话家常。因此，在学生进行课堂讨论的过程中，教师要不时在课堂中走动，认真倾听学生的观点，在学生有跑题倾向时，及时进行提醒、引导。教师也可以作为小组的一员参与到学生的讨论中，这样，既能避免学生跑题，又可以营造出一种平等的讨论氛围。

3. 对讨论的进程给予暗示

教师要不时地根据讨论进程对学生进行启发式暗示，引导学生对问题进行横向和纵向的讨论。

（五）点拨讨论结果的艺术

1. 公正评价

讨论结束后，小组成员展示自己的讨论成果，教师应给予客观公正的评价。教师不应该对某个学生的观点表现出偏爱的态度。如果在某个学生发表了在某个角度上的观点后，教师大加肯定，而忘了提醒学生还能从其他角度思考，很可能会使学生认为这就是标准答案而放弃讨论。

2. 客观评价

教师不能对学生的发言做出裁判性的评定，不能以教师个人的看法作为正确与否的唯一标准，更不能以教师的"权威"压制学生；相反，教师要不断地激发学生的积极性，允许和鼓励学生充分表达，引导学生充分阐述自己的看法，锻炼学生的思维能力和语言表达能力。

3. 整体评价

由于讨论的自由性，学生的观点可能天马行空，因此，学生发表的意见与教学内容相背离时，教师不能一味地肯定学生的"创新思维"，而要针对学生的片面看法，通过提出问题的方式，慢慢引导学生往正确的方向思考；但是，也不能一味否决学生的观点，要允许创新，求同存异。

三、讨论艺术的应用

无论讨论的过程多精彩，讨论的结果如何有价值，脱离教学目标的讨论，是没有任何意义的。那么，如何使讨论艺术的魅力发挥到极致呢？

（一）巧用矛盾

矛盾是教师的匠心所在，同时是问题的精妙之处。因此，这些矛盾往往成为学生正确、深刻理解问题的重点。矛盾带来的冲突会引起学生的认知冲突，教师要巧妙引导学生发现这些矛盾，并利用这些矛盾来激发学生讨论的欲望，驱动学生的思维，引导学生经过讨论正确理解文本。

（二）善用模糊

语言本身就带有模糊性，运用文学语言创作出来的文本以及其中包含的审美意象也就具有了模糊性。作者通常运用双关、借代、隐喻、暗示、象征、寄寓等手法来描写文本的词句，使文章内涵模糊化。模糊化词句中的丰富内蕴往往是说不清、道不明，难以精确表达的。由于学生自身知识经验的不足，在理解文本时，往往很难清晰把握这些"模糊点"，从而造成理解上的模糊。因此，教师可抓住与文章中心密切相关的"模糊点"，挑起话题、引起讨论，从而帮助学生拨开云雾，认清"模糊"的本质。在教学时，教师应该抓住这个"模糊点"，相机引导，引发讨论，促使学生深入思考。

（三）捕捉空白

文学创作是一种创造性活动，"文本留白"是文学写作中的一种艺术技巧。德国美学理论家伊瑟尔指出："文学文本只是一个不确定的'召唤结构'，那里面包含着某些'空白'，只有读者才能填充这些'空白'。"[①] 这些空白是读者深刻理解文本的重点和关键所在。语文课堂中，其中一个重要的教学内容就是引导学生填补文本中的空白。教师通过组织学生对文本空白点的讨论，让学生运用自己的想象，尝试去与作者、文本对话，填补空白，并尝试找出作者有意设计这个空白的原因，从而实现对文本完整、深刻的解读。这不仅能有效训练学生的想象力，还有助于引导学生对文本进行不同角度的解读。教师要巧妙地抓住这些空白点，让学生从自己的生活经验出发，想象并交流补充这里面的空白，化抽象为具体。

---

① 童庆炳. 文学理论教程[M]. 北京：高等教育出版社，2008：331.

（四）借用精妙

语文课堂中，教师在引导学生对文本进行解读时常有"请同学们找出课文中你认为写得最好的句子，并分析它好在哪里"这一环节。的确，课文中的一些语句，往往具有内涵、情感、形式的精妙之处。教师必须引导学生对这些语句进行解读。但个人的解读往往不够深刻，因此，教师可抓住文本的精妙之处，引导学生讨论，从而使学生正确理解语言内容、真切感受语言情感、发现语言规律，最终促进学生对文章内容、中心思想和语言艺术的深入理解。

（五）抓住偏差

学生理解课文时，容易出现偏差。其中包括：因对文本表达方式的误解引起的理解偏差，因文本倾向的暗示引起的理解偏差，因个人经验的局限引起的理解偏差，等等。众多原因引起的这些偏差会影响学生正确理解课文内容、准确把握课文的内蕴和中心，成为教学目标达成的障碍。同时，这些偏差又是很好的课堂生成资源。如果教师能及时运用教学机智巧妙利用这些偏差，引导学生讨论交流，就可以纠正学生思维的误解，深入理解课文。为此，教师可抓住其"偏差点"，创设矛盾，引发讨论，从而帮助学生准确理解课文。

（六）善用无疑

文本中一些看似平淡不经意的文字，有时恰恰能反映文本的内在韵味。文本中越是细微的语句，越能体现作者的语言功底，以及作者寄寓在文字中的真情。但学生往往忽略这些表述，认为自己已经完全懂得，缺乏对这些地方进行深入的思考。此时，学生对文本的理解只是达到了"似懂非懂"的状态。因此，语文课堂上，在师生共同对文本进行解读的过程中，教师要善于观察学生的学习效果，巧妙抓住学生的"无疑"，通过提问等方式使学生质疑，从而挖掘出讨论点，引起讨论，深刻理解文本。

第五节　实战案例：如何组织讨论实施

一、实战案例

悦纳自己①

学　案	教　案
一、心灵导航 模块 1：悦纳自己的重要性。 悦纳自己是快乐的源泉，成功的基础。 **1. 体验感悟** 欣赏视频《尼克·胡哲》。 **2. 展示照片** 展示尼克·胡哲小时候的照片。 提问：请说出看到这张照片时的感受，并预测他长大后的生活。播放尼克·胡哲长大后的充满自信的视频。 **3. 引导思考** 请说出你看到这些照片时的感受。你认为尼克·胡哲如此快乐的原因是什么？	**一、教学目标** **1. 知识目标** 明白悦纳自己的重要性，并懂得悦纳自己的途径和方法，客观地认识、评价自己的优缺点，形成比较清晰的自我整体形象。 **2. 能力目标** 初步培养正确分析、评价自己的能力，在交流互动中初步培养分析比较、收集整理、提炼有效信息的能力以及同他人交往与沟通的能力。

---

① 罗楚春，等. 先学后研教学模式与松坪学校 [M]. 武汉：华中师范大学出版社，2012：177. 本文略有删改。

（续表）

学 案	教 案
模块2：学会悦纳自己。 1. 实话实说——课前小调查 　　课前对学生进行了一次不记名的小调查，并对所有的调查表进行统计，展示班级调查结果，现场抽出几份调查表展示。 　　提问：这个调查结果说明了什么问题？我们应该如何看待自己的缺点？ 　　缺点：（1）这个缺点是否可以改变？（2）如果可以改变，该如何改变？如果无法改变，该如何对待？ 2. 出谋划策——我想对你说 　　针对这个情况，现在我们来相互帮一帮。 　　（1）对外表上不能悦纳自己的人说。 　　（2）对学习或成绩上不能悦纳自己的人说。 　　（3）对家境上不能悦纳自己的人说。 　　（4）对性格上不能悦纳自己的人说。 　　（5）对人际关系上不能悦纳自己的人说。 　　要求：小组讨论，每小组负责一方面，当一个小组发言完毕，别的小组可以补充。	3. 情感态度与价值观 　　通过学习，树立积极的自我概念，正确对待别人的评价，认清和挖掘自己的优点，增强自信心，同时又要敢于正视自己的缺点，悦纳自己的不足。 二、预习、质疑 　　1. 认真阅读教材内容，并思考： 　　（1）什么是悦纳自己？ 　　（2）悦纳自己有何意义？ 　　（3）该怎样悦纳自己？ 　　2. 不记名小调查："你悦纳自己吗？" 三、交流、展示 　　小组交流，学生重点交流自己的预习成果，展示重点： 　　（1）出谋划策——我想对你说。 　　（2）活动体验——纸的命运。

学　案	教　案
3. 活动体验——纸的命运 利用几张纸（一张是完整的纸，还有几张是有破洞的、有污迹的纸……），让学生进行创作，并说出理由。 提问：你从这个活动中体会到什么？ 4. 阳光行动——为自己喝彩 你的优点是什么？请仔细想想，与小组成员分享。 要求：（1）找出自己最满意的优点。（2）想一想这个优点曾经为自己带来的成功体验，如"我的某一次进步"、"我的第一次成功"、"我学会了一项本领"…… （学生回忆并与同学分享……） 二、检测反馈——学以致用 1. 体验实践——请大声说出来 下面请把你的想法大声地说出来："虽然我_____，但是我_____。" 2. 教师寄语	（3）阳光行动——为自己喝彩。 四、检测、反馈 体验实践——请大声说出来。 五、课后作业 制作"我的个性化名片"。 要求： （1）为自己制作一张能够展示自己特点、能力和风采的个性化名片。 （2）全方位地反映自己的特点。 （3）针对自己还不满意的方面提出完善的方案。

二、实战经验

这是一份初中七年级思想品德课的导学案，这份导学案将学与教结合起来，清晰明了地记录了教学的目标、内容、过程，有利于保证课堂教学程序的进行，也方便学生对教学过程的了解。在这一份导学案中，我们可以清楚地看到教师是如何循序渐进地进行课堂讨论的。

（一）情境创设，设疑激趣

在传统的思想品德教学中，教师习惯以说教的形式让学生认识价值观、人生观和世界观，但是容易引起学生的排斥，难以获得预期效果。而这节课一改说教模式，通过情境创设，设置论题，激发学生的讨论兴趣。上课伊始，教师以视频创设情境，导入教学，并提出论题"什么是悦纳自己"，引导学生进行思考，为接下来的学习活动打下了较好的基础。

（二）交流互动，协同发展

教学目标的设计应关注学生的知识、能力以及情感态度与价值观的培养。教师通过多种形式，比如课前小调查、创作小游戏等活动，让学生获得对知识的理解和掌握，深入体验"悦纳自己"的感受。这些活动多是以讨论的形式为主，大多要求学生开口说，注重学生口头表达能力的培养与情感的获得，从实践中让学生获得知识，是一种有效的教学模式。丰富的课堂讨论让学生获得自主学习、积极表现自我的机会，有助于发展学生的独立思维与创造性思维。

（三）当堂检测，情感升华

传统的思想品德教学中，教师常常避开问题的探讨，更多地以背诵代替理解。在此，教师在学生了解"悦纳自己"的含义后，进行自我激励，通过讨论发表自己的意见。另外，教师要求学生制作卡片，让学生进行自我反思，将知识转化为能力。在这一环节中，教师以集体讨论的方式进行，活跃了学生的思维。

三、实战策略

在传统教学中，教师未能关注到课堂讨论对学生的重要作用，单靠走过场般的讨论活动扩充课堂，实质上难以取得讨论实效。若实施组织有效的课堂讨论，教师应掌握一些策略，以便更好地获得实效。

（一）根据内容，选择方式

1. 依据学生认知，选择讨论方式

讨论缘于学习的需要，讨论应遵循学生的认知规律，而不是教师的随意要求。教师要从学生的认知水平与思维特征出发，选择合适的讨论方式，引导学生有针对性地进行讨论，以提高学习效率。

2. 依据教学内容，选择讨论方式

教师要依据不同的教学内容选择不同的讨论形式。比如，对于一些开放性的问题、有突出的矛盾点或是与生活相关的问题，教师可组织集体讨论，让学生自由发言；而对于一些寻找解决方法的问题，教师可组织小组讨论，让学生在小组范围内增加发言机会，激励学生积极深入地探讨问题。

（二）把握时机，适时点拨

1. 肯定性点拨

学生在取得一定的讨论成果后，认为已经达到学习目标，便会终止学习讨论。对此，教师应及时给予适当的肯定和表扬，并指引学生进行深入的探讨，提高讨论的有效性和实效性。

2. 暗示性点拨

学生在讨论过程中总会遇到一些困难或错误，容易陷入讨论的困境，难以获得正确的答案。教师要给予一定的暗示，启发学生寻找解决问题的方法，为其继续讨论指引方向与途径。教师的暗示性点拨，有助于树立学生的自信心，有助于培养他们独立思考的习惯。

3. 反驳式点拨

在学生的讨论产生偏差时，教师可通过反驳式点拨，及时纠正学生的偏差。教师应注意点拨方式，要避免以批判性的评价打击学生的自信心，而应鼓励学生通过讨论发现错误，找出解决问题的方法，从挫折中获得成长。

（三）合理分组，优化结构

1. 原则

一般而言，组建讨论小组，既要依据学生的共同兴趣、特长等个性倾向，使其"同声同应、同气相求"，也要考虑到学生的个性差异，让每个学生都能发挥其独特作用，做到"扬长避短、人尽其才"。小组讨论是为学生增加发言的机会，让每一位学生都能在讨论中发现自身价值，相互学习，相互促进。

2. 方法

（1）按座位

以座位就近为原则组成小组，比如前后两排四个学生组成一个合作小组或并排三人组成一个小组等。但座位分组的随意性较大，容易造成小组内成员的不公平参与，或是小组之间的不公平竞争，具有一定的局限性。

（2）**按兴趣**

根据学生各自的兴趣爱好、性格脾气等因素分组，把志趣相投的学生聚集起来，形成"伙伴群体"，有助于提高小组成员之间的交流，提高参与度，具有一定的凝聚力。

（3）**按层次**

根据知识能力进行合理分组，将优等生与后进生相互搭配，促进学生的相互学习。

合理的分组，有助于优化学生的学习结构，增强生生之间的交流，使学生在良性的竞争中相互促进、共同提高。

第三章

课堂讨论有效开展的方式

讨论是对话双方围绕共同关心的话题，展开平等、积极、自由的互动与沟通，并在这一过程中，明确阐述各自的想法和观点，共同寻求解决问题的对策。[①]

我们将具体阐述两种有效开展方式：一种是"直用课堂：现场充分探究"，即通过师生间、生生间在现场中的充分探讨，使学生在原有基础上共同发展；另一种是"借助网络：拓展课堂时空"，也就是说教师借助网络平台，拓展课堂讨论的空间，争取把讨论延续到课外。无论采用哪种形式开展讨论，其目的都是改变过去"灌输式"传授知识的方法，追求民主、平等、自由式的学习。在整个讨论过程中，学生的整个学习过程是其自信心建立的过程，在这一过程中，他们充分体验讨论的乐趣，享受成功的喜悦，感受集体的力量。

第一节　直用课堂：现场充分探究

课堂上，我们可以通过师生合作、生生合作的方式开展有效的讨论活动，使学生在任务驱动下，实现共同学习。课堂讨论在教学中具有重要意义，它既是提高课堂教学质量的有效途径，也是学生之间心灵碰撞火花的必由之路。在课堂讨论中，教师与学生都应持"我教人人，人人教我"的学习发展理念，

---

① 严育洪. 问诊课堂：教学望问切 [M]. 北京：首都师范大学出版社，2008：75.

充分借助课堂这个平台开展讨论活动，深入探究，共同设法来解决问题。作为课堂教学的主导者，教师更应该关注讨论的课堂动态生成，设计有效的问题情境实现讨论学习，从而在讨论中激发学生的竞争意识。

一、关注讨论的课堂动态生成

在教学中，我们常常遇到这样的情况：教师精心设计的教学被学生的"节外生枝"打乱。面对这种情况，不同的教师会有不同的处理方式：有经验的教师会顺势而导，借机发散学生的思维，把课堂推向高潮；一些经验不足的教师则置之不理，继续按照原先的教学思路进行教学。如果教师能巧妙地将"意外"转为精彩，实现学生与教师、学生与学生动态交流，将促使学生自主完成知识意义的建构。

教学过程是一个渐进的、多层次和多角度的过程，是师生及多种因素间相互作用的动态变化的推进过程。由于课堂的动态性，常有新信息、新情境、新思维、新想法的产生，教师可以有意识地关注这些动态生成的资源，并对其加以开发和利用，使它们成为学生讨论的资源，从而让课堂更具生机与活力。

教 学 案 例

动态生成下的论题①

在一节六年级科学课《杠杆类工具的研究》上，教师提供了螺丝刀、开瓶器、镊子等具有杠杆典型特征的工具让学生研究，并从旁介绍杠杆的原理和特征。忽然，一个清亮的男声在教室中响起："老师，镊子不是杠杆！"老师愣了愣，讲解被打断了。

男孩在老师的示意下站起来，拿起手中的镊子说："这个镊子不像我们常见的杠杆由一根独立的'杆'组成，也找不到支点。不符合杠杆的特点，所以它不是杠杆。"

"对！对！"大家好像一下子反应过来了，安静的教室一下子热闹起来，赞同声一个接着一个。男孩昂起头，一副很自豪的样子，而学生也都个个瞪

①　佚名.《小学课堂教学事件生成课程资源的策略研究》结题报告 [EB/OL]. [2013-09-15]. http://edu6.teacher.com.cn/tkcl178a/ kcjj/ch1/ckzl/txt1.htm. 本文略有改动。

大眼睛看老师的反应。

　　教师在短暂的思考后，及时抓住这个问题，引导全班学生探究：将镊子的两个镊瓣拆分开来画在记录本上，分别标出它们的用力点和阻力点，找出这两个镊瓣分别围绕哪一个点旋转，从而找到每个镊瓣的支点，让学生认识到每个镊瓣都是一个单独的杠杆，而镊子就是两个杠杆的组合，它们拥有一个共同的支点。学生恍然大悟后，教师顺势引导学生在小组内讨论："在我们的生活中还有哪些像这样是由两个杠杆组合而成的工具，它们是省力的还是费力的？"这样一来，很快学生就能联系生活实际搜索出剪刀等多种组合杠杆工具，不仅加深了对杠杆概念的理解，更将所学运用到了生活中。

　　在上例中，学生的质疑超出了教师的预设范围，但这个质疑恰恰是他们需要着重去理解的。面对学生的质疑，教师能及时改变教学思路，适时引出论题，组织学生进行讨论。这不仅为学生解决了疑惑，而且帮助学生真正理解了杠杆的原理和特征。

　　教学是新问题、新内容、新方法、新过程不断生成的活动，反过来，生成让教学更具动态性、开放性、自主性。教师有意识地关注教学生成，可以使教学充满思辨性与灵活性。但是，动态离不开预设，教师应该明白：不是教学预设越少，自由空间就越大。精彩的课堂不是脚踩西瓜皮，滑到哪里算哪里。没有教学预设，即使学生活跃了，课堂热闹了，学生的学习能力也难以得到提高，正确的价值观也难以得到引导，学习目标也难以得到落实。

（一）弹性预设，让讨论生成更精彩

　　预设是指教师对教学的规划、假设、预测和安排，备课实际上是教师预设教学的一个过程；"生成"是一个使用频率很高的词汇，具有长成、形成、养育等意思。在实际教学应用中，根据不同情境，其意思有扩展。那么，预设与生成究竟存在怎样的关系呢？

1. 预设与生成的关系

（1）预设是生成的基础

　　"凡事预则立，不预则废。"课前，为了保证课堂教学顺利开展，教师常要认真解读课程标准，确定教学目标，钻研教材教法，考虑使用教学用具，预想学生可能提什么样的问题，以及教师应如何做好引导和疏通等。充分的

预设是教学工作顺利开展的基础，它可以让教师在课堂上显得更加从容，因势利导，有的放矢。有了这个基础做保障，课堂讨论才有可能精彩纷呈，高潮迭起。

（2）生成是预设的精彩

对于教学预设，我们常将它理解为：精心写好教案，规定好程序，准备好问题，防止学生"走冤枉路"，避免课堂上出现"始料未及"的意外。但是，教学预设的目的既不是约束学生思维"出格"，也不是防止课堂发生意外，而是给学生一个弹性空间，使他们在教师的引导下更好地"标新立异"。课堂上，学生的思维不断跳跃，思想碰撞的火花不断闪现，更能激发教师的育人智慧，课堂也会因此而充溢鲜活的生命力，这样的教学才是成功的。

（3）预设与生成相互促进

预设使教学有了明确走向，生成使教学精彩纷呈。有效教学应是"弹性预设"与"有效生成"的有机融合，两者相辅相成，相得益彰。弹性预设是教学生成的肥沃土壤，预设越充分，生成越精彩。教师作为主导者，要尽力做好"弹性预设"，促进教学的"有效生成"。

2. 预设如何生成

（1）设计板块式程序

新课程理念下的教学设计如同作画，需要删繁就简，去枝叶，留主干。较好的方法是根据学科特点，结合教学重点，把教学环节设计成几个大板块。通过板块统领教学，可以充分削减琐碎的枝节，给师生的讨论留出更大的空间；而且，教学富有弹性，可以根据教学生成资源及时调整教学行为。

（2）设计体验型问题

教师应摒弃那些"对不对"、"好不好"的唯一答案的问题设计，更应关注学生独特体验的生成。在预设时，教师应尽可能设计一些体验型问题，引导学生进入情境，体验情感，为学生的思维拓展提供多元发展的空间，以引发教学的精彩生成。

（3）设计复线式教案

要构建动态生成的讨论，就必须关注学生的个体差异。设置论题，应从不同角度多做假设，比如：学生会不会有疑问？这一点他们是不是感兴趣？这个问题学生是不是有生活体验？学生会怎么说，自己该如何引导……此外，教师还要把学生的质疑预留其中，多设几条质疑发展线。如果这样，教师就能够对一些"可能"和"未知"事件应对自如，将教学生成引向精彩。

（二）善于捕捉，让讨论生成更丰富

课堂上随时都会出现意想不到的情况，教师要学会因势利导，抓住其中的闪光点，通过师生互动、生生互动，碰撞出思维、情感、认识的火花，从中生成能力、方法、习惯。对于课堂上出现的意想不到的插曲，教师要切忌意气用事，尽量避免因尴尬或手足无措而迁怒于学生。作为教师，应该善待意外，使之成为课堂上的亮点。

平等、民主的课堂允许出现不同的声音，以尊重生命的成长。教师不是强迫学生接受观点，而是引导学生探讨真理，发现真理。

教学案例

"未卜先知"的聪明学生①

这节课学习的内容是"生物圈是最大的生态系统"。结合上节课的内容，教师准备先出示几幅图片让学生通过对比不同生态系统引入新课，再通过举例讲解"生物圈是最大的生态系统"。但刚一上课，不少学生就举起了手。

师：有什么问题需要我解决吗？

生1：老师，我要回答你的问题！

师：可我还没提问呀？

生1：老师，我知道你要问什么问题！

师：哦？

生1：老师，我知道，你要问的是这些图分别是哪种生态系统。

师：哇，太厉害了，我还没问他就知道我要问什么。大家知道问题的答案吗？

立刻就有不少学生抢着回答了图中的几种生态系统。这时又有学生举起了手。

生2：老师，你还可以问每种生态系统中有哪些部分组成。

教师来了兴致，让学生继续发言解答，学生的回答也有板有眼，并且还

---

① 王丽. 如何上好课：精彩教学案例集萃［M］. 桂林：漓江出版社，2011：138-139. 本文略有改动。

尽可能用概括性的语言来描述。

生3：湖泊中有鸭子和水。

生4（补充）：湖泊生态系统中有鸭子、鱼虾、水草等生物，还有淡水、水底的泥土、石块、水中的氧气等非生物。

说完了湖泊生态系统，又有学生站起来分析森林生态系统的组成。

生5：森林里有树木、虫子、狮子、花草、蘑菇等生物，还有空气、阳光、土壤等非生物。

……据此，学生很快就自己解决了各种生态系统的组成。

既然学生愿意自己设计问题，教师何不放手给他们思维的空间？

师：还可以再提出什么问题？

学生在短暂的思考后又举起了手。

生6：这些生态系统有什么相同之处？

教师表扬了学生的问题有价值，并让学生自己解决。

生7：老师，这些生态系统中的各种因素都可以划分成生物部分和非生物部分，生物部分可以分成生产者、消费者和分解者，非生物部分可以分为阳光、空气、水、土壤等。

教师鼓励学生继续提问。

生8：这些生态系统有什么区别？

……有了这些分析，教师继续鼓动学生："还能再提出其他问题吗？"终于，生9站起来说："老师，这些生态系统之间有联系吗？"这恰恰是本节课最关键的问题，解决了这个问题，"生物圈是最大的生态系统"也就好理解了。

这时候，老师还是把问题给了学生："这个问题我怎么没想到呢！有点难噢，谁能帮我分析一下怎么回答？"

学生马上进入积极的思考状态。

为了让学生充分思考并能较好地表达，教师提示："这么难的问题不容易回答，可以通过具体事例来说明，看哪些同学能找到更多的联系。"

学生又很快举起了手，老师说先别急于回答，想一想，运用头脑里的已有的旧知识来回答，也可以互相交流一下补充完善自己的答案。

学生在交流讨论的过程中，老师走到哪里，哪里的学生就拉着他要说给他听听，问他是否可以这样理解或那样理解，老师或者给予了肯定，或者鼓励学生再开阔一下思路。

讨论了 5—6 分钟，学生基本上形成了自己的观点，老师就让他们把自己的想法说出来与大家分享，看谁的观点科学、严谨，有理有据。学生的思维被激活了，回答也是各种各样，论据充足。

在我们的课堂中，"未卜先知"的聪明学生并不少见；但是，很多教师给他们冠上"捣乱"之名。这种做法显然是不对的。案例中教师的做法值得借鉴，他敏锐地捕捉了学生学习的热情，及时调整教学思路，将教师的问题变成学生的问题，将教师的灌输变为学生主动思考、探讨，从而激活了学生的思维。学生的表现充分体现了活跃的思维和丰富的想象，特别是后面的回答，比课本上给出的内容还要丰富、精彩。而教师的教学生成令人拍手叫绝，他的做法促使我们思考：如果我们遇上这样的突发事件，是否会善用机会，及时调整教学思路？

很多教师已习惯了"按部就班"组织课堂讨论，如同上演一部话剧，一旦出现意外事件，最常见的处理方法就是"这个问题课下解决，现在继续讨论刚才的问题"，或者"等我提问完了你再回答"。教师如果牵着学生循着教案不敢越雷池一步，势必会使讨论变得沉闷、封闭、机械和程式化，学生也会愈来愈麻木、消极、被动，课堂也会变成一潭死水。事实上，如果善于促进教学生成，就会发现意外是如此多彩，论题是如此丰富。

（三）和谐氛围，让讨论生成更广泛

民主的师生关系、和谐的课堂气氛是讨论有效生成的重要条件。当学生处在一种安全环境里和愉悦氛围下，他们就会对所讨论的问题产生浓厚的兴趣。此时，他们思维最活跃，讨论也更富有建设性，从而使得讨论精彩不断，充满生命活力。

1. 创设民主氛围

课堂讨论应在轻松愉悦的氛围里，积极地参与，高兴地诉说，尽情地抒发心中所感所悟。教师热爱学生，这是创设民主和谐课堂的基础。亲其师才能信其道。教师把学生视为有人格的人、平等的人、自主的人、有潜力的人，相信每个学生通过自己的努力都能或多或少地得到发展，使学生在讨论中体

验到亲情与爱护，进一步激发他们奋发向上、拼搏进取的愿望。另外，教师要转变角色，从权威的讲授者变为学生讨论的组织者、引导者、合作者。

2. 教师善于倾听

在课堂讨论过程中，教师与学生的交流应该是双向的。学生在表述自己的见解时，教师应该认真倾听，用关注、鼓励的眼神注视学生，最好是配合肢体语言，比如点头、微笑等。当学生表述完毕，教师应及时给予积极评价，这些都能让学生感受到教师对他的重视，从而投入更多的热情进行讨论。

3. 关注全体学生

教师的关注点不能仅仅在个别优秀的学生身上，也要关注其他学生，特别是对学习能力较弱、学习习惯偏差的学生更要给予更多关注。当学生在汇报讨论成果时，教师还要关注坐在"角落"里的学生是否在认真倾听，是否参与到了讨论中来。

4. 适时表达情感

教师应充分表达自己对学生的情感，及时对学生的表现做出反应。一方面，应体现出教师对学生的欣赏，使学生感受到教师对自己的爱；另一方面，当学生的行为不符合课堂要求时，要及时纠正，以确保讨论顺利进行。教师必须储情于胸，用激情去感染学生，引导学生入境体验，融入情中，心中生情，升华情感。师生之间、生生之间的相互赏识、相互激励，可以给学生一片自信与信任、轻松与自由、个性张扬与思维放飞的天空。

（四）精准点拨，让讨论生成更深刻

作为独立的个体，学生具备独立的思维。由于受经验和阅历的限制，他们的想法可能有些是偏激的，有些是错误的。教师要及时地处理，适当地利用，有针对性地进行点拨，引导学生辨析其中的偏颇、缺失和错误。

教师的点拨要把握时机，做到温火适度，恰到好处地将学生从迷惑的、肤浅的此岸引向豁然开朗的彼岸。教师的点拨语言必须准确、精练，且富有启发性和牵引性。比如利用联想性语言、类比性语言、对比反问性语言、假设性语言等，力求起到四两拨千斤、一语开茅塞的作用。

叶澜教授说："课堂应是向未知方向挺进的旅程，随时都有可能发现意外的通道和美丽的图景，而不是一切都必须遵循固定线路而没有激情的行程。"在课堂讨论中，教师要允许学生"节外生枝"，给他们自由的空间；允许学生

异想天开，给他们飞翔的翅膀；允许学生宣泄愤慨，给他们言论的权利。生成是美丽的，它让课堂充满智慧和挑战，精彩的生成能让我们的课堂迸发出夺目的光彩。课堂讨论是一次未知的旅程，沿途风光无限，关注讨论的课堂动态生成，最终会到达美丽的终点。

二、设计问题情境促进讨论学习

问题情境是指主体为达到某一活动目的所遇到的某种困难和障碍时的心理困境。具体到课堂教学中，问题情境就是指教师通过创设一种具有一定困难、需要学生付出一定努力才能完成的学习场景，它使学生处于一种急切想要解决所面临的疑难问题的心理困境中，学生要想摆脱这种处境，就必须进行创造性的思考活动，解决所遇到的问题，从而使自身的问题性思维获得发展。

问题情境是实现讨论学习的前提。有效的问题情境往往能激发学生强烈的问题意识和探究动机，引发学生进行积极讨论。众所周知，问题情境的设计是一项关系到讨论组织成败的重要工作。为了实现有意义的课堂讨论，教师必须把学生要学习的内容转化为问题情境。

教 学 案 例

意外的课堂讨论[①]

这节语文课上《布衣元帅》的第二课时。按照惯例，上课伊始我得听写词语。第一节课我已经带领孩子们初步感知了课文，找出了中心句，知道了文章是在赞扬徐向前元帅一生革命，功高盖世，却朴实无华、甘做人民公仆的高尚品质。这节课我将和孩子们一起围绕着"朴实无华"展开学习，所以，我决定第一个词语就报"朴实无华"，一来可以辨别"朴"和"仆"，二来正好可以出示板书。

正想说出口，我忽然灵光一闪：我今天穿着蓝灰色棉布风衣，又是素面朝天，不正是十足的"朴实无华"吗？何不换一种听写词语的方式呢？于是，我跨前一步，反剪着双手，站定，静止五秒钟，然后笑微微地说："开始写！"

---

① 王丽. 如何上好课：精彩教学案例集萃 [M]. 桂林：漓江出版社，2011：118-120. 本文略有改动。

孩子们不约而同地一怔，性急的孩子已叫出声来："金老师，你还没报呢！叫我们写啥呀？"我还是微微笑着："别急，瞪大眼睛观察，开动脑筋思考，肯定会有新发现。看谁最聪明！"

教室里一下子鸦雀无声。片刻的安静之后，有学生恍然大悟："我知道了！"我连忙把手指放在唇边："吁——先别说，别让人家听到你智慧的结晶。"

就在这一喊一吁间，很多同学都笑逐颜开了："我也知道了！""我也猜出来了！"

眼瞅着孩子们都信心十足地写好了词语，踌躇满志地等待我揭开谜底，我请一个孩子说出他的答案。那孩子张嘴就吐出一个词："布衣。"紧跟着是一阵迫不及待的附和声："对！布衣，布衣！"

"布衣"？！这跟我预想的词相差十万八千里呢！可是支持者却这么多，我一时蒙了，机械地"嗯？"了一声。

那孩子误以为我要他说理由，马上接过话茬儿："因为您今天穿的是件蓝灰色的棉布长风衣，就像第三个小故事中徐向前元帅穿的蓝布衣，所以我认为是'布衣'。"

说得还真有理！可我的"朴实无华"呢？难道就这样半途夭折了吗？我心有不甘，但一下子又想不出什么提示引导的语言，只好继续微笑着。

大概孩子们把我微笑的沉默当成了对刚才那个学生的否定，有个孩子怯怯地开口了："我觉得是'朴实无华'。瞧，金老师今天的穿着打扮，用'朴实无华'是最贴切了。"

一石激起千层浪，刚才被"布衣"的声浪压倒了的一族可就扬眉吐气了："对，对！'朴实无华'最贴切！""布衣"族们当然不服气，于是，教室炸开了锅："布衣！布衣！""朴实无华！朴实无华！"两种声浪此起彼伏。

很快，孩子们意识到这样喊下去无济于事，都不约而同地静下来，注视着我。

此时的我，已经想好了对应之策，故意慢条斯理地说："写'布衣'的同学是正确的。"说到这儿，我故意顿了顿。果然，"布衣"族们得意了："看，我们是对的，我们是对的！"

我又接着道："至于说'朴实无华'的同学，那就更厉害了，因为他们能透过一个人的外表去探索他的内心世界。"于是，教室里再次沸腾了："瞧，我们更能干！听到没有，老师说我们更能干呢！"更有甚者，捧着听写本子跑上讲台，一边给我看，一边喊："我两个都写了，我比你们都能干！"

我任由孩子们兴奋着。等他们稍稍平静，我说："同学们，学语文也好，学数学也好，做其他事情也好，我们都应该独立思考，不能人云亦云。只要有充分的依据证明论点，那就是好的。很多时候，答案并不是唯一的！"

那天的语文课，上得分外成功，孩子们那活跃的思维，也感染和激活了我的情绪，我们一起度过了快乐的四十分钟。

课后，孩子们纷纷对我说："老师，这样的听写太有趣了，以后你再多几次这样的听写。""老师，这堂课简直是种享受，我太喜欢了！""老师，真没想到两个答案都是正确的，以前我总以为一个问题只有一个正确答案。"

在上述案例中，由于教师的正确引导，学生的问题意识被激活，形成了基于问题的学习任务，展开了提出问题、分析问题、解决问题等一系列学习活动。教师的引导促进了问题与学生原有经验之间的联系，激活了学生用现有的经验去"同化"或"顺应"学习活动中的新知识，并赋予新知识以个体意义，实现认知结构的改组或重建。可见，一个好的问题情境往往能有效地激起学生的讨论兴趣，还能促使学生的情感、态度、价值观的发展。

问题情境可以激活学生的生活经验，引发学生的探究欲望，具备趣味性、探索性、可接受性、障碍性等特征。这样的问题情境才能引发学生的讨论兴趣，让学生经历体验、探索的过程，实现知识的真正内化。当然，通过问题情境呈现的论题，难度要适中，太难学生觉得高不可攀，容易打击他们的自信心；太容易缺乏挑战性，无法激起他们的讨论兴趣和欲望。另外，教师要将问题隐藏在情境中，形成悬念，让学生在情境中发现问题，引发探讨兴趣。

在组织讨论中，教师常常会遇到这样的困惑：辛辛苦苦设计了问题情境，却达不到预想的效果。为保证问题情境的有效性，在创设问题情境时，教师要考虑到学习者的特征和客观现实的条件。

（一）问题情境创设原则

1. 明确的目的性

问题情境的创设必须具有明确的目的性，必须围绕教学内容、学习任务来创设。有效的问题情境将有利于教学目标的实现，有利于学生更好地认识、体验、理解和运用所学知识。教师要明确问题情境创设的目的和作用，要确保创设的情境可以较快地进入学习主题，且能在最短的时间内让学生在情境中发现问题，进行讨论，获得体验。

2. 尊重个体差异

不同年龄段的个体，他们的兴趣和爱好也是有差异的。对于问题情境的创设，教师要充分尊重个体差异，尽量考虑不同年龄阶段学生的心理特征，依据他们心理发展的特点创设问题情境。此外，问题情境的创设要有针对性，即要针对学生认知特点而设，问题难度要符合学生思维发展的特点，由浅入深，由易到难，层层递进。

3. 选取情境素材

在进行问题情境创设时，"原始的真实"的时间和空间常常是课堂所无法容纳的。如果只是简单地把"原始的真实"直接搬到课堂中，有时是不可行的。这就需要教师从教与学的角度考虑，对"原始的真实"进行提取、重组、加工，以构建"艺术的真实"。一般情况下，对于情境创设素材的选取，最好是就地取材，为学生所喜闻乐见，容易激发学生的讨论兴趣。

4. 创设良好的情境

一个良好的问题情境，不仅应该包含促进学生智力发展的知识内容，帮助学生建构良好的认知结构，还应蕴含促进学生非智力品质发展的情感内容和实践内容，能营造促进学生全面发展的心理环境、群体环境和实践环境。良好情境的创设不应仅仅满足于某一方面的需要，而应满足多方面的需要，同时为情感教学、认知教学和行为教学等服务。

（二）问题情境创设类型

在课堂讨论中，我们可以创设哪些类型的问题情境？

1. 悬念式问题情境

悬念是一种学习心理机制，它是由学生对所讨论对象感到疑惑不解而又想解决疑惑时产生的一种心理状态，它对大脑皮层有强烈而持续的刺激作用，可以使学生一时既猜不透、想不通，又丢不开、放不下。悬念式问题情境的创设，既能激发学生的讨论兴趣，开启学生的思路，活跃学生的思维，丰富学生的想象，加强学生的记忆，又有利于学生在紧张又愉快的氛围中获取新知，发展智力。

2. 质疑式问题情境

疑问是发现问题的信号，解决问题的前提，形成创新思维的起点。有了疑问，学生就不再依赖于既有的方法和答案，不再轻易认同别人的观点。疑问让他们敢于摆脱习惯、权威的影响，打破思维定式的束缚，敢于用一种新颖的、充满睿智的眼光来讨论问题，力求通过自己的独立思考和判断发现新问题并提出自己的独特见解。质疑式问题情境的设计，可以使学生的讨论变"被动接受"为"主动探讨"，而且这种质疑式问题情境对学生质疑精神的培养以及学生的情感、态度、意志等方面的发展都具有积极的促进作用。

3. 递进式问题情境

人类认识事物的过程是一个由易到难、由简单到复杂的循序渐进的过程。在讨论中，对于一些具有一定深度和难度的内容，学生一时难以理解，教师可以采用化整为零、化难为易的办法，把一些太难的问题设计成一组有层次、有梯度的问题，以降低问题的难度。创设递进式问题情境要注意把握一个"度"，教师必须针对学生心理发展水平和知识的形成发展过程，合理有序、由易到难、层层递进地进行设计，由浅入深地促进学生思维的发展。

4. 开放式问题情境

开放性问题是一种探究性问题，它要求学生善于从多方位、多角度分析，打破常规寻找新的解决问题的途径。开放式问题情境能很好地启发学生的思维，培养学生的创新能力。它使学生完成由学会到会学的转变，帮助学生发现问题、分析问题、解决问题，形成积极探讨的态度，建构知识意义和应用知识解决问题。开放式问题情境的设计能促进学生自主地、能动地实现课堂讨论的再创造。

5. 观察式问题情境

敏锐的观察是创造性思维的起步器。在观察前，教师要给学生提出明确而具体的目的、任务和要求。在观察中，教师要及时给予指导，比如，指导学生根据观察对象的特征有序地进行观察，指导学生选择适当的观察方法，指导学生及时对观察结果进行分析总结等。创设观察式问题情境，应科学地运用直观教具以及现代教学技术设备作为辅助工具，帮助学生深入观察、讨论问题，培养学生的观察能力。

问题情境使学生由被动接受者变为自主探究者，使他们获得更多自主探讨的空间和学习主动权。教师创设问题情境，学生得以独立地提出问题、分析问题、解决问题，在主动探讨过程中掌握新知，培养创新能力，在小组讨论中学会与人合作，学会与人交往。

三、在讨论中激发学生的竞争意识

竞争意识是现代人的重要素质之一，也是现代社会的一个突出特点。教育的目的在于培养人，使受教育者不断提高自我、超越自我，并健康地成长。要实现这一目标，关键是要培养学生的自信心、竞争意识、竞争能力和合作精神。

教学案例

竞争式课堂教学法①

在教学中，邓老师为学生打造出一种新型的教学方法，即把竞争机制引入课堂教学的竞争式教学法。这种教学法力图通过拨动学生心底那根好胜之弦，激发他们积极主动的意识，进而竭尽全力地表现自己、争取更好的成绩。

讲授《古代先进的科技》这一课时，邓老师先让同学们在课前好好预习。正式上课后，邓老师说："同学们，上节课我已经告诉大家好好预习这节课的内容了。现在，我要检查一下大家的预习效果。至于具体方式，我想大家都看过《幸运 52》吧？"

学生纷纷点头，还有的学生回答："看过！我每周都看！"

"好的！我今天的检查方式就类似于那个节目。我提问，你们回答，题型全部为抢答题。我念完，同学们就举手，谁举得快，就由谁回答！回答正确的，就加 10 分。举手快但是答错的，不得分。最后，根据得分情况，评选前三甲，我将颁发奖品。"

当邓老师宣布完答题规则后，班级气氛一下子活跃起来。

而此时，班里学习成绩比较差的小杰同学说："糟糕了！我昨天只看了一半，今天肯定没分得了！不过，我以后得认真学习了，否则 1 分不得，多丢人啊！"

---

① 佚名. 在竞争中激发学生的好胜心［EB/OL］.［2013-07-15］. http://nacsq. blog. 163. com/blog/static/40656435200931411130585561.

邓老师一听，高兴地说："不错！小杰这样想很好，因为我正打算以后多用这种方式上课呢！"

说到这里，邓老师又想起了什么："对了！同学们，这次答题时，还有另外一个要求，就是请大家不要翻书看课本内容，我要大家靠自己对课本内容的理解来回答问题。同学们，这一点可以做到吗？"

"可以！"同学们异口同声地回答。

"那好！现在请大家把课本合上，准备答题。第一个问题：我国古代的四大发明有哪些呢？开始抢答！"

邓老师的话音刚落，就有七八个学生先后举起了手。看着大家踊跃举手的样子，邓老师说："大家表现得不错，说明课下都认真预习了！那好，请第一个举手的小芳回答。"

小芳骄傲地站起来，说："有造纸、印刷、指南针和火药，回答完毕！"

邓老师说："回答得不错！加 10 分！"

"第二个问题：请同学们回忆一下在造纸术出现以前，我们的文字都曾经出现在什么地方呢？"

这个问题有点难度，所以举手的只有几个平时学习特别好的。第一个举手的是历史课代表小凤。

"出现在兽骨、竹简上。"

"好！小凤回答正确，给他加 10 分。现在，第三道题是：那么，同学们你们认为可以用作书写材料的有哪些呢？"

这次第一个举手的居然是小杰："老师，我昨天没好好预习，但是这个问题我知道怎么回答！有帛和竹简。"

大家一听小杰的答案，都会心地笑了。

"小杰，回答得很好！另外，我还非常高兴，因为你认识到了自己的缺点，我相信你会改正的。"

接下来，邓老师又问了"西汉前期被发现的书写材料是什么？"和"你认为麻纸作为书写材料它能够广泛地推广吗？"等 20 多个问题，大家回答得都很认真，有些同学没有回答好，但是也被其他的同学补充完整了。

离下课还有五分钟了，邓老师拿着本子说："现在，我们可以点评了。根据得分情况，这节课的冠军得主是我们班的'万事通'小灵，亚军是小凤，季军是小旭，他们的奖品是我个人出资购买的贺卡，写有我个人签名哦！"

就这样，在以后的课堂中，邓老师经常在合适的时机采用竞争教学法，学生的学习积极性被这种方法调动起来了，都争先恐后地回答问题，课堂气氛十分热烈。

在上述案例中，邓老师结合自身的特色，通过竞争式讨论教学，使学生争先恐后地参与到讨论中来。竞争式课堂教学方式改变了传统的"满堂灌"教学方式，它不仅着眼于课堂知识的掌握和技能的训练，更注重学生能力的开发和思维的拓展；注重激发学生的兴趣，让学生围绕学习目标积极主动地解决问题。这种教学方式使学生学有所得、学有所乐，从而能够全面提高学生学习数学的兴趣和质量。

在讨论过程中，教师可以适当地渗透竞争意识、培养学生"我能行"的自信心，使学生树立公平竞争的观念，帮助他们拓宽竞争渠道。作为教师，要教育学生敢于竞争、善于竞争，以使他们的心理更健全、人格更完善、素质更全面，这样才能更好地适应时代发展的需要。

那么，如何在课堂讨论中渗透竞争意识、培养竞争意识呢？

（一）在辩论比赛中达成讨论学习的目标

辩论赛的核心是"辩"，人的思维能力和竞争智慧可以在激烈的辩论中得到发展。在课堂教学中，教师可通过课堂即席辩论来达成讨论学习的目标。辩题的确定是顺利进行辩论赛活动的基本前提。辩题既可以由教师确定，也可以由学生选定。一般情况下，由于教学时间有限，为节省时间，辩题通常由教师来确定，或者是教师提出多个辩题，学生选择其中之一。

那么，该如何确定辩题呢？

1. 根据教学内容

根据教学的进展情况，结合教学内容或者教学重难点确定辩题。这样既有助于突出教学重点、突破教学难点，也有利于达成学习目标，深化学习内容。

2. 根据学习兴趣

尽量使辩题与学生的学习兴趣紧密相连。辩论是一种极富挑战性的学习活动，它本身对学生就有一定的吸引力，如果教师将辩题的内容与学生的兴趣点结合在一起，将会更大程度地促进学习目标的达成。

3. 根据认知程度

教师要保证辩题的可辩性，注意辩题的难度要适中，要充分考虑学生的思维发展特点以及学生的知识储备，使确定的辩题符合学生逻辑思维和辩证思维的发展特点。

（二）在互相合作中达成讨论学习的目标

在课堂讨论中，开展合作学习并不意味着否定竞争学习的价值，恰恰相反，通过竞争可以促进合作。合作就是人与人、群体与群体之间为达到共同目的、彼此相互配合的一种联合行动、方式。合作学习是一种以学生为中心，以小组为形式，为了共同的学习目标，相互促进、共同提高的一种学习方式和教学策略。合作的过程也是交流的过程，学生在合作中互通信息，交流情感；在合作中解决问题，增强自信心；在合作中实现共同的目标，获得共同的进步。在课堂讨论中，师生通过合作方式共同协商，一起交流，解决问题，达成学习目标。

（三）在问题竞答中达成讨论学习的目标

问题意识是科学研究的前提，是促进学生成长的重要载体，更是衡量学生竞争意识与竞争能力的重要标准。在课堂讨论中，教师应有意识地培养学生的问题意识。当然，教师本身要有问题意识，善于发问，善于引导。教师以问题竞答的方式进行课堂讨论，旨在激发学生的问题意识。问题竞答形式多样，比如师问生答、生问生答、生问师答、师问师生共答、生问师生共答等，促使学生不断提出问题，于无疑处生疑，敢于挑战权威，培养学生的问题意识，促进其思维发展。

（四）在挫折体验中达成讨论学习的目标

激烈的竞争始终遵循着优胜劣汰的规律。面对竞争的挫折，只有百折不挠、永不放弃，才有希望到达胜利的彼岸。讨论本身就是一种竞争，有胜利，也有挫折。胜利固然可喜，但挫折并非坏事。面对挫折，教师可以不失时机地帮助学生分析原因，寻找对策；并引导学生正确对待挫折，以积极的态度面对挫折，防止学生在挫折面前心灰意冷、丧失信心、停滞不前，甚至产生新的心理问题，影响学生的健康成长。

教师在渗透竞争意识的课堂讨论中，要面向全体学生，从教学实际出发，务求实效，力求高效；要防止搞形式主义，一味追求所谓的"竞争"形式多样化；要重视学生的个性，坚持一切从学生的实际出发，坚持选择贴近学生实际的辩题，促进学生创新思维的发展。

第二节　借助网络：拓展课堂时空

讨论除了发生于课堂外，还可以延伸至网络，通过利用互联网技术拓展课堂时空，辅助讨论学习。相对于传统的课堂讨论，借助网络的课堂讨论可以享有更丰富的学习资源、更宽阔的言论时空，更大程度上给予学生讨论的自由。

一、网络讨论学习的本质

网络讨论学习，主要是指通过计算机网络进行的一种学习活动，它利用互联网络技术来支持远程学习者以合作的方式进行学习，使教师与学生、学生与学生在合作的基础上，对一些共同问题进行讨论，以获得最大化的个人和小组学习成果。网络讨论学习，强调通过网络平台支持师生之间、生生之间的交互活动，克服时空局限。这种网络讨论学习有利于学生形成良好的学习态度、合作精神和人际关系，从而提高学生认知领域的高层次技能。

（一）网络讨论学习的结构类型

网络讨论学习的结构一般分成三大类：人际交流、信息收集和分析、问题解决活动。人际交流活动鼓励学生讨论和互动，可以是个体与个体之间、个体与团体之间，或者团体与团体之间，它主要通过电子网络的方式进行。信息收集和分析活动强调学生自己收集、整理并对有趣信息进行分类，目的在于教会学生如何开展研究和分析数据。问题解决活动着重促进学生的批判性思维能力、协作工作和基于问题的学习能力的发展。

一般而言，不同结构类型的学习讨论要求参与者技能水平不一，较为常用的是人际交流，其次是信息收集和分析，难度较大的是问题解决活动，这种类型的活动结构很多时候需要综合运用人际交往能力和数据收集与分析能力。

（二）网络讨论学习的基本要素

网络讨论学习由四个基本要素组成，即讨论小组、辅导老师、资源库、讨论学习环境。

1. 讨论小组

讨论小组是网络讨论学习活动的基本组成要素。讨论小组可以是自发组成的，这种小组组成方式的特点是结构比较松散，如网上围绕某一门科目而形成的学习小组。讨论小组也可以是由教师按一定的标准组织而成的团体，这种小组组成方式需要进行定期讨论，以考核学习结果。

2. 辅导教师

辅导教师可以是专职教师，也可以是某一方面的专家，负责组织讨论，评价讨论成果，监控讨论学习的过程，并且在学生无法通过讨论达到学习目标时给予有效的指导。总之，在网络讨论学习中，辅导教师是合作的组织者、指导者，是讨论的帮助者、促进者。

3. 资源库

网络讨论学习强调学习者的主动探究和亲身体验，这离不开资源库的支持。资源库主要包括多媒体素材库、课件库、案例库、题库、虚拟图书馆等。

4. 讨论学习的环境

讨论学习的开展需要有一定的环境，在网络中构建的讨论环境包括硬件环境和软件环境。硬件环境是讨论学习需要的硬件条件，具体指网络及多媒体设备；软件环境是指讨论小组的结构，包括小组划分、成员职责分配，以及讨论活动展开需要的条件，如讨论环境、文件传输界面等。

（三）网络讨论学习的活动评价

网络讨论学习的活动评价与课堂讨论评价不同，它主张采用自我参照标准，引导学生对自己在讨论学习中的各种表现进行"自我反思性评价"。网络讨论学习的活动评价强调师生之间、学生同伴之间对彼此的个性化表现进行相互评定、相互鉴赏。网络讨论学习的活动评价强调多元价值取向和多元标准，在肯定学生与世界交往的多元方式的同时，更重视对学生活动过程的评价，而不仅仅只局限于他们最终得出的结论。

二、网络讨论学习的特点

网络讨论学习强调任务驱动性、情境性、开放性。它往往围绕具有一定挑战性的主题展开，主题的选定往往来自真实环境，依托某一学科理论，并在活动过程中体现多学科交叉的思想。

在网络讨论学习中，学生要先经历亲自调研、查阅文献、收集资料、分析研究、撰写论文等环节，然后才能进行小组或集体讨论，将学到的理论知识和现实生活中的实际问题紧密结合，这样才能得到综合训练和提高。它以杜威的"从做中学"为理论基础，是一种强调主动探究和创新实践的教学模式。网络讨论学习具有特定的讨论主题，讨论主题源于生活，强调探讨的实践性和强调讨论的协作性等特点。

（一）特定的讨论主题

特定的讨论主题旨在把学生融入有意义的任务完成过程中，让学生积极主动地投入学习，自主地进行知识建构，培养学生的探究精神。特定的讨论主题必须有一个特定的项目讨论主题，以保证讨论学习活动的有效性。学生围绕特定的项目讨论主题展开探讨，在活动中建构新的知识体系，掌握相关的技能。

（二）讨论主题源于生活

讨论主题是源于现实生活和真实情境中的各种复杂的、非预测性的、多学科知识交叉的问题。由于讨论主题是从现实生活中的一些真实问题中确定的，因而非常值得学生进行深度探讨。讨论主题主要由内容、活动、情境和结果四大要素组成，通常是跨学科的，融合了多门学科知识，充分体现了多学科交叉的特点。因此，在讨论过程中学生需要运用多门学科的知识进行学习，如果只是单纯地依靠某一门学科知识，将难以完成讨论任务。

（三）强调探讨的实践性

讨论活动十分强调活动的实践性，它不是对学生进行纯理论的书本知识的传授，而是比较注重让学生自己动手实践和体验。学生在实践中体验、学习新知识，在实践中提高获取信息、加工信息和处理信息的能力。这种重视学生实践能力的讨论活动比较强调培养学生的动手能力，对学生来说具有一定的挑战性。在讨论学习过程中，学生会遇到一些具有一定困难的问题，为了解决困难，学生需要积极投入其中，搜集资料，分析资料，为讨论进行充分的准备。

（四）强调讨论的协作性

讨论活动以学生为中心，学生是整个讨论学习活动的主角，教师则扮演促进者和引导者的角色，指导学生深入讨论学习。讨论活动强调彼此的相互协作，相关学科教师、全体学生、有关部门机构共同组成一个学习共同体，形成一种密切合作的关系，为完成讨论任务而共同努力。

三、网络讨论学习的意义

（一）提高讨论学习的趣味性

与传统的课堂讨论学习相比，网络讨论学习更具趣味性。在传统的课堂中，教师主要依赖粉笔、黑板等工具实施教学，教学内容枯燥，教学过程单一，这种以说教传授知识的模式没有多少趣味性可言，也难以激发学生的讨论欲望和兴趣，讨论效率自然低下。以网络为载体开展的讨论方式，改变了只依赖粉笔、黑板进行简单说教的方式，采用先进的三维人机交互界面，将信息接受、表达、传播相结合，引进动画、图形、影像、声音等多种信息媒体辅助学生讨论学习。学习者在讨论学习过程中，可以将自身与网络所表达和传播的对象化成果进行对比，从而获得一种成就感和自豪感，并最终提高学生讨论学习的兴趣。同时，学习者通过网络使自身的临场感更为强烈，从而在讨论学习时达到一种"不亦乐乎"的迷恋状态。

（二）增强师生间的交互

网络让人类的生活更加便利和丰富，让人类能够更便捷地获取信息。它提供了 QQ、E-mail、电子传真、MSN 等多种形式的网络沟通工具，以便于人们沟通和交流。以网络为载体的网络讨论学习，借助网络便利的沟通交流优势增强了师生、生生间的交互。在传统的课堂教学中，由于时间的限制，大部分教师很难做到与每个学生进行沟通交流，也有些学生由于羞怯、畏惧等心理，不敢与教师进行面对面的交谈，因而导致师生间的交流较少，最终影响教学质量的提高以及师生情谊的加强。互联网轻而易举地克服了传统课堂教学的缺点，学习者不仅可以从网上下载教师的讲义、作业和其他有关的参考资料，而且可以借助网络沟通工具与同学讨论课堂上学到的知识，与老师做进一步的探讨，以便深化学习，增进情谊。

（三）打破学习的时空界限

网络讨论学习代表着一种新的学习方式，它打破了学习的时空界限。传统的课堂学习在时间上受限，学习空间狭小，因而讨论往往难以深入。网络学习时代的到来打破了这一局限，它使教学信息的传递不再受时空限制。学生可以根据个人实际情况安排学习时间和学习进度，学习内容也不再局限于课本知识，而是学生个人根据自身接受知识能力和兴趣爱好有选择地涉猎其他领域的知识。

四、网络讨论学习的策略

（一）以培养学生的创新能力和合作能力为出发点

网络讨论学习要以培养学生的创新能力和合作能力为出发点，这是它与传统学习的最大区别。传统学习强调知识的系统性，强调操作技能的训练；讨论学习则重点强调学生的创新能力和合作交流能力。因此，在网络讨论学习中，我们可以以培养学生的创新能力和合作能力为出发点，通过借助网络丰富的信息开拓学生的视野，启发他们的发散性思维，为他们提供多样化的探究方式，让学生通过合作进行情境体验，完成信息资料的收集整理、分析整合、验证反思，最终达到自主构建。

（二）充分利用多种交互工具

网络讨论小组既是一个认知系统，也是分散的个体，因此，合作成员间交互合作水平的高低对讨论学习有很大影响。网上讨论可以通过计算机媒体的交互工具来实现，比如通过 QQ、博客、BBS、E-mail 等。随着多媒体网络的发展，这种间接交互可以拥有试听形象和符号系统通道，它使得合作成员之间的交互可以显现面对面、文字、图像以及视频媒体和程序软件等特点，具有面对面交互所无法达到的效果。

1. 创建多维交互通道

在面对面的交互中，合作者在同一个立体空间，分享同一个交互通道，因此，学习者必须按顺序发言，共同协调对共享通道的使用权。利用计算机网络创建多维的交互通道（多个私有交互通道之间并不互相干扰），这种多维交互通道的创建，不但为处于不同地理空间的合作者实现同步讨论、异步讨论提供了条件，而且能使学习者以非顺序的方式发言，不会由于同时发言而影响他们的行为观点。

2. 利用多媒体信息

多媒体作为一种人机交互式信息交流和传播媒体，主要包括文字、图片、照片、声音、动画和影片，具有程式所提供的互动功能。在网络讨论活动中，我们可以充分利用多媒体的功能辅助讨论活动，并有效运用它蕴含的丰富的多媒体信息。丰富的多媒体信息可以帮助合作者更好地创建有意义的情境，帮助他们组织自己的见解、观点，增强他们对知识的运用能力和反思能力。

3. 实现高效交互效果

在以计算机为媒介的交互中，学习者在交互时可以隐藏一些不重要的信息，将关注的焦点从内容的效果转到内容本身上来，让学习者可以充分地讨论，甚至争论、辩论，使得学习者能从不同角度与层面构建知识意义，实现高效的交互效果。

网络平台可分为同步交互和异步交互两类。讨论者利用同步交互来进行实时的交流，主要是用在线交谈、在线聊天系统实现，如 QQ、网络聊天室等。这类的网络平台给人思考、分析问题的时间较短，且交流的话语都是简短的语句。异步交互可以给讨论者足够长的时间对问题进行思考，讨论者在这类的网络平台下，一般都是以文章的形式发言，对问题的探讨比较深入全面，可用电子公告板、E-mail 来实现。在网络平台中，讨论成员是不可见的，因而缺少面对面交流时共享的立体空间以及一些有效的非语言交互，这使得他们的交互具有间接性、片面性的特点，在调动学习者情感、思维、感官全身心投入方面存在缺陷。

（三）精心创设合作情境

讨论学习的开展必须有一定的情境。虽然信息技术环境，尤其是网络环境的发展，为讨论学习提供了良好的条件，但要充分发挥讨论学习在教学中的作用，还必须对讨论情境进行精心设计。良好的讨论情境有利于提高讨论学习的效率，讨论小组在精心创设的讨论情境中针对讨论学习目标完成对信息的收集、整理、分析，最终达到主动构建、培养解决问题能力的目的。情境创设具有一个突出特点：情境是为讨论小组共同学习服务的，而非独立的、隔离个人化的情境。因此，情境的创设过程主要包括：由学习的主题确定讨论小组要完成的特定任务、特定任务中的角色分配、参加讨论学习的人数、所依据的学习理论以及为完成合作任务所需要的各种基本工具、材料、活动空间的描述等。

（四）积极促进教师角色的转变

技术上的支持与讨论环境的建立并不能必然地产生讨论与交流并使之持续下去，网络讨论学习使学生具有更多选择权和主动权，但学习者往往由于经验少、意志力薄弱等缘故，容易在网络世界中迷失自我。这就需要教师对学习者的学习过程进行良好的组织与管理，帮助学习者最大限度地利用自身的认知资源和知识储备，做出正确的决策。教师要掌握的不仅仅是教学内容的逻辑序列和目标的合理安排，更多的是学生讨论的情况、学生学习的进程以及讨论的规划设计。在网络讨论学习中，虽然学生的地位和自由度提高了、自主性增强了，但这并不意味着教师地位的降低。相反，教师的作用越来越突出。

（五）重视合作过程中的交流与成果评价

网络具有传递信息的功能，它既是一种学习工具，也是一种交流中介，可以为学习者之间、学习者与教师间提供交流观点、看法和思想的机会。学生和教师的讨论可以通过网络实现"充分对话"，且网络可以促进学生的合作互助，这是网络讨论学习得以实现的基础。

网络讨论学习重视成果评价。评价成果旨在提高学生的合作水平与探究能力。评价成果需要注意将自我评价与他人评价、个人评价与小组评价相结合，评价的方式以形成性评价为主，重点评价学习者知识构建的具体情况。

五、网络讨论学习的不足

网络讨论学习的作用不容忽视，但由于网络本身有一定缺陷，这就使得网络讨论学习也存在不足。网络具有大量的信息，信息的可信度和质量是有待推敲的，若不加辨别地利用网络信息，学生容易被误导，接收错误的信息。通过网络获取信息并不是学习的主要目的，如何把信息转化为知识，使学习者能够消化、理解信息并使其具有意义才是学习的真正目的。

在网络讨论学习中，教师要善于进行网际的自我调适：一是自我选择，使自我成为信息收集和虚拟生活的主人，不能被信息所淹没或沉溺于虚拟生活不能自拔；二是适度节制，使信息收集量控制在自己的处理能力之内，使虚拟生活仅作为生活的一部分，杜绝其对真实生活的侵蚀；三是虚实协调，使虚拟生活成为改善学习、改善真实生活质量的一种有益补充。

我们不能把单纯的技术应用误认为目标，不能忽视技术与课程的整合，忽视网络学习的真正力量。我们要把促进学生学习作为最终目标，研究在教学中怎样才能更有效地使用技术，以此来思考、实验、发展和完善新的教学理论和教学策略。

第三节　实战案例：如何选择讨论方式

一、实战案例

《让学生也来当"数学家"》（节选）①

那天，在五（7）班教室，将学习《能被 3 整除的数的特征》，事先我没有通知学生预习。

上课铃响后，在复习了能被 2、5 整除的数的特征后，我正准备像五（8）班上课时那样，和学生们做报数游戏，以便引出课题，并在半扶半放的形式下完成新课。没等我开口，性急的生 1 便说："老师，今天是不是学'能被 3 整除的数的特征'？我知道能被 3 整除的数的特征。那就是个位上是 3、6、9 的数都能被 3 整除。"

生 1 话音刚落，生 2 马上反驳："不对，13 的个位上是 3，可 13 不能被 3 整除。"

顿时，学生们议论纷纷，教室里像炸开了锅。一阵讨论过后，生 3 说："我也觉得生 1 的说法不对。26、46、56、76、86 的个位上都是 6，可这些数都不能被 3 整除；19、29、49、59、79、89 的个位上都是 9，这些数字也不能被 3 整除。"

生 4 接着说："我还发现像 21、12、24、45、57、78 这些数的个位上都不是 3、6 或 9，但这些数都能被 3 整除。"

这时，我发现自己不能再按照原先的教学设计上课了，于是我放弃了自己的计划，顺着学生的思路说："看来，一个数能否被 3 整除跟这个数个位上

①　董利民. 让学生也来当"数学家"［M］//邹塘铨. 课堂新探索：课堂教学实例评析. 杭州：浙江教育出版社，2004：108－110。略有删节。

的数字没有关系。那么，到底跟什么有关？请每个同学都写出几个能被3整除的数，来研究一下。可以独立研究，也可以和同学讨论。"

学生马上行动起来，有的学生在跟小组内的伙伴一起探讨，有的在独自沉思。大约过了5分钟，生5说："我发现一个数能不能被3整除，与一个数字在哪个位置上无关。我写了12、45、36三个数，这三个数都能被3整除，把这三个数的个位上的数字与十位上的数字调一下位置，得到21、54和63，这三个数也都能被3整除。"

生6说："我们组也发现了这一点，只是还找不到能被3整除的数的特征到底跟什么有关。"

探究似乎到了山穷水尽的地步，学生们有些泄气了，显得一筹莫展。我怎能让学生们半途而废呢？我便鼓励道："大家别灰心。其实大家都很了不起，我们不是已经发现了一个数能不能被3整除，与这个数的个位无关吗？这很不简单哪！你们知道吗？数学家们在研究这个问题时，也和我们有同样的发现呢。现在我们离目标已经不远了，可以换个角度去考虑考虑，相信会柳暗花明的！"

听着我鼓励的话，望着我信任的眼睛，学生们又开始了新的探索。不一会儿，我发现一个平时不善言语的学生生7举了举手，又很快放下了。我连忙叫他："生7，你发现什么了？"

生7犹豫地说："我发现我写的78、12、15、18这几个数个位上的数字与十位上的数字的和是3的倍数，是不是和这个有关呢？我还不能确定。"

我欣喜地拍拍生7的肩膀，对学生们说："同学们，生7发现能被3整除的数的十位上的数字与个位上的数字的和是3的倍数，可他还不能肯定到底对不对，大家一起帮他验证一下，好吗？"

"好！"随着异口同声的一声喊，学生们这边一组，那边一群，纷纷拿自己的数据去验证生7的发现。一会儿，一只只小手兴奋地举了起来，一张张脸上洋溢着激动的笑容。

"我写的数是15，1加5等于6，6是3的倍数。"

"我写的数是36，3加6等于9，9是3的倍数。"

"我写的数是48，4加8等于12，12是3的倍数。"

……

课堂讨论：高效课堂的思维激荡

学生们大声又激动地汇报着自己的验证结果。

我被他们的情绪感染了，跷起大拇指说："同学们，你们真伟大，发现了一个又一个新的规律。可是你们刚才写的都是两位数，在三位数、四位数、五位数，甚至更多位数的数中，这个规律也同样存在吗？"

学生们立刻安静了下来，都在纸上写着一个个三位以上的数，并把各个数位上的数字相加，验证刚才的规律。

性急的生1又忍不住了，说："我写的512472，所有数位上的数字的和是21，是3的倍数，并且我用512472除以3等于170824，能够整除，所以我认为刚才的规律是对的。"

几个与生1一样性急的学生在下面叫道："我也对的！我也对的！"

有"辩论家"之称的生4慢条斯理地说："我能从反面来证明刚才生7说的规律是正确的。我写的98765，除以3得32921余2，不能被3整除，而98765各个数位上的数字的和是35，不是3的倍数。所以我认为一个数，如果它的各个数位上的数字的和能被3整除，那么这个数就肯定能被3整除。"

又有几个学生也像生4那样从反面来证明这个结论。

这时，我又问："你能不能找到这样一个数，它能被3整除，但它的各个数位上的数字之和不是3的倍数？"

同学们又埋头算起来，不多久，相继摇摇头，并相互询问周围同学的结论，接着不约而同地、自信地说："找不到。"

至此，全班同学都认同了这一结论。

我趁机又说："何不打开课本看看数学家的结论是怎样的？"

学生们怀着忐忑不安的心情打开课本，马上欢呼起来："耶！我们的结论和数学家的一模一样！我们成功喽！"

二、实战经验

课堂讨论是发挥学生自主性，并使学生最大限度地参与课堂教学的一个重要策略。在课堂上，教师有效地组织学生开展讨论，可以使学生受到启迪，促进他们思维和智力的发展。但在教学实践中，什么时候开展讨论活动，哪些问题比较适合讨论，许多教师还是比较茫然的。课堂讨论不是越多越好，它讲究时机，强调对象，突出目标。教师在教学过程中要关注动态生成，把握契机，引出讨论主题，以便有效促进学生开展讨论活动。

（一）关注动态生成，巧设问题

在教学过程中，学生的认知水平与教师的教学设计不一致，甚至相悖，这是常见的。作为教师，应该因势利导，将其变为推动教学的生成资源，通过引导讨论，有效解决问题。董利民老师不是既定教案的僵硬执行者，他十分关注教学的动态生成，能够根据教学实际情况及时调整教学思路。上课伊始，学生就提到了要学的知识，并发表个人看法，表现出了极大的学习兴趣。这本不是教学设计的内容，但是教师依据学生的认知需要，顺着学生的思路，围绕教学目标，充分利用生成巧设问题，开展课堂讨论，较好地完成了既定学习任务。

（二）把握教学契机，循循善导

课堂教学是动态的，对于课堂上随机出现的一些现象和问题，教师要充分运用教学机智，及时调整教学活动，选择有效的生成资源组织学生展开讨论。案例中的董利民老师善于把握教学契机，巧设问题，组织和引导学生对所学的知识进行讨论（探究、判断和验证），把学习时间和空间交给学生，让学生真正成为参与学习的主人。对于"能被3整除的数的特征"的讨论，教师不断提出问题："一个数能否被3整除跟这个数的个位上的数字没有关系，那么，到底和什么有关呢？""大家都很了不起，我们不是已经发现了一个数字能不能被3整除，与这个数的个位上的数字无关，也跟一个数在哪个数位上无关吗？""能不能找到这样一个数，它能被3整除，但它的各个数位上的数字之和不是3的倍数？"……教师以问题循序渐进地引导学生对讨论主题做进一步探讨，这不仅提高了学生参与讨论的积极性，激发了他们的讨论热情，而且在讨论的情境中深化了学生对所学内容的理解，提高了课堂学习的效果。

（三）适时解疑释惑，分析总结

全体学生是参与学习的主人，他们围绕"能被3整除的数的特征"这一论题，通过自己用数据举例、探究和验证，解决问题。在教师适时引导和激励下，一步步地提出问题，深入探究、解决问题，经历类似科学家进行科学研究的过程，以至于感到当了一回"数学家"，体验到了成功的喜悦。董利民老师有着高度的教学机智和调控课堂的能力，他针对教学目标，由浅入深地以问题启发学生的思维，适时地帮助学生解疑释惑，引导他们自觉主动探讨，解答疑难问题，消除困惑情绪。在讨论结束后，教师针对学生讨论的问题进一步分析总结，这种做法既深化了学生对"能被3整除的数的特征"的认识，又强化了对教学重点的把握，达成了教学目标，真正实现了课堂讨论的目的。

三、实践策略

随着新课程改革"自主、合作、探究"理念的提出，课堂讨论作为一种教学方式，日渐成为人们评价一堂课是否符合新课程理念的重要纬度之一。关注和有效运用课堂讨论，可以使我们的课堂更加开放而富有活力。

（一）讨论前，优化主题，明确讨论目的

"直用课堂：现场充分探究"这种讨论形式主要指向课堂讨论，是教师为实现教学目标而开展的课堂讨论活动。在讨论前，教师需要确定讨论主题，明确讨论的目的。一般情况下，教师可以根据学生的认知发展水平和教学目的初步确定讨论的主题。主题的确定并不意味着大功告成，为保证讨论活动的有效性，教师要充分综合各方面的因素，优化讨论主题。优化讨论主题，目的是让学生的讨论更具积极性，主动发现问题，深入解决问题。在充分考虑学生已有的知识和经验的基础上，教师要对讨论主题提出具体的要求，指导学生搜集有关资料，为讨论活动的顺利开展打下基础。教师要明确课堂讨论的目的，依据讨论的主题和任务的难易选择合理的讨论形式，以完成讨论任务。

（二）讨论中，启发学生，发挥教师作用

在课堂教学中，教师要以学生为主，有计划、有步骤、有目的地围绕某一主题或教学目标开展课堂讨论活动，使学生各抒己见，相互讨论，相互启发。讨论活动的开展，表面上是"压缩"了教师的空间，但实际上，它对教师提出了更高的要求，赋予了更大的责任。教师在课堂讨论中的主要任务是引导和调控，即对学生既不能包办代替，也不能放任自流。学生在进行讨论时，教师要做的，不是等待，不是观望，不是干自己的事，而是对学生的讨论活动进行现场观察和介入，细心观察他们，对他们在交流中出现的问题，及时给予纠正，适时给予指导，保证讨论始终围绕主题进行。当学生在讨论过程中遇到难以解决的问题而显得一筹莫展、神情沮丧、失去继续探讨的热情时，教师及时地干预和有效地指导是使学生的讨论活动持续下去的关键。

此外，课堂讨论时间一般控制在 5—15 分钟，具体取决于任务的难易度。教师要调控好讨论时间，避免时间过短，导致讨论不充分或效果不明显；或时间过长，占用了其他教学时间，导致学生出现思维疲劳。教师还要控制好讨论节奏，因为学生思维发展水平参差不齐，性格各异，在讨论中容易起争执，这时需要教师适时引导，以保证学生在规定时间内完成讨论任务。在讨论进行过程中，教师的激励性语言是学生突破障碍、迈向成功的动力。教师要充分发挥自身的作用，深入到各个讨论小组中去，了解学生讨论的情况、讨论的焦点、认知的进程等，为学生提供及时的点拨，在促进学生思维发展的同时，还能灵活地调整下一个教学环节。

（三）讨论后，及时分析，总结讨论结果

讨论结束后，教师应该及时对讨论结果做进一步的分析，包括知识上形成的观点、情感上形成的认识等。对于学生的反馈，教师要善于总结，深化学生对论题的理解，巩固学生在讨论中所获得的认识。具体而言，在讨论结束后，教师要把握好两关——"反馈关"和"总结关"。新课程鼓励学生大胆发表个人看法，积极参与课堂教学，因而在讨论活动结束后，教师要及时反馈一些鼓励性的评价给学生，鼓励学生大胆发言，增强学生对学习的自信心和进取心。另外，教师要总结讨论结果，指出学生在讨论过程中存在的问题。教师对学生参与讨论活动的情况予以总结，可以使学生避免在以后的讨论活动中出现类似的问题。对于学生在讨论中的具体表现，教师要坚持因材施教的原则，对优等生要从严，在优点中找缺点；对后进生要从宽，在缺点中找优点，从而使优等生学习有方向，后进生学习有信心，达到整体优化、共同提高的目的。讨论活动的开展，其着眼点和最终目的都是促进学生在知识、能力以及思维等方面的发展和提高。

新课程改革以来，讨论式的课堂教学成为一个亮点，成为"合作学习，探究学习"的一个载体、一种形式。较之课堂提问，学生通过讨论参与教学的覆盖面更大。因此，课堂讨论在有限的时间内更多地保证了多数学生直接参与教学活动。教学是一门科学，也是一门艺术，教师要善于通过讨论促进学生思维和智能的发展，优化教学，以提高教学效率。

第四章

课堂讨论深入互动的策略

现实的课堂讨论大多拘泥于教材，局限于教案，由老师"导"着展开，但是这样的讨论无疑是对学生思维的限制。如果思维有了时空的局限，就不会畅达；思维不畅达，大脑就会产生抑郁，减少兴奋，讨论的目的也就难于达到。

要让讨论深入，就要保持师生之间的平等，让学生在一种毫无压力的状态下提出自己的观点。教师应允许讨论突破教材的束缚，让学生思维纵横跌宕，张弛有致；切忌一见学生的讨论与教案"脱轨"，就草率刹车或批评指责。我们要充分地保护学生讨论的积极性和创新性。

第一节 协商：促进师生之间的平等性与尊重性

在课堂讨论中，教师需要营造一种协商式的师生关系，强调师生之间的平等与尊重。师生在课堂上的讨论过程就是情感交流与互动的过程，应让民主平等贯穿于整个讨论之中。

课堂讨论的实施必须先尊重生命主体，满足学生生命发展的需要，它体现了教育的本质特征：沟通与交往。课堂讨论倡导学生作为有情感、有思想、有追求的生命体，能动地参与教育过程。协商式的讨论追求真正的民主平等，多元对话，让教师和学生一同参与到有生命力的学习中来。

课堂讨论：高效课堂的思维激荡

教学案例

圆的知识①

师：给你一个硬币，你有没有办法找出它的圆心，画出它的直径，量出直径的长度？

（学生小组操作，讨论）

生1：先沿着硬币的轮廓把它画下来，再剪下来对折，既能找出它的直径，又能找到它的圆心。

生2：我用直尺测量，最长的一条线段就是它的直径；直径的中点就是圆心。

生3：我把硬币放在直尺的边沿上，再用两个三角板的直角边在硬币的两边一夹，就可得出直径的长度。

生4：我先在硬币的外边画一个正方形，再根据正方形的对角线找到圆心，通过圆心画出直径。

无论是文科教学还是理科教学，类似上面这些多向思维、求异思维、一题多解的例子很多，教师需要重新定位自己的角色，构建民主、平等的师生关系。要有开放的教学理念，用以促进师生间的平等性和尊重性。对于学生想到的有关如何找出圆的直径、圆心和量出直径的长度的方法，无论合不合理，教师都要给予学生平等交流的机会和充分的尊重，只有这样才能使整个课堂在平等、开放的氛围中有效进行。

一、尊重学生的心理诉求和多重需要

在课堂讨论中，常常会出现学生的观点偏离教师预设的情况，这时候很多教师会将出现这一现象的原因归咎于学生，认为是学生的理解偏差或者故意捣乱造成的。然而，教师忽略了学生的心理诉求，在预设讨论时没有考虑到学生多样的需要。

学生的知识诉求包括感兴趣的知识、将来有用的知识、与生活相关的知识、前沿的知识等；学生的心理诉求包括被关注、被尊重、被理解、自我实

---

① 张海晨，李炳亭. 高效课堂导学案设计［M］. 济南：山东文艺出版社，2010：201.

130

現。对于学生合理的诉求，教师在讨论中应该尽可能地给予满足，以激励学生进一步学习。

当教师了解了学生的心理诉求和多重需要后，才能真正地尊重学生，与学生有深入的交流。

（一）突出学生的主体地位

突出学生的主体地位，才能尊重学生的心理诉求和多重需要。学生是学习的主体，要想让他们在课堂上深入讨论，实现师生互动、生生互动，就必须承认并突出学生的主体地位。在课堂讨论中，教师应该尊重学生的观点，错则改之，无则加勉，而不是居高临下地去指责学生。

在讨论过程中，教师应该尽量给学生留出充裕的思考时间和扩展空间，而不是不断地像"挤牙膏"一样挤压学生的思想。应该突出学生的主体地位，发挥学生的主人翁精神，让他们在深入讨论的过程中不断探究，不断领悟，不断创造。在讨论过程中要创设良好的氛围，做到师生之间平等、民主地进行对话，让学生在愉悦、积极的心态中接受新知。

教学案例

动物说话——创编歌词①

师：动物们都是大家的朋友，老师这儿有一首关于动物的歌曲，你们想不想听？

生：想！

（放"动物说话"时，教师边唱边表演，学生学唱歌曲）

……

师：刚才在动物园里，你们还看见哪些小动物，能不能把他们也编进歌曲里呢？

（学生分成4人小组热烈讨论，派代表进行汇报）

生1：青蛙说话呱呱呱。

生2：小蝉说话丝丝丝。

---

① 吴永军. 新课程备课新思维［M］. 北京：教育科学出版社，2004：109. 本文略有删改.

131

生3：老虎说话嗷嗷嗷。

……

师：小朋友们编得真好，你能不能用自己编的歌词，配上美妙的旋律，在小组里唱一唱呢？

（学生分小组热烈讨论练习，汇报表演，教师巡视指导）

……

上述案例充分体现了如何突出学生的主体地位。教师通过课文引申出学生对人生的看法，符合学生的心理诉求，并且充分尊重了学生的主体地位。教师取消了自己在讨论中的绝对权威，没有强迫学生接受自己的观点。学生的理解有深浅，感悟有不同，只要是合理的，都是正确的，答案并不唯一。教师是参与者，鼓励学生敢于发表自己的见解，使学生的心灵得到释放，情感得到喷涌。学生不再是消极被动地接受知识，而是主动构建知识意义。

（二）尊重学生的情感

学生的情感是表达心理诉求和多重需要的前提，教师只有了解了学生的喜怒哀乐，摸到他们情感变化的脉搏，才能更好地引导学生深入讨论。陶行知先生说："您不可轻视小孩子的情感，他给您一块糖吃，是有汽车大王捐助一万万元的慷慨；他做了一个纸鸢飞不上去，是有齐柏林造不成飞船一样的踌躇；他失手打破了一个泥娃娃，是有一个寡妇死了独生子那样的悲哀；他没有打着他所讨厌的人，便好像是罗斯福讨不着机会带兵去打德国一般的怄气；他受了您盛怒之下的鞭挞，连在梦里也觉得有法国革命模样的恐怖；他写字想得双圈没得着，仿佛是候选总统落了选一样的失意；他想让您抱他一会儿而您偏去抱了别的孩子，好比是爱人被夺去一般的伤心。"

在展开课堂讨论时，我们应该从尊重学生的情感开始。学生的情感有时在我们教师看来是不可理解的，但对于学生来说是合理的。学生的情感之所以应该被尊重，是因为他们的与众不同。我们不能违背客观规律强求学生和我们想的一样。

教 学 案 例

尊重学生是教学之道①

物理课上，有一位教师问学生："雪融化成了什么？"

生1："雪化了变成水。"

生2："雪化了变成了泥巴。"

生3："雪化了变成了春天。"

第一位学生和第二位学生都得到了老师的表扬，第三位学生的回答却没有得到肯定。然而第三个孩子的回答明显充满了智慧，不仅有哲学的诗意，而且有新意，有创造性，有想象力。但这位老师却认为这个答案是错误的。因为这个答案老师事先没有想到或参考书上没有这样写。

仅仅因为学生的答案没有在参考书范围之内，教师就轻易否定了学生富有新意和创造性的回答，完全忽略了学生感情的表达。很多教师总是用自己的思维方式或唯一的标准答案捆住学生，给学生画地为牢，这是轻蔑学生感情、扼杀学生创造性的表现。正确的方法应是允许学生发出不同的声音，并且从课堂的讨论延伸到课外的思考。

（三）尊重学生的差异性思维

每个学生都是独立的个体，他们的思维是有差异的。每个学生在思维方式上、速度上，以及思维的独立性和灵活性方面都有所不同。在讨论中，教师要密切关注学生的差异性思维，发现学生不同的心理诉求和需要，有针对性地让学生找到自己的位置，让他们在讨论中各得其所。同时，让每个学生都不断地获得成功的体验。

无论是哪种思维的学生，他们都有表达自己的愿望。作为教师，我们应该尊重他们，并且因人而异地采用相应的方式来引导他们。在讨论教学中，教师要有包容意识，容纳学生的"另类观点"，而不是横加指责。

在讨论教学中，教师必须客观地认识到学生思维上的差异，采用扬长避

① 张海晨，李炳亭．高效课堂导学案设计［M］．济南：山东文艺出版社，2010：200．本文略有改动．

短的方式让学生们共同发展，共同进步。科学地看待差异，充分激发每一个学生的潜能，是在课堂讨论中必须重视和解决的问题。学生在思维内容和思维方式等方面的差异，给教师带来了诸多挑战。

尊重学生的心理诉求和多重需要是深入讨论的一个重要前提。所以，在课堂讨论过程中，教师需要细致观察、用心感受，才能体会学生的心理诉求，进而让他们在讨论中收获自信、享受愉悦。

二、构建师生信任关系，形成正确的期望

师生间的信任关系是指在教育过程中，在互相评判的基础上，通过对彼此的陈述、承诺及行为可靠性的期望而形成的相互关系。师生信任关系的核心是师生心理相容，心灵相通。师生间只有处于一种平等、信任、理解的状态，才能营造出和谐、愉悦的教育氛围，才会产生良好的教育效果。

师生互信是教育活动存在的基础，是学生个性发展的重要条件。构建良好的师生信任关系，可以让讨论更加深入，学习更加积极。

（一）高尚的师德，是赢得学生信任的前提

高尚的职业道德，既是教师立身为人的要求，也是教师从事教育工作、为国家培养合格人才的基本条件，更是建立师生信任关系、让讨论深入进行的基本要求。学生只愿意与自己信任的教师交往和交流，对于那些师德遭到质疑的教师，他们是不可能打开心扉的。学生希望教师师德高尚，能给予自己正确的指点和教导。只有具有高尚职业道德的教师，才能赢得学生的心。教师要不断地提高自己的道德修养，随时为学生做出榜样或表率，以使教育更具力量性。

（二）渊博的知识，是赢得学生认同的基础

教师拥有渊博的知识是赢得学生信赖的又一重要基础。要在学生心目中树起高大的形象，就必须让学生感受或体会到教师的渊博与博学。无法想象一个满纸白字的教师能够在学生心目中有合格的形象，能够激发学生讨论的兴趣。教师要不断地学习，更新自己的知识，提高自己各方面的知识修养，只有这样才能赢得学生的认同。

（三）艺术地批评，是赢得学生尊敬的条件

学生无论大小，都是有自尊的。教师与学生交谈，尤其是批评他们时，

一定要分清场合，讲究措辞，不能有什么说什么，想什么说什么。刻薄的言辞会让学生不想再出声，不合情理地批评会伤害学生的自尊。教师如果艺术地批评学生，就能赢得学生的尊敬。比如，或迂回地指出学生的错误；或批评前先赞扬学生、鼓励学生等。只有恰当的批评方式，才能让学生诚意接纳，才能建立融洽的师生关系。

（四）热切的期望，是赢得学生信赖的妙法

有关教育实践表明，教师如果喜欢某些学生，对他们抱有较高的期望，学生就常常以积极的态度回报教师，焕发出奋发向上的激情。这些学生常常如教师所期望的那样，积极进取，不断进步；相反，学生学习态度消极，成绩则难有起色。

1. 严而有爱

有的学生学习目标不明确，对自己期望过低，有一种自卑的心理，从不参与课堂讨论，甚至厌学。在这种情况下，往往需要教师有更大的耐心、更多的关心和较高的期望，避免造成学生因厌倦一门功课而导致不喜欢上课，不喜欢教师，造成师生关系紧张，影响教学。在这一点上，教师对待学生的期望应该像对待自己的子女一样迫切，要做到严而有爱，让学生感受到教师的关心和爱护，参与课堂讨论也就富有激情。

2. 因人而异

对每个学生来说，教师的期望水平应适合学生的发展水平，因人而异。世上没有两片相同的树叶，学生的智力水平、发展速度、个性特点千差万别，因此，教师要结合学生的实际情况，有针对性地建立对每个学生的积极期望。教师期望的目标既不能高不可攀，也不能唾手可得。只有那种对学生具有一定挑战性、超出其原有水平但通过努力可以实现的期望，才能转化为学生的需要和行动的动力。

3. 循序渐进

学生的发展分为两种水平：一种是现有发展水平，表现为学生能运用已有的知识经验独立地完成学习任务；另一种是潜在发展水平，表现为学生还不能独立地完成任务，经过教师的启发帮助才能达到相应水平。期望目标应建立在每个学生的这两者之间，这样的目标有相当的挑战性，但是跳一跳是有希望摘到苹果的，因此学生就会不断朝着教师期望的方向发展。当然，对

不同基础水平、不同性格的学生应给予不同的期望，不能期望所有的学生都达到某一个标准。

三、促成学生基于自身经验的知识建构

学生参与讨论的过程就是建构知识和能力的过程。要实现思想的交流、知识的转化、情感的提升，就需要深入讨论。在讨论过程中，教师不仅是传授知识，更是将知识作为与学生交流的资源，让学生在自己已有的经验和知识的基础上，构建知识意义，丰富自己的知识。

教 学 案 例

斤就是千克吗？①

生：老师，我看到我妈买蔬菜、水果时，总是讲买了几斤，斤就是千克吗？

师：你真善于开动脑筋，给我们提出了一个很好的问题。因为我们所生活的区域，都习惯用"斤"做计量单位，因此，日常生活中我们几乎很难听到"千克"这个计量单位。其实，"千克"是国家规定的计量单位，而"斤"是日常生活中我们中国习惯使用的计量单位，同学们知道"斤"与"千克"的关系吗？

生1："1斤"不就是"1千克"吗？

生2：不是的。"2斤"才是"1千克"。

生3：16个鸡蛋大约1千克，8个苹果大约2斤。

……

在教学过程中，尽管教师要学生"掂一掂"、"称一称"去感知1千克物体有多重，但学生还是会觉得抽象。在上述案例中，教师把"千克"与他们生活中的计量单位"斤"联系起来，再要求学生讨论1千克的物体大约有多少，学生就争先恐后地回答了。

精彩的讨论立足于学生自身的经验，已有经验有利于学生实现知识意义

---

① 吴永军. 新课程备课新思维［M］. 北京：教育科学出版社，2004：96. 本文略有删改。

的建构。教师密切关注学生的讨论，力求通过讨论实现"教师沉下去，学生动起来，课堂活起来，效益高起来"，让学生的生命活力得到尽情释放。学生深入讨论，从而促成了学生基于自身经验的知识意义建构。

（一）体验是课堂讨论的基础

课堂讨论应该立足于学生的发展，以学生的体验为基础。要从以教师为中心转为从学生实际出发，为促进学生自我发展服务。要从单纯由教师安排、约束、强制转为多给学生自己选择、自己提高、自己表现的机会，使他们学会自己动脑、动手、动口，学会观察问题，学会深入思考。教师要给予学生正确引导，逐步放手让学生自己讨论问题，获得体验，完善认知，从而最终获得知识。

（二）教师是出色的学习促进者

学生基于自身经验建构知识，对教师提出了更高的要求。教师是学生构建知识的促进者，要对学生进行点拨和帮助，以监控、示范、质疑和鼓励等活动来促进学生学习，针对讨论情况进行科学判断和处理。如阅读教学应用于讨论，教师必须把阅读教学的策略、方法与阅读学习活动结合起来，引导学生分析问题、研究问题、解决问题，以便尽快促进他们阅读能力的形成。

（三）学生是优秀的自主学习者

以讨论促进知识构建的课堂讨论，强调以学生的主动学习为主，因而能更好地培养学生创造性思维和解决问题的能力。我们不仅要关注学生基本技能的训练，还应注重对他们思辨能力的培养。学生基于自身经验建构知识的讨论，打破了教师"一语定乾坤"的单一局面，使每个学生都享有对话的平等地位和自由时空。

陶行知先生说："你这糊涂先生，你的教鞭下有瓦特，你的冷眼中有牛顿，你的讥笑中有爱迪生，你别忙着把他们赶跑，你可要等到坐火轮，点电灯，学微积分，才认他们是你当年的小学生?"无论出于何种情况之下，只要讨论继续，我们都必须学会与学生协商，突出师生之间的平等性与尊重性。只有尊重学生，他们才有可能发挥主体作用的真谛，否则，即便学生中有"瓦特"、"爱迪生"，也会被不能慧眼识珠的教师赶走，或者把他们的智慧吓跑了。

第二节　支持：促进教学过程的有效性与持续性

苏霍姆林斯基说："如果学生在掌握知识的道路上，没有迈出哪怕是小小的一步，那对他来说，这是一堂无益的课。无效的劳动是每个教师和学生都面临的最大的潜在危险。"一次课堂讨论，如果不能让学生有收获、有提高、有进步，就不能促进教学过程的有效性；一次课堂讨论，如果不能让学生从不喜欢到喜欢、从不热爱到热爱、从不感兴趣到感兴趣，就不能促进教学过程的持续性。

促进教学过程的有效性与持续性，并不是偶然为之，而是需要多方面的支持。

一、设置切合时代的论题引导讨论

长久以来，我们很多讨论都让学生感到枯燥无味，缺乏吸引力。如何摆脱困窘？这需要设置富有时代性的论题。

教 学 案 例

课堂讨论法促进学生参与①

在上《法律》一课时，我采取了课堂讨论式的教学，其目的是让学生们通过实际事例的讨论，对《法律》这门课程有充分的认识。在讨论之前，让学生们打消顾虑，实话实说。我先提出了这样一个问题：当你在集市上看见小偷正在偷别人的钱包时，你会怎么办？由于这种现象有的学生亲身经历过，所以学生们都积极参与到课堂讨论中：有的说不能吱声，装作没看见；有的说只能暗示被人偷，不宜公开制止；有的说应该抓住小偷，送往公安局（派出所）；有的说抓小偷是公安干警的事，我们去抓弄不好会惹来麻烦……学生们情绪高涨，课堂气氛十分活跃。

---

① 孔凡哲，崔英梅. 课堂教学新方式及其课堂处理技巧：基本方法与典型案例 [M]. 福州：福建教育出版社，2011：236.

接着，我提出了第二个问题：当小偷偷走了你的钱包，你希望有人帮你夺回钱包吗？如果没有人帮助你，你会怎么想？有的说谁都希望有人帮助，但大多数人都不愿意管这种事，所谓多一事不如少一事；有的说自己的钱包没有看管好被偷，只有自认倒霉了……趁着讨论的热烈气氛，请学生接着讨论：如果人人见了不法行为都往后缩，见危不助，见死不救，社会将会是什么样的？学生们见智见仁讨论得异常激烈。

综合学生的各种观点进行总结：第一，要使社会安定，人们安居乐业，一方面要加强社会的治安管理，加强法制建设，要依法治国；另一方面，要加强对公民的法治教育和道德教育，逐步形成学法、知法、懂法、守法的社会氛围，树立起"法治"和"德治"观念，面对不法行为要敢于伸张正义、敢于斗争。第二，法律赋予公民诸多的权利，同时也要求公民履行一定的义务，如法律赋予每个公民人身和财产不受侵犯的权利，同时，每个公民也应履行同不法行为作斗争的义务。如果每个公民都能用法律的武器保护自己并按法律的要求自觉地履行义务，社会就会更加文明。

把富有时代气息的论题引入到教学中来，可以在较短时间内吊起学生的"胃口"，让学生以最佳的思维状态投入到讨论学习中。

（一）设置论题要摆脱教材的局限

自觉、主动开发教材，紧跟社会发展的步伐，关注生活的焦点问题，这样不仅可以激发学生学习的积极性，同时还能培养他们关心国家大事、留意身边小事的良好素养。论题要富有时代性，紧扣社会热点，反映世界形势。

（二）设置论题要反映社会的热点

设置论题做到随时更新陈旧落后的论题，更新经过证明不符合科学性的论题，以及更新与社会发展和时代精神相违背的论题。同时，要及时补充反映世界和社会发展中有突出意义和价值的论题。

（三）设置论题要考虑内容的更新

教师要及时更新那些过于陈旧落后、经过时间的检验而证明不符合科学性的内容，或者与社会发展和时代精神相违背的内容，及时补充反映世界和社会发展中有突出意义和价值的内容。

二、激发积极的内在情感参与讨论

心理学家罗杰斯认为，学习本身就包括认知和情感两个方面。要实现教学过程的有效性和持续性，首先要激发学生积极的情感，让积极的情感成为讨论学习的动力。

积极的情感不但让学生对讨论更加投入，使他们从中体验成功、愉悦身心，感受快乐，还能促进学生掌握知识的灵活性，激发解决问题的创造性。

教学案例

《数学归纳法》教学案例（节选）①

为了让学生更加深入地掌握数学归纳法，陈老师提出了两个问题与学生进行充分讨论：①如果一个盒子里有10个乒乓球，如何证明里面的球全为白色？②请大家回忆，课本是如何得出等差数列的通项公式的？

在讨论结果汇报前，陈老师首先组织了同学们进行一次小小的课堂倾听方法讨论。

师：在别人进行讨论结果汇报时，你会做什么？

生1：我会注意听，认真思考。

生2：我要把同学汇报的内容记录下来。

……

师：好了。接下来让我们讨论一下课堂开始时老师提出的两个问题。首先，这个盒子里有10个乒乓球，如何证明里面的球全为白色？

生3：①证明第一次拿出的乒乓球是白色的；②构造一个命题并证明，此命题的题设是："若某一次拿出的球是白色的"，结论是："下次拿出的球也是白色的"。以上两步都被证明，则盒子中的乒乓球全是白色的。

师：你的想法很好。如果以上两个步骤都能得到证明，是否能说明全部的乒乓球都是白色的？

---

① 黄宗积.《数学归纳法》教学案例分析［EB/OL］.［2013-09-15］. http://www.fyeedu.net/info/18723-1.htm. 本文略有改动。

生4：我觉得可以。因为题设"若某一次拿出的球是白色的"假设了某次拿的球是白色的。而结论"下次拿出的球也是白色的"保证了某次后面的一次拿球也是白色的。这就是说从第一次拿球到最后一次拿球都是白色的，即球都是白色的。

师：最后让我总结一下。大家想到的方法就涉及我们今天要学习的数学归纳法的基本概念。

师：通过数学归纳法基本概念的学习，请大家讨论一下第二题与第一题是否有相似之处。如果有，我们能否用刚才的思考方法证明第二题？

……

在上述案例中，教师尽可能地运用丰富的课堂资源，增强了信息的表达能力和教学的直观性，增强了论题的表现力和感染力，从而引发学生的共鸣，使得学生积极地参与到讨论中来，使讨论更加有效。通过这个案例，我们可以总结出一些在课堂上诱发学生情感、让学生以积极的情绪参与讨论的策略。

（一）以言外之意调动学生的情绪

教师是课堂教学的决策者，必须具有能力去分辨和衡量：什么是有价值的，什么是没有价值的。教师的"言外之意、弦外之音"，就是教师的言语对学生产生良好的潜移默化，传递着殷切的期望。学生一旦听懂了教师的言外之意，就会按照教师的期望做出相应的行为；如果教师对这个行为给予肯定，就能不断强化学生向着教师所期望的方向发展。

1. 表情

比如"愁眉苦脸"、"怒目圆睁"、"喜形于色"、"眉开眼笑"等，都可以随着讨论的推进，成为课堂讨论的催化剂，在教学中常常起着"无声胜有声"的作用。

2. 激情

当教学进入基调清新爽朗时，教师可以用愉悦欢快的心情去引导学生；当教学转入基调哀愁悱恻时，教师可以用沉郁凄凉的心情感染学生；当教学要求严密的科学性和清晰的条理性时，教师则应以平正、严肃来讲述。以情感激发情感，可以让学生感受到教师的关爱，从而更加配合教师组织的讨论。

3. 声音

教师还可以通过声音的音质、音量、声调和节奏等的变化，含蓄地引导学生的讨论，让学生听到教师的"弦外之音"，从而领会教师的良苦用心，并做出知心、知情、知理的反馈，进一步深入讨论。

（二）以直观形象激发学生的感情

《孙子兵法·势篇》中说："激水之疾，至于漂石者，势也。""故善战人之势，如转圆石于千仞之山者，势也。"孙子认为，善于指挥作战的人善于制造一种有利的态势，这样进攻才有强大的冲击力。"势"是作战的一种心理状态，对组织讨论而言，则是一种动力。这个动力就是情感。

如果我们善于激发学生的情感，造成一种蓄势，使其处于待发状态，那么，学生讨论时必是因情生言，出口成章了。讨论最好的主动力是情感动力，情动而意动，意动而论成。既然孙子认为作战必须让士兵蓄势而动，以求获得强大的冲击力，那么，我们在指导学生讨论时也应善于激发学生的讨论热情和兴趣，并让其成为驱动学生产生讨论欲望的动力。那么，如何激活学生的情感呢？

1. 寻找"情点"

（1）**家庭亲情**

①父母培育的无私奉献之情；②兄弟姐妹互相尊重爱护之情。

（2）**学校友情**

①师生尊敬与被尊敬、关怀与被关怀之情；②同学之间互帮互爱之情。

（3）**社会风情**

①改革开放所取得的伟大的物质文明；②助人为乐的社会主义精神文明。

（4）**爱国之情**

①五千年文明的民族自豪感；②外族入侵的民族耻辱感；③历代爱国志士的高风亮节。

2. 创设情境

人的情感总是在一定的情境、一定场合中产生的，创设讨论情境，就要酝酿一个让学生可知可感的氛围，从而有效地产生情感共振，进入最佳的讨论状态。我们可从以下两个方面着手。

（1）**生活再现**

譬如，要求学生隐去一个熟悉教师的姓名，只对其肖像、服饰、神态、性格爱好和习惯语言、动作讨论，使人一看就可推测是谁。由于这样提供了一个可看的"境"和可感的情，故容易引发学生的讨论热情。

（2）**电化教学**

通过音频、视频和图片等多媒体手段再现人、物、事。由于多媒体具有直观性、形象性，故能大大唤起学生的讨论兴趣和欲望，点燃学生智慧的火花。

（三）以问题情境牵动学生的心灵

苏霍姆林斯基说："源于生活的教育是最无痕的教育。"教师应创设与学生的生活环境、知识背景相关的问题情境，以激发学生的讨论兴趣，调动学生参与讨论的渴求。一个好的问题情境往往能拨动学生思维之弦，让学生迸发令人难以置信的妙法，更有效地解决问题。

1. 媒体合成

问题情境必须有利于学生对所学内容的意义建构，这就对论题设计提出了新的要求，也就是说，在建构主义学习环境中，论题设计不仅要考虑教学目标分析，还要考虑有利于学生建构意义的情境创设，并把情境创设看作论题设计的最重要内容之一。建构主义认为，由于计算机和网络具有超容量特征，可把不同媒体的信息的各种教学内容组成一个有机的整体。这样就可以形成建构主义学习环境中的理想的认知工具，能有效地促进学生的认知发展。而传统的教材、文字与语言以及活动的影像无法组成一体化教材。只是以教科书、录音、录像各自独立的形式存在，内容比较单调、枯燥，与融图、文、声、像于一体的丰富多彩的计算机多媒体无法相比。

2. 游戏设置

玩游戏是学生的天性。讨论中可以设置一些有趣的游戏活动，让学生在玩中学、学中玩，通过游戏引出讨论，必然能起到事半功倍的效果。因为它既能引起学生的兴趣，集中他们的注意力，又能使他们在探讨问题的过程中，发展思维，开发智力，主动愉快地获取知识和技能。

问题情境的创设具有很重要的教学意义，有价值的问题情境能有效地引发学生热烈的讨论，但要避免虚假做作、牵强附会、热闹浮躁的"问题"情境充斥课堂。苏格拉底强调教育是由内而外的，是将儿童心灵中的智慧不断引出、发展的过程，而不是注入、训练、铸造的过程。问题情境讨论正是这样一种激发、唤醒、鼓舞的教学艺术，是引导学生主动思索以获得问题解决方法并学会学习的过程。

（四）以实践活动满足学生的热情

学生的天性是好动的，讨论教学就应以学生这一心理特征为出发点，给学生的动手、动口、动脑提供足够的素材、足够的时间和足够的空间，为他们的自我展示和相互交流提供更多的机会，使其在实践沟通中思考、发展、创新。

学生在实践活动过程中，可以对自己学习活动的本身产生一种情绪体验，进而更加主动地探究知识和掌握知识。通过实践活动，学生获得的知识是扎实有效的，更能满足通过讨论获得成就感的需要。

三、寻找恰当的教学时机组织讨论

讨论最佳时机的创设、捕捉和利用，可以给课堂讨论带来神奇的魅力。恰当其时的讨论能让讨论事半功倍、四两拨千斤；反之，则劳而无功。孔子说："不愤不启，不悱不发。"当学生的思维进入积极状态、产生强烈的讨论愿望时，教师适时地引导与启发，能帮助学生打开求知之门获得真知。

（一）在学生需要时讨论

美国著名的人际关系学大师卡耐基说："想钓到鱼，就要问问鱼想吃什么？"他每年夏天都要去钓鱼，最喜欢的食物是草莓和乳脂。但他发现鱼并不爱吃他喜欢的食物，而喜欢吃小虫。因此，他每次去钓鱼，不想自己想要的，而是想鱼想要的。于是他得到了这样的结论：要钓鱼的话，鱼饵必须适合鱼。卡耐基的"钓鱼理论"同样适用于课堂讨论。

按照马斯洛的需求层次论，被人接纳、爱护、关注、鼓励、扶持，获取并维护自尊，对己、对人、对事有所了解，自我价值实现等是每个人自觉或不自觉的不同层次需求。学生的这些需求在课堂讨论中等待老师去发现，去挖掘。当然，需求不能停留在浅显的层面，用讨论的方式让学生的需求在思想交流与碰撞中得到深化是教师的重要任务。在讨论中，"我感兴趣"、"我想知道怎么回事"将被"他的观点有没有合理性"、"我想以无懈可击的理由来阐述我的观点"等替代。随着讨论的深入，学生的需求必然会不断深化。讨论的意义绝不止于沟通，更重要的是深化学生的需求，为提高思维能力创造条件。

（二）在学生困惑处讨论

心理学认为，一切思维都是从问题开始的。探究学习方式和接受学习方式相比，具有更强的问题性，强调培养学生发现问题和解决问题的能力，强调教学要促进学生的思维发展。因此，教师只有更关注课堂上学生的困惑，才能让学生在思维和情感活动中，加深理解和体验，对知识有所感悟和思考，并受到情感熏陶，获得思想启迪，享受审美乐趣。

讨论是一个教学互动的过程，是由多种互动方式构成的整体，它包括师生互动、生生互动和群体互动三个方面。我们要清楚教师的角色不是权威，在学生困惑时，教师应该以平等的姿态与学生交流，在引导中解决学生的困惑，同时建立多层次的讨论。

教师引导学生敢于把困惑提出来固然重要，但更重要的是提高学生积极思考、独立探究和自行发现的能力。教师不仅是一位知识渊博的学者，更是一位思维火花碰撞的引导者。学生产生困惑，教师不要急于给予答案，而应让学生通过讨论获得见解。

（三）在学生愉悦中讨论

心理学研究表明，人的主动意识是在积极情绪中产生和发展的，它伴随着认识活动的出现并与认识活动交织在一起。学习是一种复杂、艰巨的智力活动，需要积极情绪的支持。发挥学生情感因素的积极作用，可以促进学生主动学习，自由发挥。

在讨论中，教师要不断创设与学生心理变化同步的情境，激发其学习情趣。例如，组织小学低年级学生讨论，就要注重培养学生的兴趣，加入学生喜爱的人物，比如"喜洋洋"、"灰太狼"等一些卡通人物，与学生共同学习，给讨论穿上一件有趣的"外衣"，让学生在情意融融之中步入知识的世界。教师良好的情绪、和蔼的语言，对学生的尊重与宽容，师生间民主、和谐的人际关系，能让学生的身心受到感染，并以良好的心态主动参与讨论，获取知识。

（四）在学生思考中讨论

特级教师余映潮在教学《小石潭记》时，就在学生理解课文的基础上，借助课文中的情境，巧设了 20 个论题让学生进行讨论，让学生根据课文内容准备一段话，自由地发表自己的见解，集体讨论。这 20 个论题是：

"小石潭"的"小"、"小石潭"的"石"、"小石潭"的"潭"、"小石潭"的"水"、"小石潭"的"清"、"小石潭"的"秀"、《小石潭记》中的"近与远"、《小石潭记》的"色与光"、《小石潭记》的"动与静"、《小石潭记》的"虚与实"、《小石潭记》的"景与情"、《小石潭记》的"乐与凄"、《小石潭记》的"镜头与画面"、《小石潭记》的"对比与烘托"、《小石潭记》的"观察与描叙"、《小石潭记》的"语言美"，试用绘画的语言评点文中的一段话、试用摄影的语言评点文中的一段话、试用音乐的语言评点文中的一段话、请自己提出一个小小的"话题"进行阐述。①

这 20 个论题，先交给学生自行理解、体味、探究《小石潭记》的"抓手"。它们之中的每一个，在没有清楚地理解之前，都是一个悬念，都有一定的牵引力，具有将学生的眼光与思维引进课文的作用。当学生经过思考再进行讨论时，我们就会发现，由问题引出的讨论内容更广泛，形式更自由，带有自己的创见，也带有自己的思想与情感的特点。

巧设问题情境，让学生有了思考，有了探讨，有了对话，当然也就有了让学生真正占有课堂时间的保证。当然，好的问题情境能引导学生在讨论中调动知识和经验、表述见解，能够比较好地形成"自主、合作、探究"的讨论氛围。

第三节　目标：促进学生个体的社会化与个性化

学生个体的社会化是指个体适应社会的要求，具体地说，学生通过学习与内化社会文化而胜任社会所期待、承担的角色，并相应地发展自己的个性。

---

① 余映潮.《小石潭记》实录［EB/OL］.［2013-09-15］. http://www.jxteacher. com/chensu-qing/column26998/9732560c-ccc7-4fd9-8e5b-748948b99ff0. html.

学生个体的个性化则是指学生在全面发展的基础上，尊重个性、发展个性、培养健全的个性。通过个性化的教学促进学生的社会化，将社会化与个性化统一于学生素质的全面发展之中。

学生个体的社会化和个性化的形成与协调是学生全面发展的重要环节之一，讨论的目标就是促进学生个体的社会化与个性化的协调发展。

教 学 案 例

模拟家庭投资理财计划①

一、设置情景　激发问题

师： 随着国家经济的发展，居民的生活也富裕了。富余的钱如何管理，不仅已成为大人们关心的事情，也应该是我们学生要关心和帮助管理的事情。近几年，随着市场经济的发展，居民的投（融）资渠道、储蓄方式都有了更多的选择。请大家归纳一下，有哪些方式？

生： 大到办企业、置房产、做生意、炒股票，小到买债券、存定期、上保险、玩彩票等。

师： 同样一笔钱，由于投资理财方式的不同，结果是不是一样呢？

生： 不一样。有的发了财，有的亏了本，有的理智投资收益良多，有的无钱办成有钱的事，也有的整天为缺钱发愁。

师： 能不能举一两个典型的事例？

学生举例 （略）。

师： 这位同学所举事例说明，投资理财已经是当今社会成员的一项不可缺少的基本生活能力，它关系到个人和家庭的幸福。今天，我们利用这节课的时间，请你关注一下家庭的投资理财问题。

二、角色体验　自主探究

师： 请你帮我们班的两位任课教师设计一份家庭投资理财计划（板书"模拟家庭投资理财计划"）。这两位教师的具体情况如下（将黑板分成左右两

---

① 赵海霞. 教师教学探究力修练［M］. 长春：东北师范大学出版社，2010：189-191. 本文略有删节。

半，分别板书）：

叶老师：有银行存款 10 万元，有私人住宅一套，公婆做生意月收入约 4000 元，她与在公安局工作的丈夫每月收入约 4000 元，12 岁的女儿读初中一年级。每月家庭基本生活消费 3000 元。（板书）

肖老师：去年刚参加工作，未婚，离开父母独立生活，无存款，住集体宿舍，每月收入 1500 元（预期五年后收入将达到 2500 元以上），每月基本生活消费 500 元。（板书）

那么该怎样为这两位教师制订计划呢？家庭投资理财并没有统一的模式，但是，一个科学合理的投资理财计划必须注意以下几点：

（1）要以家庭的现有存款、每年（月）的实际收入和预期收入的多少为依据。

（2）要保证每年（月）基本生活消费的支出。

（3）要考虑到家庭成员现在和未来的实际需要（如上学、住房、成家、医疗等）。

（4）要兼顾投资的风险与收益，投资理财方式不限，但不宜过于单一。

请同学们依据上面介绍的情况和要求，帮我们班的两位任课教师设计一份投资理财计划，注意：一、二小组做叶老师的计划，三、四小组做肖老师的计划，时间 15 分钟。

15 分钟后，老师请两个同学将自己的计划分别写在黑板上。

三、表达说明　评价归纳

师：现在请这两位同学说明一下他们为我们老师设计的家庭投资理财计划。其他同学要对他们的计划进行分析，找到值得肯定、可供借鉴的地方，你认为不妥的地方请指出，并说明理由。

首先我们来听听同学 1 为叶老师所做的计划和说明。

生1：叶老师全家每月收入 8000 元除去基本生活消费 3000 元，结余 5000 元做如下安排：

（1）教育储蓄每月 1000 元，这是为女儿将来升高中、读大学预备的，零存整取；

（2）买各类保险 12000 元/年（每月 1000 元），作为一个小康之家，应该也有经济实力为全家提供各方面的保障，可以买的险种有：家庭财产保险、老人医疗保险、夫妻养老保险、女儿平安保险等；

（3）定期存款每月 3000 元，定期存款利息较高，家里有急用的也可以提前取出；

（4）原银行 10 万元存款全部买成股票，因为股票收益高。

师：同学 1 介绍了他为叶老师做的投资理财计划，是否科学合理呢？请大家评价一下。

学生自由评价（略）。

师（小结）：同学 1 做的计划充分考虑了叶老师家的收支情况和家庭成员的需要，投资方式也有存款储蓄、保险、股票三种，这是可取的。但作为一个小康之家，在结余款项的安排上不能仅仅满足于基本的物质生活消费，还应该有旅游、书画、影视等有益于个人发展、享受的精神消费。10 万元存款全部买成股票似乎风险过大，如果分一部分买债券，好像更稳妥一些。

师：下面我们来听听同学 2 为肖老师做的计划。

生 2：由于肖老师工资收入较低，属于"三无"（无存款、无住房、无妻子）人员，所以我只好安排肖老师过长期艰苦奋斗的生活：

（1）每月收入 1500 元除去基本生活消费 500 元，结余 1000 元全部存进银行，准备将来买一套经济适用房。

（2）工资涨了的部分作为找对象、结婚之用。

师：同学 2 介绍了他的投资理财计划，是否科学合理呢？请大家评价一下。

生 3：我不同意同学 2 的计划，这是一种典型的攒够钱再花的传统理财方式。

按照这个计划，肖老师至少要等到 20 年以后才能买到一套很一般的住房，有住房才有地方结婚，肖老师要等到 40 多岁再结婚吗？而且每月只有 500 元基本生活费，要找对象岂不是很寒酸？所以我为肖老师安排了一个很现代的理财计划：

（1）每月消费安排 1000 元（基本生活消费 500 元、包括找对象在内的精神消费 500 元）以工资作抵押购买一套零首付、银行按揭（20 年左右分期付款，每月还款，5 年内每月 300 元，5 年后每月 1000 元）的住房。

（2）每月收入 1500 元除去消费 1000 元，结余部分 300 元用于住房的分期付款，200 元和预期工资增长的部分存进银行准备结婚之用。

师：同学 3 介绍了他为肖老师做的很现代的理财计划，是否科学合理呢？请大家比较同学 2 的计划，分别评价一下。

学生自由评价（略）。

师（小结）：2、3 两同学为肖老师做的理财计划各有特点，一个比较传统保守、一个特别现代前卫。必须说明的是，在我国现实的条件下，尤其是在经济收入比较低或还不稳定的情况下，艰苦奋斗的精神不能丢。但艰苦奋斗与适度超前消费并不矛盾。"花明天的钱，圆今天的梦"本身就是建立在努力工作、保证工资收入稳定增加的基础之上的。"欠着，你才会努力去挣"就是这一关系的通俗体现。

经过这节课做家庭投资理财计划的模拟实践，以及刚才大家的讨论，相信同学们一定会有不少收获。下面我们总结一下，做家庭投资理财计划要注意哪些方面。

学生思考回答。

师（总结）：做家庭投资理财计划要注意这么几点：

首先，要依据家庭收入水平合理确定投资理财的重点。如叶老师家庭收入水平较高，又有大额存款，所以，做计划重点是选择科学合理的投资方式，同时也要注意进一步提高消费水平。而肖老师收入水平较低，又没有存款，所以，做计划重点是理财，在保证基本生活消费的前提下，要着重解决眼前大额消费需求与资金短缺的矛盾。

其次，要考虑到家庭成员现在和未来的实际需要，如升学、医疗、住房、成家等，保证收大于支，略有结余。

第三，投资理财方式不宜过于单一，如股票风险较大，普通工薪家庭不宜购买过多，而国库券收益较高，风险较低，急用时也可以变现，比较适合。

请同学们课后根据这几点要求，为你的家庭做一份投资理财计划。

教师设置的论题是以培养学生的投资、理财能力为基础的。首先，教师通过设置讨论情境，培养学生筛选、区别和运用数据材料的能力。其次，通过让学生进行角色扮演、比较分类、模拟操作，加深对股票、债券、储蓄、住房按揭和商业保险等投资、理财方式的体验和思考，增强学生家庭投资理财的实践能力。最后，通过让学生对自己设计的家庭投资计划进行表达说明、学生相互之间对家庭投资计划进行评价，从而学会与他人合作、交流，学会运用材料进行有理有据的论证问题。从而使学生的社会化和个体化得到较好的发展。

如何通过讨论促进学生的个体社会化与个性化发展？

一、促进学生个体社会化讨论的基本特征

学生的个体社会化是教育社会学研究的重要领域之一，美国社会学家罗伯逊提出，"个体社会化是使人们获得个性并学习其所在社会的生活方式的社会相互作用的过程"，[①] 强调社会化是一种个性和自我发展的过程。个体社会化是指个体由自然人成长为社会人的过程。在这一过程中，个体需要与社会环境交互作用，使个体学习掌握社会公认的行为准则、道德规范、价值观念和知识技能，并内化为自己的行为规范，成为一名合格的社会成员。个体社会化是社会教化和个体内化双重作用的结果，是在个体和社会的交互作用中完成的，是一个持续终身的动态过程。一方面，社会运用一定的文化价值观、行为模式、生产技能、生活技能、法律道德等教化社会成员，推动社会成员积极参与社会生活，适应社会需求；另一方面，社会成员能动地内化社会文化、行为模式、价值观念、生活生产技能等，从而发展完善自身的社会性，成为社会人。

在课堂讨论中，教师需要注重学生的个体社会化发展，只有这样才能使学生逐渐具备思想的纯洁性、知识的应用性、能力的综合性和心理的调适性，从而完成社会化进程，为今后成功扮演社会角色、在社会上找到属于自己正确的方位奠定基础。

（一）任务设置的适切性

任务的适切性首先表现在讨论话题的适切性。课堂讨论的话题要体现认知冲突，且与学生生活相关，以引起学生表达自己思想的愿望和参与讨论的兴趣；同时，也要符合学生的语言水平，使学生能够进行语言交际，避免出现"只有几个优秀学生参与讨论活动，大多数学生沉默"的情况。其次，还表现在组织安排的适切性。课堂讨论既要关照后进生，为其提供通过努力获

---

① 罗伯逊. 社会学（上）[M]. 黄育馥，译. 北京：商务印书馆. 1990：194.

得表现的机会，又要为优等生创造展示自我的条件，让不同层次学生都能在讨论过程中找到适合自己的舞台，携手共进。

（二）能力培养的多元性

课堂讨论不仅要重视学生语言知识和语言技能的培养，还要有助于学生在思维、创新、交际等方面能力的提高。比如，讨论前查阅资料有助于促进阅读能力的提高，讨论中唇枪舌战有助于听力理解和口语表达能力的提高。学生从语言材料中归纳自己的观点，是分析综合能力的锻炼；在讨论中推陈出新、独辟蹊径，是创新能力的演绎；面对与自己意见相左的观点，巧妙应答是应变能力的检验。

（三）学生参与的自主性

建构主义认为，学习者能够在已有知识经验的基础上自主建构新知识，在新旧知识之间进行积极主动的整合。课堂讨论让学生不再被动地接受外在信息，而是在主动选择加工外在信息的基础上，建构知识意义。学生为完成任务，讨论前查阅大量资料，进行信息搜集，这一过程本质上就是主动学习的过程。讨论过程中，对问题的理解，学生不再依靠教师讲解，而是自主探讨，在探讨的基础上分析归纳总结出自己的观点。

（四）讨论过程的合作性

课堂讨论应鼓励合作学习，促进学生之间的相互交流，共同发展。讨论是一项团体活动，将合作引入课堂讨论，强化了学生的合作意识，体现在组内合作和组间合作。同组成员在讨论前合理分工、共同收集资料、共享资源；讨论中各抒己见、互相帮助、协同一致，为任务的完成和小组的荣誉群策群力。组间合作则体现在各小组之间互相交流观点、共享讨论的成果上。另外，各小组在交流中碰撞出思想的火花，也能拓展课堂讨论的广度和深度。

（五）论题设置的教育性

课堂讨论既要确保学生能习得知识、发展能力，又要让学生获得积极的情感体验并深受教益。首先，讨论的话题可以涉及多个学科且解释是开放性的，通过对涉及政治、经济、文化、科学等论题的讨论，学生可以加深对这些问题的理解；其次，要设置情感领域的问题情境；最后，论题要具有时代性，反映社会热点和科技发展的成就。

二、促进学生个体社会化讨论的实施原则

（一）主体性原则

课堂讨论要体现学生的主体地位，激发学生学习的积极性，鼓励他们畅所欲言。课堂是师生之间的交流和共同发展的空间，并非只是"教师教，学生学"。课堂讨论就是要通过发挥学生的主体性，使学生由单纯的知识的掌握向知识的运用和自主建构过渡。

（二）激励性原则

学生学习的内在动力是兴趣，如果讨论能激发学生的学习兴趣，他们就有了学习的动力，这是讨论式教学的关键所在。教师必须从教材和学生心理特点出发，在课堂讨论中有意识地为学生创造表现的机会，要辩证地看待讨论中的不足，提倡多鼓励、少批评，尤其要为基础差的学生创造成功的机会，增加其学习的信心。

（三）实践性原则

讨论是语言的综合运用，包含语言知识、语言技能和语言运用三个方面。语言知识和技能是语言运用的基础，而语言运用能力又是语言学习的最终目标。在课堂讨论中，应创造条件让学生有机会将所学知识用于理解和表达实际意义。因为只有不断运用掌握的语言知识和技能去感知和获取新的知识与技能，语言运用能力才能提高。

三、促进学生个体社会化讨论的具体措施

课堂讨论最初仅被当作一种组织教学的手段，随着对语言习得的研究，语言学家发现它也是语言习得最有效的工具之一。因为讨论本身就是一种学习，不管有没有得到结论。因此，课堂讨论不应只注重结果，更要注重它的过程，而这一过程本身就促进了学生个体社会化。

教师首先要明确通过讨论能解决什么问题。其次，要认识到讨论的结论也许并不重要，重要的是学生在讨论过程中"想了什么"和"怎样想的"，即学生分析问题和解决问题的思辨过程才是最重要的。课堂讨论的着眼点和最终目的都是促进学生在知识、能力以及思维等方面的发展与提高。

（一）加强自我教育

苏霍姆林斯基说，只有能够激发学生去进行自我教育的教育，才是真

正意义上的教育。客观环境等外部因素的改善固然对学生的成长具有重要意义，但从哲学角度讲，外因是事物变化的条件，内因才是决定事物发展的因素，外因必须通过内因起作用。因此，组织课堂讨论要采取行之有效的措施，提高学生的内化能力，发挥其主观能动性，培养其自我教育、自我管理的能力和勇于超越自我的创新精神，从而提高自身综合素质，将自我发展和社会需要融于一体，以适应瞬息万变的社会需求，接受日益严峻的社会挑战。

教师要体察学生的感情、心态，把握当代学生的身心特点，注意每个学生的个性特征和自我教育水平，因材施教，因势利导，努力使课堂讨论的内容、形式和方法符合学生的实际，适合他们的心理需要，使学生自发的自我教育过程发展为自觉的自我教育过程。同时，为自我教育创设环境和氛围，让学生有较多的机会参加一些有针对性的讨论。通过讨论实践，学生可以正确认识自己的社会角色，明确社会责任，发挥主观能动性，锻炼自己，从而提高学生社会化的自觉性，加速学生社会化的进程。

（二）优化讨论话题

在设置讨论话题时，教师要充分考虑学生已有的知识和经验。一个真实的、源于学生已有的生活经验和认知水平的讨论话题，有利于提高学生解决实际问题的能力，往往会收到意想不到的教学效果。

设置的讨论话题应赋予一种时代气息，以引起学生的共鸣，并激发学生的兴趣和情感。教师可以从报刊、书籍、网络选取一些具有代表性的、能给人以启迪和思考的问题或案例作为课堂讨论的话题。

教师可以设置生动有趣、有吸引力的、开放的讨论话题，让学生在富有情趣的讨论中积极思考、发现问题、解决问题。

（三）强化教育作用

在学校教育活动中，师生可谓濡沫相随，教师对学生社会化有着深刻的影响。因此，教师必须具备高层次的专业道德，掌握高层次的专业知识和拥有高层次的专业的技能。

1. 具备高层次的专业道德

教师必须明确自己的职业价值在于为社会培养和造就一代新人，教师是社会道德的维护者，是学生行为规范的楷模，自身的行为必须合乎规范。"身正为范"，"其身正不令也行"是对师德最好的诠释。在课堂讨论中，教师应有稳定的心理品质，如热情、乐观、亲切、负责、同情心、想象力等。大量事实证明，学生的思想品德、科学文化、身心健康等素质的提高必须建立在教师的职业道德上。教师的自我修养愈深，在学生中的威信就愈高，所取得的教学效果也就愈好。也就是说，教师的个性品质将直接或间接地影响课堂讨论的效果和学生个性的发展。

2. 掌握高层次的专业知识

这些专业知识和技能既包括学科的专业知识和技能，又包括教育科学专业知识和技能，比如数学教师要具备一定的数学知识和技能，还要具备教育学、心理学的专业知识，以及传授知识、课堂组织管理、师生交往的技能等。这两方面的专业知识和技能是对教师的基本要求，缺一不可。而且，随着科技的迅速发展和信息时代的到来，学生社会化教育对教师的专业素质提出越来越高的要求，教师不仅要具备更加广博的知识，通晓一门学科专业知识技能，还要了解其他相关领域的知识。

3. 拥有高层次的专业技能

德国教育家雅斯贝尔斯对教师有过精辟的描述："最好的研究者是最优良的教师。只有这样的研究者才能带领人们接触真正的求知过程，乃至于科学的精神。只有他才是活学问的本身，跟他来往之后科学的本来面目才得以呈现。通过他的循循善诱，在学生心中引发同样的动机。只有自己从事研究的人，才有东西教别人。而一般教书匠只能传播僵硬的东西。"要组织能促进学生个体社会化的课堂讨论，仅仅靠吃透教材内容是不够的，还需要进行教育研究，洞悉教育规律，以提高教育水平。

（四）加强组织调控

1. 组织

学生是讨论活动的主体，但这决不意味着教师的作用可以忽视，教师的精心策划和组织是保证讨论活动高效进行的关键。

首先，明确活动目标。目标具有定向、激励和评价作用，直接影响着讨论的成效。教师要根据学生的"最近发展区"和话题的难易度分解任务目标。

其次，合理划分小组。小组的划分必须有利于活动的开展，有利于调动学生的积极性。教师要对每位学生的个性、兴趣、学习水平乃至人际关系等都了如指掌，注意学生的差异性，尽可能使各组学习水平保持相对平衡。

再者，明确规章制度。这是课堂讨论有序进行的必要条件。

2. 指导

教师在课堂讨论中的主要任务是调控和引导，对学生既不能包办代替，也不能放任自流。要细心观察、记录学生的讨论活动情况，对讨论中出现的问题及时矫正，保证讨论始终围绕主题进行。对于讨论中一时难以提取的语言项目，教师要指导学生善于利用面部表情、体态动作等非言语交际手段。

3. 调控

首先，控制讨论时间。课堂讨论一般控制在 5—15 分钟，具体取决于任务的难易度。时间过短，讨论不充分、效果不明显；时间过长，占用了其他教学时间，学生也会疲劳。

其次，控制讨论节奏。学生水平参差不齐、性格各异，讨论时可能会有偷懒、冷场或争论不休的现象，教师要适时引导，以保证学生在规定的时间内顺利完成任务。

最后，控制讨论话题。要引导学生围绕论题中心发言，避免离题；同时要根据讨论的进展情况，随时捕捉与主题有关的其他有争议的话题，促使学生深入探讨，提高课堂讨论的深度和广度。

（五）恰当反馈评价

有效的课堂讨论需要评价手段的支持。教师要及时评价学生的课堂讨论，总结、反馈讨论的内容，使他们从教师的反馈中获取信息、反思自己的学习状况。教师的反馈要准确到位，要对学生参与活动的情况给予评价，使他们在以后的讨论中能减少错误、提高效率。同时，要区别对待学生所犯的错误：在强调准确性的环节可以适当多纠错，一般情况下让学生多开口，教师少纠错。

此外，教师在进行反馈、评价时，不仅要关注讨论的结果，更要关注评价的过程，尤其要关注学生在讨论活动过程中的表现。

第四节　结构：促进思辨思维的有序化与明确化

在课堂讨论中，教师应采用"结构化"的方法，把讨论的不同阶段划开，保证讨论的深刻性和递进性。讨论任务的设计要体现层次性，让学生在发现问题、思考问题、解决问题中获得创新思维的发展。

教学案例

物体在水中是沉还是浮①

一、实验引题，统一标准，规范操作

师：同学们，我把这个啤酒瓶盖放到水里会有什么现象产生？

生1：瓶盖会浮在水面上。

生2：瓶盖会沉到水底。

师：看来大家的意见不一致，那就用实验来检验一下吧。（演示将瓶盖轻轻地放在水面上，瓶盖浮了，将瓶盖按到水底再松手，瓶盖沉在了水底）

师：为什么浮和沉两种情况都产生了呢？

生3：刚才老师在放的时候，一个是轻轻的，另一个是重重的。

生4：刚才老师在放的时候，一个是放在水面上的，另一个是按到水底的。

生5：可能老师在放的时候一个是正面朝上的，另一个是背面朝上的。（该生没仔细观察）

师：同学们讲得很好，刚才老师在放的时候放的方法是不一样的，所以结果也不一样，为了统一实验结果，我们要求在实验时要将实验的材料统一按到水底后再松手，再看此材料在水中的沉浮。大家明白实验的要求了吗？

生（齐）：明白。

---

①　施均捷. 物体在水中是沉还是浮 [EB/OL]. [2013-09-15]. http://www.sdjygl.net/_d275135562.htm.

二、初步感知、猜测验证，汇报成果

师： （出示一组实验材料：泡沫、铁钉、橡皮块、大头针、蜡烛）让我们以小组的形式，猜测这些物体在水中是沉的还是浮的？把猜测结果填写在活动记录表的第一栏中。（大屏幕上显示记录表）

学生猜测并填写表格，师巡视填写情况。

师： 请同学们来说一下你们的猜测结果，并说说你们的猜测依据是什么？

生6： 我认为泡沫、大头针是浮的，铁钉、橡皮块、蜡烛是沉的，因为前面两种物体都比较轻，所以它们是浮的，而后面的都相对比较重，所以是沉的。

生7： 我觉得泡沫、大头针、蜡烛都是浮的，橡皮块、铁钉是沉的，我认为蜡烛是浮的因为蜡烛表面有一层像油一样的东西，而油是浮的，所以它也是浮的。

生8： 我认为橡皮块也是浮的，只有铁钉是沉的。

生9： 我觉得大头针、铁钉都是沉的，其余的都是浮的，因为前面两个都是用铁做的，铁是沉的，所以它们是沉的。

师： 看来同学们对大头针、橡皮块、蜡烛有比较大的异议，我建议各组动手用实验来检验一下，这些实验材料在抽屉里，把观察到的实际结果填写在记录表的第二栏里。

学生做实验进行验证。

师： 做实验时我们应该注意什么？

生9： 要把实验材料统一按到水底。

师： 请组长来领取实验材料，在实验后将表格的第二列填写完整。

学生小组实验，并完成表格填写；教师巡视指导。

师： 请同学们来汇报一下实验结果。

生10： 我们的结果是大头针（沉）、铁钉（沉）、橡皮块（沉）、蜡烛（浮）、泡沫（浮）。

师： 其他各组的结论一样吗？

生（齐）： 一样。

师： 那你们觉得物体在水中的沉浮和什么有关系呢？

生11：我觉得物体的沉浮和它的大小有关，物体大就沉，物体小就浮。

生12：我觉得物体的沉浮和它的轻重有关，物体重就沉，物体轻就浮。

生13：我觉得物体的沉浮和它的组成材料有关，像泡沫、蜡烛这样的材料比较轻，容易浮。

师：对物体在水中的沉浮和什么有关系，大家又提出了各自的猜测。自己的猜测正确吗？让我们把这些材料按它们的轻重、大小排两次队，并且把它们的序号也填入记录表的第三、第四栏上，小组再分析一下，自己的猜测成立吗？

学生分组活动，老师帮助一个小组的学生区别大头针与泡沫的轻重。

师：请说说大家研究的结果。先说说它们的轻重排序，再说说你们的发现。

生14：我们小组按重到轻的排序是：橡皮块—铁钉—蜡烛—大头针—泡沫。我们发现刚才说的物体重就沉、物体轻就浮是不对的。蜡烛比大头针重，但是它是浮的。

生15：我们的排序一样的，刚才的说法不科学。

师：这些物体按大小排序又是怎样的？与猜测的结果相同吗？

生16：从大到小是：泡沫—橡皮—蜡烛—铁钉—大头针。泡沫很大，实际是浮的，大头针很小是沉的，与我们的猜测也相反。

师：其他小组的结果呢？

生17：我们的猜测错误了。

师：看来物体的沉浮跟物体的大小、轻重都没有关系？你们觉得问题出在哪里呢？

生18：我们比较的东西不一样。

生19：我们应该拿同一类物品进行比较。

生20：如在比较橡皮时，我们可以选择大小不一的几块橡皮进行比较，但必须是同一品种的橡皮。

师：这位同学讲得很好，我们在统一实验方法的同时也应该考虑实验的材料是否统一，那么老师现在将这块橡皮放入水中是沉的还是浮的？

生（齐）：是沉的。

生（齐）：是浮的。

师：（演示实验，将整块橡皮放入水槽中）橡皮是沉的。如果老师现在将橡皮对半切开，把半块橡皮放入水中，你们说是沉的还是浮的？

生（齐）：沉的。

师：我一直将橡皮切一半放入水中，结果会怎样？

生（齐）：始终是沉的。

师：老师这里还有一块泡沫，放入水中后是沉的还是浮的？

生（齐）：浮的。

师：（演示实验）老师把这块泡沫像刚才的橡皮一样，不断地切下去，放一半到水中会怎样？

生（齐）：浮的。

师：这两个实验告诉我们什么？

生4：同一种实验材料，不管我们将它切得多小，是沉的总是沉的，是浮的总是浮的。

生6：同一种材料，大的重量也大，小的重量也小。

师：刚才我们对同一种材料进行了研究，有了新的认识，物体的沉浮与材料是有关系的。我们刚才的猜测是有道理的。

三、开展实验，再次探讨，再次印证

师：请同学们拿出抽屉里的一号信封（教师取出信封里绿色、红色、黄色、蓝色四个小球）先对这些小球的大小、轻重比较一下，再把它们放入水中，能观察到什么现象？分小组行动吧!

学生分组比较、实验，教师巡视指导。

师：请说说我们小组活动的情况吧。

生1：它们的形状一样，都是圆的。大小也一样。

生5：它们的轻重不一样。

生9：它们的颜色不一样。

生13：绿球最重，红球比较重，蓝球有点重，黄球最轻。

师：把它们放入水中的结果是怎样的？

生17：我们发现绿球沉到了水底，红球整个球浸在了水的上层，蓝球有半个浸在水中，还有半个浮出水面，黄球完全浮在水面上。

生 8：黄球露出水面最多。

师：大家的实验结果与他们组一样吗？

生（齐）：一样。

师：谁能说说这个实验又说明了什么呢？

生 10：物体沉浮和物体的轻重还是有关的。

生 12：我觉得是大小相同的物体，重的容易沉，轻的容易浮。

板书：大小相同的物体，重的容易沉，轻的容易浮。

师：当大小这个条件统一后，我们发现重的容易沉，轻的容易浮。

师：请同学们再拿出二号信封，（教师取出四个大小不同的圆柱体）这四个圆柱体的重量是一样的，将它们放入水中，结果会是怎样？各小组动手试一试，这里能发现什么？

学生分组实验。

生 4：老师，我知道了，轻重一样的物体，大的容易浮，小的容易沉。

师：大家都同意吗？

生（齐）：同意。

（板书：轻重一样的物体，大的容易浮，小的容易沉）

师：通过刚才的实验，我们知道在轻重一样的条件下，大的容易浮，小的容易沉；大小相同的条件下，重的容易沉，轻的容易浮。

四、举例设疑，拓展延伸，深化认知

师：下课时间马上就要到了，我有个问题留给大家课外去寻找答案。铁钉、铁块在水中都是沉的，为什么用钢铁制造的轮船能浮在水面上？

施均捷老师认为，可以把"知识—方法—情感"作为标准对学习目标进行分解，根据认知领域发展的不同层次将学习总体目标分解成"了解—分析—发展"三层目标。课堂讨论是紧紧围绕这三层目标的达成不断推进的。通过学生的"发现问题—做出猜测—进行实验—得出结论"来了解一些常见物体在水中的沉浮，再在此基础上对沉浮现象进行讨论，在讨论的过程中要求学生运用科学的方法对物体的沉浮进行研究，得出事实的真相。并以结论为铺垫，产生新的矛盾，让学生在新的矛盾中进一步去探知，将学生学习的

兴趣吸引在问题的周围，将学习转变为一种自主的探究活动。这深刻地体现了讨论结构的阶梯性与递进性的特点。讨论结构一般包括讨论的论题、讨论的过程和讨论的结果。

一、讨论的论题

（一）含义

从某种意义上说，论题是课堂讨论的核心内容，也是课堂讨论的有效载体。学生将围绕论题展开讨论，教师将依靠论题衔接前后的教学内容。论题设置的好坏是课堂讨论成败的关键。

心理学研究发现，在注意力方面，小学高年级学生的有意注意逐步占主导地位，注意的集中性、稳定性，注意的广度，注意的分配、转移等方面较低年级学生都有不同程度的发展；在思维方面，学生逐步学会分出概念中本质与非本质、主要与次要的内容，学会掌握初步的科学定义，学会独立进行逻辑论证。但是，学生的思维活动仍然具有形象思维的色彩。随着学生的想象力日益丰富并逐步符合客观现实，其创造性的成分会日益增多。因此，论题设置应当遵循适度性、针对性和共同性等原则。

（二）遵循规律，有的放矢

1. 适度性

维果茨基的最近发展区理论认为，在确定发展与教学的关系时，要使教学对学生的发展起主导和促进作用，就必须确立两种发展水平：一是已经达到的发展水平，即学生能够独立解决问题的智力水平。二是可能达到的发展水平，但需要他人的帮助。维果茨基将学生借助他人帮助所能达到的水平与独立活动中所达到的解决问题的水平之间的差异称为最近发展区。

最近发展区原则要求设计的讨论问题必须难易适度，而且要有一定的思考价值，能与学生个人努力产生共鸣。这样的问题一方面要从教材的实际出发，紧扣教学目标和重难点，以领会知识和运用知识为前提，学生能通过回归教材，进行分析、思考后才能解答出来。这样做的目的，是在学生的第一级发展水平上给出一块垫脚石，使学生跃上认识的新台阶，达到上一级发展水平。好像上山坡一样，再用点力才能爬山坡；又好像摘桃一样，垫垫脚、跳一跳，才能够得着。另一方面，要从学生的实际出发，根据学生已有的知识积累和实际能力来确定问题的难易程度，不偏难、不偏易。

2. 针对性

针对性是指要求设置的论题既要针对教材，又要针对学生。教师应该结合教材内容，针对教材的重难点，设计几个关键性的论题进行讨论，这有助于学生对知识的理解和掌握。没有针对性的论题会使学生的思维缺乏定向，失去目的性，造成胡思乱想的心理状态。设置的论题必须准确清楚：一是要抓得准，摸得透，有的放矢，符合学生的认知特点，适应学生已有的认知水平，切忌含糊不清、模棱两可。二是要措辞确切，正确表达所要表达的意义，避免产生歧义。

例如，教学《狼牙山五壮士》课文，如果将论题设置成"这篇文章共分为多少段"这样的问题时，既没有针对教材的重难点，又不能激发学生的探索热情；如果将问题改为"试结合抗日战争时期的时代背景对文章所表达的思想进行分析"，又会使学生摸不着头脑，毕竟他们并不太了解那个时代背景。可将论题设置为"在文章中，作者描写五壮士跳崖牺牲的过程，表现了作者对五壮士怎样的感情"，这样可使问题简单化，也在学生能够解决的范围之内，自然能够起到讨论的作用。

3. 共同性

共同性是指设置的论题要抓住学生的共同性问题（学生感兴趣的问题），以吸引全体学生的参与。

讨论的问题要符合共同性原则，以引起学生注意，激发学生思维。内部动机是由外部刺激和个人兴趣引起的，并为个人选择和控制提供动力。好奇心和创造性思维是学习者内部学习动机的主要指标。在课堂讨论中，教师要善于抓住教材中主要内容的奇妙之处提出论题，以便激活学生的兴奋点，激起学生思维的波澜。

例如，教学《老人与海鸥》一文，可以设置这样的论题："老人去世了，海鸥成群结队地为老人守灵，如果海鸥会说话，海鸥会对老人说些什么呢？"这样的论题会引起学生强烈的反响。小学高年级学生的想象力正处于旺盛时期，他们的情感体验也较低年级的要丰富。因此，当学生带着问题一边回归原文一边讨论时，正是学生们思维和感情澎湃的时刻。这样的共同性论题让学生抓住重点词句去感悟、体验，并与自己的生活实际联系在一起，使之与文本产生共鸣，让学生尽可能地进入海鸥的情感世界，去领略、品味海鸥对老人的那份情感，和文本最大限度地互相融合。

二、讨论的过程

（一）含义

有效讨论的发生，有助于吸引更多的人加入到讨论中。要使课堂讨论最优化开展，在讨论过程中，教师应该注意把握开展讨论的时机，通过多种多样的讨论形式使学生的注意力不偏离教学目标。此外，教师不仅要充当引导者的角色，还要担任协调者、参与者、组织者等角色，这样，才能使课堂讨论有序地开展，并产生有效的教学效果。

（二）过程展开的艺术

1. 把握开展讨论的时机

我们发现，不少教师动辄让学生讨论，更有甚者一节课有多少个环节就有多少个讨论。其实，课堂讨论并不是越多越好，课堂讨论也要讲究时机。

那么，如何把握开展讨论的时机？

（1）当课堂教学出现有效生成时，开展课堂讨论

在讨论的过程中，学生会产生自己的学习目标。同时，随着问题的解决和兴趣的满足，学生还会拓展新的问题和新的价值观。课堂教学是动态的，课堂讨论需要教师事先做好充分的准备，预设教学中适合讨论的点和可能的讨论方式。教师可以就课堂上随机出现的一些现象和问题迅速进行应对，并选择其中的有效生成资源组织学生展开讨论，这样不仅能够提高学生参与讨论的积极性，激发他们的讨论热情，又能在讨论的情境中深化学生对学习内容的理解，提高学习的效率。

（2）当遇到教学重点、难点问题时，开展课堂讨论

比如，教学《一夜的工作》一文，通过课文学习获得对周恩来总理勤劳、简朴高尚品质的感知是教学重点之一，但是仅通过学生独立思考来理解往往比较困难，这时，教师就可以通过引导来组织学生进行讨论。教师可以就这个问题分解设计几个相关的子问题，例如：作者选取了哪些材料来表现周恩来总理的勤劳？文章细致地描写了周恩来总理的办公室，这是为什么呢？等等。

（3）当求解答案存在多种可能时，开展课堂讨论

比如，教学《鸟鸣涧》一文，课文提示说诗歌反映的是"盛唐时代和平安定的社会气氛"，而有学生提出文章表现的是"诗人王维心境的平和"，多种理解产生了。教师可以此创设问题情境，打破学生迷信书本的思维定式，发展学生的思辨能力和创新能力。当然，这要与教学目标密切相关。

2. 注意讨论形式的多样

课堂讨论最常见的形式是分组讨论，一般是同桌组成两人小组，或前后桌组成四人小组。然而长期使用单一的讨论形式，容易使一些学生产生惰性。① 在课堂讨论中，教师应该交替使用不同的讨论形式。

（1）激趣式讨论

激趣式讨论的主要目的在于激发学生的学习兴趣，它建立在师生相互熟悉、相互信任的基础上。对于小学高年级较为抽象的科普文，如《只有一个地球》《大瀑布的葬礼》，就是用具体、形象、直观的事物或生活中受污染的事件引起学生的注意，进而展开讨论，唤起学生的求知兴趣，引起学生积极思考，这种激趣式讨论往往可以收到很好的教学效果。

（2）发散式讨论

创新是一个民族进步的灵魂，是一个国家兴旺发达的动力，也是一个人在工作乃至事业上永葆生机和活力的源泉。所以，创新性思维的培养不能只限于目前学习的需要，还要着眼于学生今后发展的需要。发散式讨论有助于培养学生的创新性思维，对于开阔他们的视野、保持锐意进取的态度很重要。比如，教学《北京的春节》一文，关于北京春节的特点讨论，可以展开发散式讨论，让大家畅所欲言，倾其所知，尽其所想，不必拘泥于书本知识。在这种发散式讨论中，教师可以充分调动每个学生的想象力、创造力，丰富学生的知识体系，为他们今后的发展打开一扇扇门。

（3）情境式讨论

情境式讨论，是指教师在教学时先预设一种特殊情境，将学生带入情境中，让其扮演一定的角色，从特定的角度理解问题、分析问题，从而得出结论。例如，教学《晏子使楚》一文，教师设置了晏子出使楚国的情境，要求

---

① 王丽娜. 语文教学中运用课堂讨论的策略［J］. 教育理论与实践，2011（17）：67-69.

学生扮演晏子、楚王等角色。学生以满腔热情积极地投入晏子智斗楚王的情节中，这样，课堂讨论会非常激烈。

3. 转变教师的角色

（1）由讲授者转变为引导者

从讲授者到引导者的转变，体现了课堂讨论对学生独立性的认可和尊重。从客观上讲，每个学生都有合作的意向和合作的能力。在课堂讨论的过程中，教师的作用不断转化为学生的合作学习能力，随着学生合作学习能力的由弱到强、由小到大的增长和提高，教师的作用在量上也就发生了相反的变化。为此，教师要充分尊重学生的话语权，积极鼓励学生合作学习，并创造各种机会让学生合作学习，从而让学生发挥自己的智慧，提高其合作学习的能力。

（2）由控制者转变为参与者

强调教师由学生学习的控制者转变为学生学习的参与者，意味着要把学习的自由和权利还给学生。自由是人精神成长的"空气"。学生在具体课堂讨论中的自由包括：一是方式的自由，即每个学生拥有按照自己擅长和喜欢的方式进行讨论的自由；二是思想的自由，表现在独立思考、个性化理解、自由表达的自由和权利。在讨论过程中，教师不能硬把自己的观点强加在学生身上，应尊重学生的观点，以参与者的身份加入课堂讨论中。

三、讨论的结果

（一）含义

现代汉语中的"结果"指"一定阶段，事物发展所达到的最后状态"。所以，课堂讨论结果可以理解为在课堂讨论中，学生针对主题讨论后在知识方面形成的观点、在情感上形成的认识等，其不仅包括各小组讨论的结果，也包括之后在全班范围内交流中产生的各种"产品"。而课堂讨论结果的处理艺术就是将讨论结果转化为讨论成果。

（二）结果处理的艺术

1. 讨论结果的收集

在收集各小组的讨论结果时，教师应该认真倾听学生的发言，并细心观察他们的眼神、动作。一个人表达自己思想的途径是多元的，有语言途径，还有非语言途径；可以用陈述的方式来表达肯定，也可以用反问来强调；可以用眼神，也可以用动作。所以，教师应认真倾听学生的发言，并要善于观察，通过他们的一举一动掌握学生的认知状态，以求更好地了解学生所想。

除此以外，教师在关注汇报小组的同时，还要关注非汇报小组。通过其他学生的动态，了解他们是否赞同这个小组的讨论结果。

2. 讨论结果的评价

在课堂讨论中，讨论问题的设计、讨论方法的选择、讨论程序的调控以及讨论氛围的创设等方面诚然重要，但是，课堂讨论的效果如何，最终需要落实在讨论结果的评价方式上。即使讨论的形式丰富多彩，讨论的过程比较顺利，如果讨论结果的评价方式不当，也可能使整个讨论活动功亏一篑，或不能达到预期的效果。讨论结果的评价方式可以分为教师对讨论结果评价和学生对讨论结果评价两种。

（1）教师对讨论结果评价

其一，评价讨论结果的积极性、主动性。主动参与、积极发言是活跃课堂气氛、产生思维碰撞的前提条件。教师要适时地对主动参与、积极发言的学生进行肯定，以激发全体学生参与的热情。

其二，评价讨论结果的正确性、完整性。不少学生在发言时不能很好地表达自己想说的意思，喜欢用一两个词语回答问题，教师在评价时要予以关注和指导。

其三，评价思维的缜密性、条理性。语言的内核是思维，发展思维能力是课堂教学活动的主要目的。教师要着眼于学生发言所反映的思维特质，及时对思维的条理性、缜密性进行点评和引导。

其四，评价发言的创新性、建设性。最有价值的发言是能够提出创新性见解的发言，我们应该对这种发言予以高度的评价，使它成为智慧的种子；并通过及时的引导，使学生的学习和思考向更为深入的方向发展。

（2）学生对讨论结果评价

学生已不再是被权威控制的对象，他们逐渐地有了话语权。班级中每个学生的差异本身就是一种课堂资源，如果教师能认真地倾听和分析学生的意见、很好地组织学生进行同伴间的评价，将会收到意想不到的效果。在对课堂讨论结果评价时，一定要培养尊重个别差异的良好心态。在进行评价时，学生必须明确自己的角色与作用。评价者在评价之前，必须将对方的发言听清楚，根据发言内容进行思考，结合自己所学知识，选择适当的措辞进行评价，然后再虚心地倾听别人的反馈意见。在学生对讨论结果进行评价时，教师应鼓励他们可以发表自己独特的见解；可以对问题的答案提出异议，据理力争；也可以在赞同别人的同时，说明自己的理由，补充自己的观点。

运用课堂讨论这种教学形式，教师要认识到讨论题目的设计要领，注意把握开展课堂讨论的时机，使讨论形式多样化，并不断地反思和总结，提高对讨论结果的处理技术，使之成为教学的一种习惯，成为一种艺术。

第五节　实战案例：如何深入讨论互动

一、实战案例

《真理诞生于一百个问号之后》教学实录①

师：有人说了这样一个观点"真理诞生于一百个问号之后"，并且说这个观点也是一个真理。你相信吗？

生：（纷纷答）相信！

师：没人有疑问吗？

生：（纷纷摇头）没有！

师：为什么？

生1：因为这是别人已经证明过了的。

生2：因为课文中已经有结论了。

师：真的没人有疑问啦？

生：没有！（众笑）

师：真理不是诞生于一百个问号之后吗？你们一个问号都没有，真理怎

---

① 薛法根.《真理诞生于一百个问号之后》教学实录［EB/OL］.［2013-09-12］. http://blog.si-na. com. cn/s/blog_4eeee2770100jvos. html. 本文略有改动。

么这么快就诞生了呢？（众大笑）敢于怀疑别人的观点，敢于提出自己的疑问，这是发现真理必不可缺的精神！没有经过质疑的真理不一定就是真理，而可能是——

生：歪理。（众大笑）

生：谬论。

师：对啊！所以，你们要敢于怀疑这个观点。有疑问吗？

生3："真理诞生于一百个问号之后"到底是什么意思呢？

生4：真理一定要在一百个问号之后才能诞生吗？

生5：是不是所有的真理都是在一百个问号之后诞生的呢？

师：（高兴地）你们这么想、这么问就迈出了发现真理的第一步！打开课文，作者在提出这个观点之后是怎么解释这个观点的含义的？

（生自由朗读第二自然段后，指名一生朗读）

师：理解吗？

生：（纷纷）理解。

师：有问题吗？

生：（纷纷）没问题。（众笑）

师：看来，你们真是太听话了，都成习惯了，要想有问题都很难。（众大笑）司空见惯理解吗？

生6：就是看得多了就不觉得奇怪了。

生7：经常看见的事就习以为常了。

生8：见的次数多了就见怪不怪了。

师：生活中哪些事情你们已经司空见惯了？

生6：太阳每天都从东方升起，从西边落山。

师：从来没有想过为什么不从西边升起，从东边落山。（众笑）

生9：我们每天饿了都要吃饭，困了都要睡觉。

师：从来没有想过为什么不是饿了要睡觉，困了要吃饭。（众大笑）

生10：白天升起的是太阳，晚上升起的是月亮。

师：一天又过去了。（众笑）从来没有想过这流过去的时间从哪里来，又到哪里去。这些现象都是司空见惯的。你们对"司空见惯"的理解就是习以为常，见怪不怪。有谁想过"司空见惯"这个词语怎么来的？为什么叫"司空"、"见惯"呢？

生10：（惊异地）没有！不知道！

师：我们对于熟悉的事物常常失去好奇心、探究欲，也就没有问号了！"司空"是古代的一个官职，专门掌管建设工程，相当于现在的建设部部长。相传唐代司空李绅请卸任的和州刺史、大诗人刘禹锡喝酒。酒席上叫歌妓劝酒，并歌舞助兴，极尽奢华。刘禹锡就写了一首诗："高髻云环宫样妆，春风一曲杜韦娘。司空见惯浑闲事，断尽江南刺史肠。"这原是一首讽刺官员花天酒地奢侈生活的诗，后来就有了"司空见惯"这个成语。明白了吧？

生10：（恍然大悟的样子）哦！

师：不问不知道——

生10：一问吓一跳。（众大笑）

师：你吓什么呀？那叫——问了才知道！（众笑）问号才能变成感叹号。这里的"?"和"!"分别表示什么？

生10："?"表示对这些司空见惯的现象产生了疑问；"!"表示经过不断的探索，终于发现了真理。

生10："?"表示一个接着一个的问题；"!"表示最终找到的真理。

师：把"?"拉直变成"!"，找到了真理，就是"真理诞生于一百个问号之后"的意思。但是在表达上有什么不同？

生10：这样说就是把一个抽象的道理，用直观形象的方法表示，让别人印象深刻。

师：这是你的理解？

生10：《课文详解》里看到的。

师：书上写的是别人的理解。你的呢？

生10：这样说感觉很新鲜，也很简单。

师：这才是你的理解、你的观点。说得多好啊！新鲜，简单！把一个真理说得那么通俗易懂、简单明了，让人耳目一新。一起再读一读这个语句。

生：（齐读）

师：刚才有人问为什么一定要是"一百个"真理呢？99个不行吗？101个也不行吗？

生11："一百个"并不是真的是100个问号，而是说很多问号，无数个问号。

生 12："一百个"是形容有很多很多问题。

生 13："一百个"是说真理的发现过程是很长的，要经过艰苦的探索。

生 14："一百个"是指那种不断探索的求真精神。

师：说得都有道理！"一百个"不是实指，而是指真理的发现要经历长期而艰辛的发问、探索的过程。比如"这件事交给我，你放一百个心吧！"是不是一定要正好放一百个心？

生 15：不是！是指绝对放心的意思。

师：对了！一起读一读这个观点。

生：（齐读课题）

在上述案例中，薛法根老师首先提出一个问题："你相信这是一个真理吗？"再逐步深入讨论。他引导学生质疑和追问，让学生从顺从、听话的"良民"变成具有独立思考精神的"公民"，让讨论与《真理诞生于一百个问号之后》所蕴含的科学精神相符合。学生在懂得道理的同时也尝试着怀疑，做出自己的判断和思考。在案例中，深入的课堂讨论不仅仅是把学生心中的"？"变成了"！"，而是要让学生产生更加深刻的"？"，找到自己的"！"。这才是教给学生一生有用的东西。相对于理解和接受科学知识来说，怀疑、求证的科学精神，似乎更为重要！

二、实战经验

要将讨论引向深入，学生的基础是前提，只有学生具备了一定的基础，深入讨论才有保障。同时，我们还应明白，针对学生而言，讨论深入是相对的、渐进的。因此，我们既不能因过高期望而失望，又不能放任自流，随其发展，而应循序渐进，着力培养。

（一）培养良好的行为习惯

我们虽然反对过死的课堂约束，但要使讨论有序地进行，良好的行为习惯还是很有必要的。我们允许交流，甚至吵嚷；我们允许辩驳，甚至争论……如果学生没有良好的行为习惯，乘机嬉戏，扯皮、捣乱，何以谈其深入？我们应着力培养学生的良好行为习惯。我们应对其讲明道理，规定必要的限度；同时，我们应做到逐步过渡、逐步放开，以此确保讨论秩序的正常化。

（二）训练正确的思维方式

讨论是沿着中心问题展开的。问题的主旨需要寻找论据去论证论题。其间比较、选择、辨析、推理等，无不需要准确、严密的思维过程。我们将讨论引向深入，如果没有正确的思维方式，不仅结论可能是荒缪的、离题的，而且还浪费时间，耗费精力，混淆视听，模糊观点。因此，我们要对学生进行一些常规的思维方式的训练，力求让学生在剖析、回答、追溯、辩驳、论证问题时，能抓住要领，选准路径，少走或不走弯路。

（三）教给一定的表达技巧

在讨论中，不管是罗列内容，据理辩驳，还是论证自己的观点，都需自己陈述；而且，对于每一个学生来说，总希望自己的陈述思路明晰、表述清楚，能够达到最佳效果。小学生，尤其是低年级，表达方法还不是很好，言不由衷的现象比较普遍，更谈不上娴熟的表述技巧。因此，要将讨论引向深入，还有待教师教给学生一定的表达技巧。让学生在讨论中具备不浮不躁、不急不慢的心理素质，具有吐字清楚、逻辑严谨的表述方法。

（四）构建丰富的知识储备

深入讨论除要具备良好的习惯和技巧外，最重要的还应具有知识储备。知识丰富，讨论时论据就可信手拈来，论据充分就可做到精当贴切、确凿有力。我们要将讨论引向深入，显然就有待引导学生平时多读书刊报纸，多观察生活，体验社会，多思考分析。这样，多积累、多运用，学生的知识积淀厚了，对问题的看法显然就会提炼出较准确的观点，就可具有较独到的说法。

三、实战策略

课堂讨论涉及的因素很多，它包括客观环境、学生心理、话题内容、时空范围、教学机智、评价技巧等，要将课堂讨论引向深入，就得将这诸多因素精心设置、科学安排，使其发挥整和协调的作用；否则，某一设置不合理，某一安排不科学，就会前功尽弃。课堂策略是把课堂讨论引向深入的关键。

（一）创设宽松的环境

首先，教师要创建良好的人际环境，包括友好亲密的同桌、团结奋进的集体和平等和善的师生关系。其次，要建设温馨和谐的教室文化。从班训到黑板报，从名言警句到各类专栏，都要充分体现人文色彩。最后，建立学生认同的制度文化，从而变外界干涉为自动约束。总之，教师要让学生身居其间，充分享受爱的滋润，充分体验主人的角色。我们试想，在这样的环境下组织讨论，能不顺利吗？

（二）设置适度的内容

讨论内容的适度包括三个方面：其一是量的恰当，问题要简短明了，要防止不能因学生不理解问题或问题多了而影响讨论的开展；其二是难度要适中，要照顾绝大多数学生有言可发；其三是力求使问题具有一定的弹性，要让学生在讨论中具有自由拓展的空间。做到了这三点，学生在讨论中才有深入的可能，否则闭门杜撰，不看学生实际，问题浅了学生感到寡淡无味，问题难了学生又无从下手，当然也就没有深入可言了。

（三）选择热门的话题

热门话题不仅能联系生活，解决认识上的实际问题，而且还能促使和调动学生踊跃参与讨论。热门话题是使讨论引向深入的有利因素。那么，如何选择热门话题呢？其一，联系生活。如学《狼》后组织讨论"狼有优点也有缺点，现实生活中有这类的人吗？举个例说说"。其二，问题转化。"如果木兰担任了尚书郎，用现代人的眼光一般会怎样看待她？"其三，巧妙嫁接。"死海为什么不会干？"融地理、语文、数学一体。总之，只要你做个有心人，哪怕是历史久远的内容、抽象的数理知识，也可变为生动有趣的话题。

（四）采用机智的点拨

在学生讨论中，学生最不愿意被老师牵着不放，或浅尝辄止，或越俎代庖；然而，在讨论中学生又常出现"卡壳"现象，这就表现出典型存在的独立性与依附性的矛盾。怎样让学生既心理平衡，又能在老师的引导下深入讨论呢？我们认为，至少有三个办法：其一，旁敲侧击。不直接指出该怎样，而是侧面提示。其二，牵线搭桥。有时在讨论过程中，就缺一个过渡，导致学生很难翻越。这时教师可相机辅助。其三，女娲补天。有时问题已经讨论接近尾声，就只差一点，教师给予补充，就能使其天衣无缝。

（五）保证足够的时间

保障足够的讨论时间，也是使讨论深入的重要因素。讨论深入在时间上可以从两方面理解，一是就问题而言，找出圆满的答案。二是让所有的学生都得到锻炼。找出答案需要时间，让表达得到锻炼更需要时间。如果我们以找出答案为目的，那么讨论只是为优等生提供了演练的机会，而大多数学生只起到了陪衬的作用。因此，一般来说，教师既然组织讨论，就应给足讨论时间。

（六）传授深入的方法

方法是解决问题的关键，要将讨论引向深入，传授学生深入的方法很有必要。比如，追溯：寻根索源，穷追不舍，尽其所有；辩驳：吹毛求疵，见缝插针；补充：互找遗漏，互相支持共同提高；求异：力求不同，突出区别，寻找差异；创新：独出心裁，争当首例……掌握了深入的方法，学生再大的劲头也就有了使出的凭借和依托。

（七）开放思维的空间

一是教师心灵的开放。教师是学生的楷模，教师心灵的开放，才会给学生以心胸豁达与坦荡、视野的开阔与独到的潜移默化影响。二是引导时思维的开放。开放了思维空间，教师才会有耐心和宽容，才会真正站在学生一边思考问题。三是训练时空间的开放。讨论时生生之间、师生之间的交流，打开了师生的思维空间，使课堂讨论得以高效展开。四是讨论时思维的开放。比如范围的变换、角度的转移、联想对比等。总之，只要从根本上解决了学生的思想顾虑，学生的思绪就可海阔天空，任意翱翔。

（八）实施激励的评价

任何人都渴望成功，学生更是如此，他们会表现得更突出、更强烈。我们在组织学生讨论中，适时鼓励很有必要。当学生在满足了成功欲望之后，情绪就会更亢奋，思维就会更活跃，态度就会更积极，行动就会更投入。不过，鼓励的时机一定要把握准，一定要在学生仍在兴奋之时顺水推舟，因势利导。鼓励也应真心诚意，要用学生的心理去看待成功。否则，学生心灰意冷、教师鼓励言不由衷都会引起相反的效果。

第五章

课堂讨论有效调控的方法

　　讨论互动是学生紧紧围绕一个共同的任务，在强烈的问题动机驱动下，通过对学习资源的主动应用，进行合作探索，并在合作中完成既定任务、掌握讨论方法的一种方式。在讨论互动中，往往能达到"凡能力总要在实践中得到锻炼"的效果。

　　因为讨论的背后蕴藏着极为丰富的教育内涵，比如怎样倾听他人的意见、怎样表达自己的见解、怎样与他人沟通、怎样质疑不同的观点，以及在讨论中如何提供应有的信息、如何评价团队互助等，这就要求教师能够对讨论进行有效调控，使得讨论能按照预期进行。

第一节　即时掌控：抛砖引玉示真知

　　课堂讨论是指师生在课堂上围绕一定的论题，相互交流、相互启发、相互学习，以实现教学目标的一种教学方法。新课程倡导"自主、合作、探究"学习方式，这种学习方式在课堂教学中主要是通过课堂讨论来实现的。随着新课程的进一步实施，广大教师已经广泛地使用课堂讨论这种教学形式，但是对课堂讨论中需要即时掌控的方法，还缺乏足够的思考和把握，导致有时讨论的效果不尽如人意。要使课堂讨论取得实质性效果，使学生真正做到质疑、深思、感悟、论辩，达到广泛交流、深层思考、厘清思路、拓展提高的目的，教师就必须学会即时掌控课堂讨论的方法与策略。

教学案例

《你回来了》（教学片段）①

师：好。最后这句"你回来了"，和咱们开始练的语气语调，你们在短文中有没有用进去，看哪一组用得最好。

师：好，第一组，请开始。

生1：爸爸一早就上工去了。晚上天黑风大，爸爸却还没回家。妈妈不安地在屋子里走来走去。她说："我担心极了！到底发生了什么事呢？"我说："妈！您别慌！爸爸应该快回来了！"妹妹朝门外张望，远远的，看到了熟悉的身影。她拍手大叫："是爸爸耶！"我们冲上前异口同声地说："您回来了！"

师：好，小朋友，他们的最后一句"您回来了"，是一起读的，对不对？读得好棒啊！给点儿掌声。好，请回座。第二组，请开始。

生2：姊姊在家看书准备考试。我在厨房帮着妈妈做家事，理家务。顽皮的哥哥却一整个下午都在外头玩儿。时间一分一秒地流逝，妈妈的脸越来越沉，越来越沉……我知道大事不妙！果然，哥哥一进门！妈妈就大声地说："你回来了！"

师：唉，小朋友，第二组表现的是什么心情？

生（齐）：生气。

师：第三组小朋友请上来，好，请开始。

生3：听说堂哥和伯父前天到台湾旅行去了。爸爸说："他们要好一阵子才会回北京！"我问爸爸："从北京搭飞机到台湾要飞很久吗？"妈妈说："当然啦！而且听说他们这次还要环游宝岛呢！"今天早上竟然看到堂哥跟爸爸说话，这是怎么一回事？我瞪大了眼睛问："你回来了？"

师：嗯，很疑惑对不对？今天去台湾旅游了，怎么会在这里呢？接下来，掌声鼓励。很不错，请让第四组上台。

生4：妈妈上街市去买菜，要我们好好在家看书。等妈妈一出门，我立刻开电脑，打电玩。弟弟也打开电视，看着卡通片，吃着零食。叮咚！叮咚！

---

① 易元培.《你回来了》课堂实录与研讨［EB/OL］.［2013-09-15］. http://www.pep.com.cn/xiaoyu/jiaoshi/xyh/xyhhd/lasd/ketang/201008/t20100824_721975.htm. 本文略有删节。

奇怪了，是谁呀？我和弟弟打开门，妈妈居然出现在眼前！我们俩看着妈妈，惊慌失措地问："你回来了？"

师：我和弟弟一开始开电脑，妈妈就回来了。有过这种情形的请举手。很害怕，对不对？好，表现很好，掌声鼓励。谢谢！第五组请上台，准备朗读短文。好，开始。

生5：堂哥去美国念书已经四年了，今年他要回来过新年。整个家族都很欢乐，非常期待这位学成归国的亲戚。我说："明天堂哥回来，我要把亲手做的玩偶送给他。"表弟说："真是等不及了，明天还要多久才来啊！"第二天，大堂哥回来了，他一进门，就先喊了声"爷爷"！爷爷笑呵呵地拍着大堂哥的肩膀说："你回来了！"

师：哇，他们还互相拍肩膀耶！好棒！来，小朋友，我觉得你们最后一句表现得很好，这样，拍着同学的肩膀，好，再来一遍。

生再读一遍。

师：这次很好，是不是？好，最后一组，前面都已读过了，有期待的，有惊奇的，有生气的，他们要读的是什么样的呢？好，开始。

生6：听说林家姥姥病得很重，大家都很担心，也很难过。姥姥最大的心愿，就是希望在临走前见小儿子一面。她的小儿子在深圳工作，听到消息急急忙忙往家赶。

真不巧，连着好几天的大风雪，机场关闭，飞机都无法起飞。小儿子没能及时赶回来，林家姥姥也在等待中离开了人间。当她的小儿子赶到家时，家人流着泪说："你回来了！"

师：太感动了！你们读得很好，请坐，小朋友表现得非常好。今天我们强调的语气语调有所不同，小朋友们学得很好。

在上述案例中，教师通过明确的指导语实现了对讨论的即时掌控。学生在教师的引导下，有条不紊地进行着讨论与汇报，学生的情感也融入了课堂讨论之中。在课堂讨论的即时掌控中，教师需要注意实现以下几个基本维度，如下表所示。

即时掌控的基本维度①

问题	心理维度	任务条件	掌控的实质	掌控的信念和过程
为什么	动机	选择参与	内在的或自我驱动	自定目标、自我效能、价值观、归因等
怎么样	方法	控制方法	有计划的或习惯性的	策略使用、放松等
何时	时间	控制时限	定时而有效的	时间计划和管理
学什么	行为表现	控制行为	意识到行为和结果	自我监控、自我判断、行为控制、意志等
在哪里	环境	控制物质环境	对物质环境的敏感和随机应变	环境的选择和营造
与谁一起	社会性	控制社会环境	对社会环境的敏感和随机应变	选择榜样、寻求帮助等

掌控课堂讨论，不仅仅是在课堂上给予学生指导，更重要的是起到抛砖引玉的效果，以引导学生学会思考，更好地掌握学习方法。即时掌控不仅能让课堂讨论有序地进行，还能促使学生实现自我发展。

一、影响教师即时掌控能力的因素

（一）个人因素

学历、教龄、性格、人格倾向、知识含量等因素是影响教师课堂掌控能力的重要个人因素。教师学历越高，自信心越强，越有助于课堂掌控能力的形成与发展；教龄是教师教学经验的一个量化表现，教龄越长经验越足，就越容易找到课堂掌控的最佳方法；而性格与人格倾向是教师自我魅力的一种

---

① 孔凡哲，崔英梅. 课堂教学新方式及其课堂处理技巧［M］. 福州：福建教育出版社，2011：135.

表现，这种表现能够深深地吸引学生，有助于课堂掌控力的提高；知识量是教师业务能力的一个重要表现，高能力者会在课堂上表现得驾轻就熟，并能够自我肯定和被学生肯定。

（二）学校因素

学校环境、师生关系和教学工作条件等因素对教师课堂掌控力的形成有着直接的影响。学校气氛、教师士气或校长的领导风格、学校对教师的考评体系是否仅凭量化的数据来定性等，均会影响教师的自我效能感，同时也会影响教师在课堂上的表现；而学校教学设备不足以及教师的工作压力过大，也可能影响到教师的课堂掌控能力。

（三）社会因素

社会因素对教师课堂掌控能力也会产生一定的影响，尤其是当社会所赋予教师的责任过重、舆论压力过大时，会使教师有一种患得患失感，影响教师在课堂上的表现。这种患得患失感导致其在课堂上畏手畏脚，影响课堂教学效果，使课堂掌控能力直线下降。

二、教师即时掌控的作用

教师的课堂掌控能力是一种积极主动地掌握课堂教学全过程的能力。无论是对教师，还是对学生，甚至是对学校，教师对于课堂的掌控能力都是至关重要的。

（一）课堂掌控力关系到讨论过程中纪律的好坏

纪律控制是教师组织课堂讨论的重要保障，课堂讨论如果没有良好的纪律做保障，很难保证讨论过程的顺利进行，可见课堂纪律是教师课堂掌控能力测验的第一课。有经验的教师在开学的第一课，就会以非常委婉的方式告诉学生有关课堂纪律、考勤制度、作业布置及修改、成绩考核方法、课堂行为规范，以及课的开始和结束等关键性问题，让学生在第一时间了解他们所要遵守的行为规范，用规范来约束自己的课堂行为。

（二）课堂掌控力关系到讨论效率的高低

在课堂教学中，教师应该把培养学生的情意能力、发展学生创造性思维和创造性智慧摆在首要地位，为此，必须正确处理好课堂控制与教学效果的关系，创造一种激励学生的学习主动性、使学生自始至终保持探求知识的热情的氛围，以保证教学系统处于最佳状态和最适形式。

（三）课堂掌控力关系到教师形象的好坏

学生尤其是小学生由于其年龄小的特殊原因，教师作为他们人生起步的一个媒介人物，在他们眼里充满了好奇与挑剔，而课堂就是学生认识教师最直接的地方。教师给予学生的第一印象就是从课堂开始的，课堂掌控力是教师获得学生信任的第一步，它不仅关系到教师在学生心目中的形象，更会影响到学生对学习的兴趣。

三、提高即时掌控的有效策略

（一）提高素质是根本

1. 生理素质

生理素质主要指教师在课堂中所表现出来的精神状态，这需要教师有良好的保健意识和科学的保健习惯。科学的保健习惯主要包括科学的饮食习惯与营养结构、科学地分配工作与休息的时间、积极锻炼身体等。

2. 心理素质

心理素质包括认知品质、经验、人格等。认知品质发展的关键在于教师是否能够就已经发生的事情冷静地自我反省和客观地与他人做比较；经验的积累重在阅历的拓展和不断进行客观的分析与总结；人格包括性格和品德，它的发展则需要持续不断地修养。相对于生理因素，心理因素的完善更艰难和持久，它不仅需要教师投入更多的精力和时间，也需要社会等外在因素给予他们更多的关怀和帮助。

3. 行为素质

课堂教学是一个动态的过程，充满了偶然与意外，每一种状况的发生都考验着教师的行为素质。行为素质表现为教师能灵活恰当地处理课堂突发事件所表现的一种临场智慧和能力。也是教师在具体的教学过程中，依据不同的教学内容、对象、情境，将不协调的因素巧妙灵活地变动，以取得最佳教学效果的机敏与睿智。教师在课堂上的行为素质必须以准备性、灵活性和计划性为前提，根据具体的情境来调整自己的行为。

4. 专业素质

专业素质包括教师对教学内容的熟练程度及认识的广度与深度、对于所掌握知识运用的灵活程度、对教学程序的控制与安排、对教学方法的总结与运用、对课程个性化教学方法的探讨与研究，这些能力的提升，对教师在课堂上的表现力有很大的帮助，从另一个角度说可以帮助教师提高课堂掌控力。

（二）加强联系是基础

1. 与学生联系

在教学过程中，教师不可能对每一个学生的动作、表情、情绪、眼神的变化都能观察到，因此，就需要教师在课余时间尽量与学生沟通，掌握他们的心理倾向、爱好、对学习存在的疑问，以此缩短与学生的距离，抓住学生的关键特点，有针对性地解决问题，并调整教学方式，提高课堂的掌控能力。

2. 与学校联系

与学校的联系主要是教师要了解学校教育、教学信息，参与学校教学管理，共享学校教育、教学决策等。教师要根据对学校各种教学信息的了解，在第一时间反思自己的教学方法、教学程序、教学效果，对课堂教学做出准确及时的调整，使课堂教学秩序顺利进行。

3. 与社会联系

首先，教师与教育大环境的联系，主要是指教师要迅速地了解教育信息和准确地判断教育信息。这要求教师应通过各种手段（如看教育新闻、读教育报刊、学教育文件等）随时关注政府的教育动态和社会的教育舆论，积极领会国家的教育方针政策和理解社会对教育的期许与评价。其次，通过媒体等途径，尽量了解时尚与前沿的资讯，了解学生关注的焦点，只有这样才可以在与学生的沟通中做到平等交流、无障碍交流。

四、课堂讨论即时掌控的应用技巧

（一）用兴趣实现即时掌控

孔子说："知之不如好知，好知不如乐知。"爱因斯坦也说："兴趣是最好的老师。"学生只要有了兴趣，就会有学习的积极性，就会由被动变主动，由死记硬背到灵活运用，由乏味变趣味，从而积极参与到教学中来。而学生学习兴趣的激发与教师的积极引导和教学艺术是分不开的。在课堂讨论中，教师可以借助学生的兴趣来实现即时掌控。

《大一统的汉朝》（教学片段）①

课堂伊始，老师巧妙地安排了 3 名学生上讲台对话：

生1：上节课我们学习了刘邦与项羽之间的"楚汉战争"。

生2：结果刘邦战胜了项羽。

生1：公元前202年，刘邦在长安称帝，建立汉朝，他就是汉高祖。

生2：奇怪！为什么项羽失败了呢？

生1：瞧！汉高祖他们正讨论此事呢？我们先听他们的。

生3：（导入语）"军事谋划……所以失败了。"

生1：你认为汉高祖的话有无道理？

生2：有道理！俗话说：得人心者得天下！他就是因为深得人心，才打败了项羽。

生1：但是，得天下容易，坐天下难。

生2：当时，汉高祖面临的是一种什么情况呢？

……

学习新知识，实际上就是设疑、解疑的过程。在上述案例中，学生在解决疑问的过程中对学习内容产生兴趣，积极主动参与讨论，取得了良好的学习效果。这是用兴趣实现即时掌控的结果。

那么，如何用兴趣实现即时掌控？

1. 培养学生的自信心

由易到难，让学生感到学有所获，同时适时适度地给予表扬与激励，可以让学生不断体验成功的乐趣。

2. 建立和谐的师生关系

教师应努力将激情、微笑、趣味、爱心带进学生的心坎，主动接近学生，与他们交朋友，特别是给后进生以充分的爱和帮助，让学生积极主动地参与讨论。

---

① 佚名. 浅谈历史课堂教学中激发学生的学习兴趣 [EB/OL]. [2013-09-12]. http://www.jx-teacher.com/jxlcyang/column25725/a044cfdb-d611-4623-b919-a6511f341cf4.html.

3. 突出学生的主体意识

把学生真正当作学习的主人，使其产生自我肯定的体验，激发强烈的求知欲。

（二）用尊重实现即时掌控

教学活动的最终目标是有效促进学生的发展。因此，教师就不能按照自己"教"的思路进行教学，而应按照学生"学"的规律进行教学。即：学生"应该怎样学"，我们就"应该怎样教"。教师在调控课堂讨论时，要以充分尊重学生已有知识经验为前提，要符合学生的实际情况，周密地考虑到学生存在"已有知识经验和思想方法基础"的事实。

教学案例

"循环小数"的导入①

师：同学们，今天这节数学课，我们首先考查大家的语文学习能力。请大家仔细回顾语文课堂，想想以前学过的"循环"是什么意思？此时学生很奇怪，迫不及待地等老师讲下去。不知老师葫芦里卖的什么药，好奇心驱使每个学生积极思考，有的甚至拿出字典来查。查完的学生抢着回答，气氛十分热烈，并能举例回答，每年总是从1月到12月不断地重复，钟表上指针的转动也是一圈又一圈地重复，他们都是循环的。每年的春、夏、秋、冬四季是循环的。每周从星期一到星期日是循环的。学生思维被激发，争先恐后地发言。

师：你们能用自己的话表述"循环"的含义吗？

生1：循环是不断重复的意思。

生2：重复是有规律的，顺序是不变的。

生3：循环是永不停止的。

……

至此，学生对"循环"一词有了全面透彻的理解，顺利地开始了新课的学习。

在上述案例中，教师在导入新课前，充分尊重学生已有的知识经验，在

① 佚名. 小学数学课堂教学案例实践分析［EB/OL］.［2013-09-15］. http:// wenku. baidu. com/view/03e7eafaaef8941ea76e05e1. html. 引用时有删改。

学习循环小数前，让学生从语文的角度充分理解"循环"的意思。通过上述案例，我们看到了教师用尊重实现即时掌控的力量。

在实际的课堂教学过程中，教师与教材所提供的知识内容有可能是学生没有经历的。所以，在课堂讨论中，常常会出现不和谐的声音，这样的声音并不可怕，反而是需要我们尊重的声音。

有不少教师思想守旧，在旧思想、旧模式的束缚下，不是围绕学生的需要来组织教学，而是希望每一节课都能够按照自己备课时所设想的那样，不出一点差错地进行，不要出现不和谐的音符。

"没有问题的学生不是好学生。"在课堂讨论中，我们要把质疑的权利还给学生，要用尊重的态度面对学生的质疑，并且要鼓励学生大胆质疑，"欢迎提出不同意见"，"允许刨根问底"等，使学生敢于提出问题；对学生所提问题不要过多地评价，绝对不能冷嘲热讽；对学生所提问题要有回应，不能作为教学的一种点缀；当然，我们也要教给学生质疑的技巧。

在课堂讨论中，教师不仅仅是一个教育者，更是组织者。学生的参与意识与教师所扮演的角色教学效果有着直接的关系。现代教师不能仅是一个"传道、授业、解惑"者，如果严守"师道尊严"的观念，就无法摆脱"教"为中心的思想，就不可能让课堂讨论成为发展学生思维的载体；现代教师要学会尊重学生，以尊重的态度来实现对课堂讨论的掌控。

（三）用语言实现即时掌控

教师运用语言掌控能直接、便捷地传达信息，在课堂讨论中十分适用。语言掌控不仅可以根据语言的内容来实现，还可以根据声音的大与小、语气的柔和与严厉、语速的快与慢、节奏的明快与凝重，以及语气语调的高与低来实现。苏霍姆林斯基说："教师的语言是一种什么也代替不了的影响学生的心灵的工具，教育的艺术，首先包括说的艺术，同人交流的艺术。"语言是一种艺术，同样的意思，不同的表达方式往往会产生截然不同的效果。在课堂讨论中，教师的语言很有讲究，有的要能引起学生的注意，能够激发学生的兴趣；有的要能确保问题由易到难地递进；有的要简洁、准确；还有的要富于启迪性和激励性，以增强学生自信，活跃课堂。总之，在课堂讨论中，语言对于讨论的即时掌控大有裨益。

教师规范、优美的教学语言是实现课堂讨论与学生参与高度统一的黏合剂。古语云："善教者，使人继其声。善教者，使人继其志。其言也，约而达，微而臧，罕譬而喻，可谓继志矣。"我们应该认识到，在课堂讨论的引导中，教师的语言是实现掌控的重要条件，起着举足轻重的作用。在课堂讨论中，教师可以通过生动盎然的表述、鞭辟入里的分析、入木三分的概括以及恰到好处的点拨，把学生带进瑰丽的知识殿堂，并开启学生的心智，陶冶其情操，从而更好地为教学目标服务。

借助语言即时掌控课堂讨论，我们需要注意哪些方面呢？

1. 言之有物，论之有实

"物"是指语言教学的具体内容。在课堂讨论中，教师切记：不要信口开河，夸口其谈；不要空发议论，离题太远。要言之有物，论之有实。且能够根据学生的心理特点及需求，有意识地将已学知识和未学内容有效地联系起来，把课本知识与现实生活联系起来，最大限度地充实讨论内容。

2. 言之有体，丝丝入扣

针对不同的讨论内容，教师应采用不同的教学语言。如抒情时，可用深情的语言，要华丽，充满激情；说理时，要有严密的逻辑性，要有力度。针对不同年龄段的学生以及不同知识层面的学生，也应采用不同的教学语言。如对低年级的学生，教学语言应具体、形象、亲切，有趣味性；对高年级的学生，教学语言要深刻、明朗、隽永，有哲理性。

3. 言之有序，条理清楚

"序"是指教学语言的逻辑性。要成功地掌控课堂讨论，必须精心组织教学语言，确定怎样开头、怎样过渡、怎样结尾。只有思路清楚，课堂才能井然有序，讨论才会条理清晰，学生在重点、难点等关键问题上才能得到透彻的理解。

4. 言之有趣，妙趣横生

兴趣是最好的老师。若让学生始终被讨论所吸引，就需要教师运用语言设疑激趣。语言应形象生动、饶有情趣，能化深奥为浅显，化枯燥为风趣。在掌控课堂讨论时，教师可以适时地将与论题有关的笑话、故事、佳联、格言、警句、成语、典故、诗词等引入，做到游刃有余，创设情境，让学生感到讨论新奇有趣，知识易于理解。

5. 言之有启，循循善诱

思维规律告诉我们，思维的启动往往从惊奇和疑问开始。教师在课堂讨论中，要善于用言语激发学生的主体意识，增强其学习的内在动力，引导学生质疑，多为学生创造悬念、创设情境，激发学生思维的积极性和求知渴望，使他融会贯通地掌握知识并发展智力。教师在讨论中的循循善诱，因势利导，深入浅出，都能让学生受到启迪，探求新知识，掌握新内容。

6. 言之有韵，抑扬顿挫

教师在讨论中，切忌平辅直叙、平淡无奇、语态呆板，而要使自己的语言尽量做到快慢适当、高低起伏、长短相间，随着教学内容和教学实际的需要时轻时重、时缓时急、抑场顿挫、声情并茂、和谐动听，这样学生才能在悦耳的声音中提升讨论效率。

教师语言是课堂讨论即时掌控的重要工具。教学语言是一把双刃剑，直接影响着课堂的教学效果和学生接受知识的程度。

（四）用节奏实现即时掌控

节奏即音乐中交替出现的有规律的强弱、长短的现象，课堂讨论的节奏指课堂讨论过程中松紧、快慢变化的规律。在课堂讨论过程中，节奏如同音乐的轻重缓急，绘画的浓淡疏密。抑扬顿挫是音乐之美，错落有致乃书画之美，恰如其分是教学之美。

1. 把握教材

备课时要充分利用教材和教参，承上启下地熟知教材内容，分析教材的重点、难点、疑点，教师本人对教学内容的重点、难点一定要了如指掌，这样在讨论的时候，就不会出现弄不清重点、把握不了时间的情况。

2. 把握学生

要牢记学生是学习的主体，并转变学生学习的方式。在课堂讨论的过程中，教师要十分注重与学生的情感交流，善于倾听学生的发言，运用鼓励性语言评价学生，充分调动学生学习的积极性。这样，学生才能积极地参加讨论，让讨论更加有序。

3. 把握方式

课堂讨论方式的选择是把握课堂讨论节奏的根本，比如，是集体讨论还是小组讨论，再或者是同桌讨论，这些方式常常决定讨论的节奏。讨论方式运用准确了，往往可以加大课堂教学的信息量，又能激发学生的参与度，大大提高课堂教学效果。

4. 把握主次

讨论的重点应该与教学目标有关，一定要防止出现主次颠倒的低效讨论。这样，有主有次，有详有略，有快有慢，自然就会形成鲜明的节奏。

5. 把握时间

要根据教学内容对课堂讨论的时间进行分配，要遵循"主多次少"的原则，重点的和难点的内容多花时间，次要的内容少花时间，而过渡内容时间则不宜拖长。最好在进课堂前，在头脑中先给自己上上课、计划好时间，做到心中有数，以灵活应对课堂中的突变。

6. 把握教态

在课堂讨论中，教师的教学行为要十分规范，语言生动简洁、抑扬顿挫，态度亲切、大方，这样才能更好地引导学生进行讨论。

在课堂讨论中，节奏必须根据学生的身心发展规律进行调整。使用快节奏时，学生的思路要能跟上讲课的进度，不让学生出现掉队现象；使用慢节奏时，仍能保证学生适度紧张的学习活动，不让他们觉得无事可做、注意力涣散。

第二节　及时评测：趁热打铁激潜能

教学评测，即教学成效的测量与评价，是教学过程中的重要环节。教师通过正确、积极的教学测评，可以准确地把握教学目标的完成情况，进一步修订教学内容，改进教学方法，提高教学效果。在课堂讨论中，教师也要注重及时地评测，一方面检测学生讨论的成效，一方面趁热打铁激发学生的潜能。

一、评测的内涵和意义

（一）评测的内涵

《现代汉语新词语词典》对评测的定义是指评价和测验。在课堂讨论中需要进行及时的评测。

《教育评价辞典》认为评测是"对人或事物的价值作出判断。依照一定的价值标准，通过系统地收集资料，对评价对象的质量、水平、效益及其社会意义进行价值判断的过程"。

课堂讨论的评测就是让教师或学生根据讨论的目标、要求，用科学的手段对讨论过程和结果进行分析判断。

（二）评测的意义

著名教师汪宣意说："评价是武器，评价是导向，评价是引领。"评测是课堂讨论的重要环节，它贯穿整个讨论过程，具有极其重要的意义。

1. 树立学生的自信

萧伯纳认为："有信心的人，可以化渺小为伟大，化平庸为神奇。"自信让人变得闪光耀眼，仿佛有着一圈圈淡淡的光环，让不可能变为可能。所谓自信，就是指人相信自己的能力，即相信自己。学生自信的树立无论是对个人的成长，还是学习知识，都发挥着至关重要的作用。

学生的自信心不仅可以从令人自豪的学习成绩中获得，也可以从教师评测的激励中建立。教师在课堂讨论的过程中要善于发现学生的闪光点，用激励的语言评价学生，让学生的自信心一点一滴地树立起来，让他们可以自信地在学习的海洋中畅游。

2. 刺激学生的思维

歌德说："没有人事先了解自己到底有多大的力量，直到他试过以后才知道。"学生可能受认知水平或者心理状况等因素影响，无法得到正确的答案。这时教师对学生正确的评测让身在迷雾中的学生慢慢地寻找到思维正确的道路，逐渐找到自己的方向，并感到豁然开朗。课堂讨论的评测可以让教师在评测中勘测学生的潜能，将学生潜能开发作为内在的教学目标。

进行课堂讨论就是让学生的思维相互碰撞，产生激烈的火花，让思维得以激发。当学生对深奥的问题无法找到解决的办法、思维受到限制时，教师应该对学生进行适当的评测。教师针对学生的状况进行正向的评测，可以使学生的激情得以释放，创造性思维得以绽放。

3. 调整教学的计划

俗话说计划赶不上变化。课堂教学犹如变幻莫测的战场，天时地利人和是重要的因素。教师虽然是教学活动的组织者、引导者，但无法完全掌控课堂。评测课堂讨论时，教师可以通过对学生进行一些提问，判断学生在课堂讨论中收获的情况，并根据这些情况及时地改变原本的教学计划。

在课堂讨论的过程中，教师应该仔细观察学生，通过融入学生的讨论的方式，评测学生讨论的情况。

例如教学《北京的春节》，教师让学生以小组的形式讨论本地和北方春节的异同。教师由于担心南方的学生难以感受到北京春节的氛围，在教学设计上预留了较长的时间给学生讨论，并设法通过讲解和展示北京春节的图片让学生更好地感受当地的气氛。教师没有想到学生在上课前积极在网上寻找北京春节的特点，并拥有丰富的旅游经历。通过评测，教师了解了学生的情况，及时调整了教学计划，缩短了讨论的用时，从而提高了教学效率。

对课堂讨论进行评测，可以让学生的潜能得到激发。那么，课堂讨论的评测要坚持什么原则呢？

二、评测的原则

关于原则，《现代汉语常用词典》的解释为："观察或处理问题所依据的准则或标准就是原则。"《孟子》一书中也提道："不以规矩，不能成方圆。"原则就是按照事物的一般发展法则作为我们观察问题、处理问题的要求。

（一）及时性原则

时间对于课堂教学来讲是重要的因素。及时的课堂讨论评测仿佛是那滋润久旱的及时雨，让学生这一棵棵久逢甘露的苗子，积极汲取甘露的营养，在学习的土壤中发芽。及时性原则就是在课堂讨论的过程中，教师或学生根据讨论所发生的情况，迅速地进行评测。及时地进行课堂讨论评测，让学生快速调整错误的思维方向，让教师及时改变设想的教学过程，使课堂预设的教学目的得到有效实现。

例如，教学《图形的拼组》（人教版一年级下册），教师为了让学生了解平面图形间的关系，引导学生进行圆形如何变成正方形的讨论，并鼓励学生动手实践操作。在进行课堂讨论的时候，有些基础较差的学生没有掌握正方形和圆形的特征，四人小组里面也无法解决如何把圆形变成正方形的问题。这时教师就应该主动为这些学生提供帮助，进一步向他们讲解正方形和圆形的特征。最终，学生在教师的引导下成功地把圆形变成正方形。假设教师不能对学生的情况进行快速评测，就无法及时发现学生的困难，也就无法帮助学生完成讨论的任务。教师及时的评测就是学生的及时雨，让学生茁壮成长。

（二）准确性原则

准确就是能符合实际，或与预测相同。课堂讨论的准确性原则就是要求教师或学生针对课堂讨论的情况进行正确的判断，根据实际做出合理评价和检测。

在课堂讨论中，我们鼓励教师进行赏识性的评测，但是赏识性不是万能的良药。这正如教师赏识性的评测不能过多，否则就会使学生无法判断自己的得与失，并影响学生智力的发展和正确的自我判断。所以，课堂讨论评测要坚持准确性原则，要将正确的信息反馈给学生，以便学生获得正确的判断。

例如，在美术教学过程中，学生以小组为单位讨论组内各个成员的绘画作品，评价作品的优点和不足之处。教师应该引导学生懂得欣赏别人和自己作品优秀的地方，寻找不足之处。不管是教师还是学生，课堂讨论中准确地评测能让学生正确地认识自己的长处和短处，更好地提高自己绘画的能力。

（三）艺术性原则

教学是一门技术，更是一门艺术。课堂讨论的评测需要艺术的注入，使得评测这口井甘甜无比。评测的艺术性体现了课堂讨论的生命力之所在，它是教师教学能力的突出体现。课堂讨论评测的艺术性是指从实际情况出发，采取艺术性的手段评测课堂讨论。用艺术的思维去欣赏世界，用艺术的手段去装扮生活，用艺术的眼光去发现美丽。

塞万提斯认为："艺术并不超越大自然，不过会使大自然更美化。"课堂讨论评测的艺术性就是在科学的基础上，对评测用以艺术的手段去装饰，让学生享受美丽的艺术性评测。宗白华说："艺术是精神和物质的奋斗。"学生在教师或同学艺术性的评测中，可以激励自己积极奋斗，克服学习的困难，从而在学习的道路上积极探索。

教师对课堂讨论进行评测是需要一定艺术的手法。

例如，在英语课上，学生代表小组发表大家讨论后的意见。学生流利的英语、准确的发音、大胆的表现给大家留下了深刻的印象。这时，教师应该对学生的表现做出评测。简单的表扬不仅让学生感到平淡无奇，而且没有很好地激发学生的积极性。如果教师说"你标准的发音、流利的话语、自然的表现，让我感觉仿佛正在和一个外国人交谈"，那么，结果会让学生获得更大的成就感，并能激励学生不断进步。教师舍弃传统的"你真棒"的表扬，评价学生讲的英语像外国人那样的标准，这就是艺术性评测。

那么，我们怎么进行课堂讨论的评测呢？

三、实现及时评测的策略

不为失败找理由，要为成功找方法。在教学过程中要想成功地进行课堂讨论的评测，必须确定评测的策略。

（一）你评我评，大家齐来

教师是学习活动的组织者、引导者，主导课堂教学。而学生是学习活动的主体，不仅要参与学习活动，还要掌握新知识。教师和学生是课堂讨论的参与者，因此，课堂讨论的评测必须要教师和学生共同努力完成。

1. 学生自评

学生是自己最好的老师，学生最了解自己的情况，能从根本上改变自己的行为。学生能从进行课堂讨论的过程中，依据教师给的讨论题目和要求与其他同学进行讨论。自己的注意力是否集中，自己有没有动脑思考，自己的想法是否正确……这些都是学生自己最了解的情况。对自己在讨论过程中的情况及时进行评价，才是最快速准确的评测。

2. 学生互评

课堂讨论的评测可以促进学生的思维发展，帮助学生学会观察自己和他人的情况，学会分析情况，解决问题。学生在小组内进行讨论，小组的成员相互倾听，相互观察。小组成员间的互评可以让学生在自评的基础上，从他人的观点找出自评的盲点，更好地促进课堂讨论。

3. 教师评测

教师拥有比学生更丰富的经验和渊博的知识，对课堂讨论的评价有突出的贡献。学生能从教师的评价中更准确、更快捷地知道自己存在的问题。教师根据讨论反映的问题，教导学生解决问题的方法，推动学生进行课堂讨论。

4. 观者评价

"当局者迷，旁观者清。"教师和学生身在课堂讨论的环境中，难以完全正确、清晰地看到讨论的所有问题。如果课堂上还有观课者，那么他们可以为课堂讨论提供更全面的评价，并提出自己的观点。

例如，在完成课堂讨论后，教师应该鼓励学生思考自己在这次讨论中的得与失，然后小组成员相互做个小结，对他人发现不了的方面进行评测。最后，教师应该对这次课堂讨论进行总结，让学生看到自己的可取之处，意识到不足的地方，确定下次课堂讨论的目标。

（二）依据标准，科学评测

课堂讨论的评测要求坚持准确性原则，以获得正确的评测。这就需要依据一定的标准，进行科学的评测。这些标准又是什么呢？

1. 教学目标

所有的教学活动都是为了达到教学目标而进行的。如果一个教学活动对完成教学目标没有任何贡献，那么就没有存在的价值。而课堂讨论如果没有为教学目标而服务，就根本不需要浪费时间去讨论。评测课堂讨论，就要根据教学目标，评测学生经过讨论后获得的效果。如果学生在讨论中收获教学目标的内容，课堂讨论就是成功的。

2. 讨论要求

当遇到问题需要进行课堂讨论时，教师会针对讨论的问题提出具体的要求。学生依据教师的要求对问题进行讨论。经过讨论后，学生根据教师的要求首先进行自评，评测在这次讨论中是否达到要求，是否能解决讨论的问题。教师对学生讨论后的回答进行评测，评测要重视学生是否按要求完成讨论的任务，并以此为标准来检验学生的讨论成果。

3. 学生能力

每个年龄段的学生都有各自的认知特点，每个学生的认知水平都有差异性。教师不能用完全一样的标准来要求全班学生，要根据不同的人进行不同尺度的要求，评测的重点也可以不同。优秀的学生可以很好地理解教师的要求，高质量快速度地完成对问题的思考，甚至不需要进行讨论就可以独立完成；基础较差的学生，对教师提出关于讨论问题的要求要花费时间思考，再针对问题和同学进行讨论，这需要花费较多功夫。因此，学生的差异性要求教师要用不同的评测方法进行评测。

（三）仔细观察，提问检验

在进行课堂讨论时，教师不能撒手不管，而要及时伸出援手。例如，教学《邮票中的数学问题》一课，六年级的学生缺少生活常识，无法了解邮资的计算方法。这时，教师让学生在讨论中了解其他同学有关邮资计算的生活经验，使讨论得以顺利进行。教师了解到的这些讨论情况，也能成为教师评测课堂讨论的重要依据。

（四）寻找得失，逐步提高

教师应该从自己设计课堂讨论的合理性、课堂讨论的效果评测自己。从自身寻找原因，找出优点和不足，以提高下次课堂讨论的效率。而学生可以从自身在课堂讨论中的表现进行评测。学生对课堂讨论进行评测，特别是对自身进行评测，将有助于树立自信心。

（五）质疑评测，激发思维

传统的一问一答形式让人感觉单一，学生只能单纯地思考教师的问题。如果教师质疑学生讨论后的答案，则能促使学生深入思考，从而产生学习兴趣。例如，教学《地震中的父与子》，教师质疑学生用"奋不顾身"的准确性，就是利用证据提出疑问，并请学生回答，从中促使学生深入思考。

（六）鼓励评测，迸发潜能

当学生认为自己无法全面回答教师的问题时，教师应鼓励学生尽自己的所能回答即可。当学生经过充分讨论后，仍然无法回答教师的问题时，教师就应给予学生鼓励性评测，让学生树立自信心，积极学习，迸发潜能。

（七）准确评测，求实求真

课堂讨论的评测必须坚持准确性的原则，依据科学的标准来进行。教师可以进行赏识性评测，但不能胡编乱造。即使学生的回答头头是道，如果不是针对问题而言，也是不行的。教师不应为了刻意迎合学生，而改变教学目标；否则，评测就是不真实、不准确的。

第三节　适时引导：天马行空创新意

在课堂讨论中，教师的引导既要"到位"，又不应"越位"，只有这样才能真正促进学生的发展。教师引导不到位，笼统地让学生去发现，虽然舍得放手，也给了学生自主思考和与同伴交流的机会，但学生的学习是茫然的、低效的，缺乏真正意义上的探讨，学生得不到应有的发展；相反，如果教师指导越位，就会剥夺学生自主思考的机会，使学生成为教师指令的操作工、教师意志的代言人，同样会阻碍学生的发展。只有教师的引导适时、适度，较好地处理好"放"与"扶"的关系，才能创建扎实、高效的课堂讨论。

教学案例

《Go for it!》教学设计①

Step 1：Lead in by a song "Good morning".

Step 2：Listen to the tape and practice.

Ss practice saying "Good morning." "Good afternoon." "Good evening." by imitating the tape recorder.

Step 3：Game.

The students raise their hands and say "Good morning/afternoon/evening." if I say "Miss Zhang says Good morning/afternoon/evening". If I say "Good morning/afternoon/evening", Ss shouldn't say anything.

Step 4：Letters learning.

I draw four lines on board and write together with my students (They draw the letters on the book). Ss are asked to discover the way of writing letters.

Step 5：Consolidation.

Place letters in the right place and find the missing letters.

Step 6：English names.

After learning the names of eight people in this lesson，let Ss stick the name to the right picture of the person while the pictures are hold by other Ss. If he do it right，the two Ss should greet each other.

Step 7：Sing the song again and summary.

《基础教育课程改革纲要（试行）》在论及基础教育课程改革的具体目标时指出："改革课程实施过于强调接受学习、死记硬背、机械的现状，倡导学

---

① 张怡. 教师引导学生自主学习的成功教学案例（一）[EB/OL]. [2013-09-15]. http://zssc. zhedu. net. cn/blog/u/147/369. htm.

生主动参与、乐于探究、勤于动手，培养学生搜集和处理信息的能力，获取新知识的能力、分析和解决问题的能力以及交流与合作的能力。"在上述案例中，教师首先让学生从英语歌曲中体味英语的魅力，然后让学生自己探讨字母的书写，通过描述字母从而感受字母的书写，接着让学生在游戏中记住字母的顺序，最后针对学生在书写字母和游戏中出现的问题加以讲解和点评，以巩固和加深学生的记忆。整个过程中，教师只是做适时的引导，把课堂的自主权交还给了学生，从而让学生学会并且能主动地去探讨，去学习。

生活中我们常常有这样的感觉：在百思不得其解时，身边人随便一句话就能"一语点破梦中人"，自己顿时茅塞顿开，幡然醒悟。其实学习也是一样的。当学生身陷困惑之中，必定受思维定式的影响，思路有时无法打开，一时间不知道从何想起，这时候，教师如果适时引导一下，学生的思维就会豁然开朗，视野也会柳暗花明。

课堂讨论是追求人性化和创造性的教学，对话生成改变了传统搬运和移植知识的教学形态。这些正好符合新课改的理念：一方面强调学生对问题的发展生成，要求教师能够尊重和激发学生的多元思维；另一方面强调教师对学生的帮助和引导，尤其是帮助学生掌握有效的学习方式，帮助学生发现学习的个人意义和社会价值。同时要求教师的引导是"含而不露，指而不明，开而不达，引而不发"。

因此，在课堂讨论中，不管是师生对话、生生对话，还是学生与文本的对话，教师的引导都是至关重要的。怎样顺理成章"引"学生渐入佳境呢？怎样不露痕迹"导"学生感事悟情呢？请看下则案例。

教学案例

适时引导①

上课前，教师根据学生的个体特点、彼此喜欢程度等，将全班 51 位学生分成了 10 个讨论小组，教师黑板前设一演示台，每 2 人配有上述实验器材一

---

① 佚名. 初中物理讨论式教学案例［EB/OL］.［2013-09-15］. http://wenku.baidu.com/view/2b8fba116edb6f1aff001fc5.html.

套，教师的布置尽量营造一种随意宽松的氛围。

教师在演示台上通过演示实验，说明浮力的存在。并结合手托木块演示，进一步说明浮力大小的变化，随后呈现出"讨论主题"：物体所受的浮力跟哪些因素有关？

提出该问题后，教师把发言权交给各讨论小组，并提醒各小组成员在讨论中要提出自己的观点，并用生活实例、经验或可利用分配给小组的器材和其他器材通过实验来证明自己的观点，如果不同意其他成员观点的，要提出反驳。随后，教师离开了演示台，站在教室的一角，静观学生的讨论行为。学生讨论期间，不管其结果是否正确，教师没有直接加以评判，大约 25 分钟后，教师要求各小组汇报讨论结果：可能出现的情况……

教师把各个小组的讨论结果全部写在黑板上，然后说："既然浮力是液体施加给物体的，那么其大小极有可能跟液体有关。"2000 多年前的希腊学者阿基米德早已找到了一种方法，这就是著名的阿基米德原理。前人已经替我们经历了许多失败，找到了一条成功的路。现在我们就沿着这条路走一遍，自己通过实验得出结论，来体验一下成功的喜悦。接着，教师展示出溢水实验的装置，对照实物向学生介绍实验原理，特别是溢水杯的作用。

在做完溢水杯实验，并得出阿基米德原理后，组织学生反思并讨论各小组汇报的并已写在黑板上的讨论结果，课堂在学生热烈的活动气氛中结束。

在整节课中，教师只是做了一些示范和点拨，更多的是让学生通过讨论来寻求答案。教师只是引导学生进行讨论，在关键时进行点拨。适时地引导不仅改变了以往传统式教学以"教"为中心、教师滔滔不绝的状况，而且把主动权交给了学生，真正体现了学生的主体地位。

一、适时引导的含义

教师是学生拓宽讨论空间的帮助者，是学生发展的促进者，是学生学习活动的组织者、引导者和合作者。这些，都需要教师在适合的时机，在行动上帮助学生引出困境，向教学目标进发。

美国教育家布鲁纳提出，教学生学习任何科目，决不是向学生心灵中灌输固定的知识，而是启发学生主动去求取知识与组织知识。教师不能把学生教成一个活的书橱，而是教他如何去思维，教他学习如何像历史学家研究分析史料那样，从求知过程中去组织属于他自己的知识。作为教师，在课堂讨论中，既要注重学生的自主探讨，又要发挥教师的引导作用。

二、适时引导的作用

（一）在学生头绪不清、不知所措时，明确要求，指导方向

《课程与教学论》把教师的角色归纳为："知识经验的传递者，教学进程的组织者，学生学习的引导者。"教师在课堂讨论中必须肩负起引导的职责，对学生提出目标、任务、要求，成为学习的组织者和促进者。

引导学生明确讨论的目标，找准讨论的方向；应向学生说明，评价的标准是以小组的表现而不是个人的表现为依据，在小组合作中培养学生的合作意识；向学生提出时间要求，这个要求不一定是硬性的，主要是告诉学生速度的重要性。时间不宜过短，否则完不成任务，流于形式；也不宜过长，否则学生讨论时易偏离主题，浪费时间；要特别关注班级中的"弱势群体"，关心他们在小组中的表现，鼓励他们积极发表自己的看法；让每个学生都参与到活动中，避免少数学生"动"而多数学生"不动"的现象，真正落实"不放弃任何一个学生"的教育理念。

教师是学生的伙伴，而不是旁观者。教师应与学生一同学习，深入到学生中去，在动态中把握学生的学习情况，及时帮助学生，真正做到有的放矢，力求事半功倍。

（二）在学生认识偏差、陷入歧路时，纠其偏差，匡其错误

学生由于受自身思维水平和认知结构的限制，在学习过程中可能出现认识偏差，甚至陷入歧路。教师及时指点迷津，会让迷惑中的学生眼前一亮、茅塞顿开。

在课堂讨论中，学生亲身获得的所谓"独特见解"，其中不乏盲人摸象式的结论。所以，尊重个性不能是无原则地认同，教师要在学生出现认识偏差、陷入歧路时，给予及时引导，对学生在个性化讨论中出现的错误要"感受、体验和理解"，要大胆、及时、巧妙地说"不"，决不能以讹传讹。要重视和严肃对待来自学生的感受和看法，了解不同学生的认知结构和思考习惯，引导学生走出困境，拨正航向，以帮助学生突破思维上的障碍，克服认识上的

偏差，养成科学、严谨的精神。

（三）在学生浅尝辄止、难以拓展时，导其深入，拓其思维

学生由于受阅历、经验和知识积累等的制约，对问题的思考往往是有局限性的，答案虽然丰富多彩，"横看成岭侧成峰，远近高低各不同"，却常常可能是"不识庐山真面目，只缘身在此山中"。我们经常会看到这样的现象：生生间的对话很热烈，却始终在肤浅的层面滑行而不能深入。这个时候，作为有较丰富生活经验、较高鉴赏能力的长者，作为"引导者"的教师，作为平等对话中的"首席"，必须承担自己的责任，发挥专业特长，在尊重学生的前提下，给学生提供必要的帮助：引导学生冷静地从纷杂中寻找问题的焦点所在，理出一条深入探究的道路，帮助学生突破思维局限，拓展思维思路，登上思维高峰，探求"庐山真面目"，从而达到豁然开朗的境界。

学生在充分发表见解后，最渴望的莫过于倾听教师的心声。这时，教师应以平等的对话者身份与学生一起分享自己的理解、感悟和发现，给学生一种观点碰撞，使学生从中受到激励，得到启迪与深化，并最终获得智慧与方法。如果不能把学生肤浅的感受引导得更深入，就等于怂恿学生浅尝辄止，实质是对学生发展权利的漠视和不尊重。

在课堂讨论中，教师们既要放弃说教，学会倾听，以一颗充满柔情的爱心，满怀信心地迎接那些稚嫩的生命之音，又要义不容辞地履行引导者的职责，在学生认识偏差、陷入歧路时，纠其偏差，匡其错误；在学生浅尝辄止、不思深究时，导其深入，拓其思维，为学生提供更宽阔的思路、更广阔的视野、更多样的选择，教师的引导必将在学生探求知识、追求真理的道路上产生积极的影响。

三、在讨论中实现适时引导的策略

现代教育理论认为，教育的本质属性是教师的价值引导和学生自主知识建构的辩证统一。在课堂教学中，教师要根据学生讨论的问题的发展态势给予准确、及时的因势利导。

我们都知道，小孩学走路分三个阶段。第一阶段被大人双手紧紧地箍住身体，在大人的推动下走；第二阶段，大人不用再箍得那么紧，可以放一只手，扶着小孩走；第三阶段，大人只要在旁边看着，指导怎么走，彻底放手

让小孩自己来走。如果与课堂讨论的适时引导相对应的话，第一阶段，教师的引导显然是统得过多，管得过死，虽然这种方法有时也需要，但如此不放心，长此以往，学生就谈不上发展了，这种情况的弊端已经得到了广大教育者的普遍认同，在教学实践中已经有效得到了遏制。第二阶段，就是所说的"牵引"，教师开始放心，但始终放心不下，总是害怕出乱子，难收场，所以在引导的同时，总是"牵"着学生走，学生一有不合教师思维的地方，就拽了过来，名为放手，实际上抓得可紧了。这种现象普遍存在。我们现在要说的"导"是学步的第三阶段，放手但不放眼，让学生自主探究，但不失引导；让学生独立思考，但不失方向。只要是正确的，学生可以有出乎教师意料的想法，可以不跟着固定的思路走，这就是"创新"。这样的"导"是"引导"，是尊重学生主体的"导"，是教师把握住了度的"导"，也正是我们新课程所需要的"导"。

如何在讨论中实现适时引导？

（一）问题卡壳时，给予启发式引导

在课堂讨论中，我们常常发现，当学生在讨论问题卡壳时，或者由于准备不足，或者担心影响教学的流畅性，有的教师往往绕着问题"走"，或者避而不谈。这时候，教师们要做的不是"放而不导"，而是要在尊重学生主体意识、凸显个性的同时，及时给予足够的、恰当的、到位的启发式引导。比如在教完《草船借箭》之后，老师提了一个总结性的论题："课文在刻画人物方面有什么特色？"看到课堂上一片沉寂，老师马上把问题换成："大家对文中哪个人物感兴趣？能简单说说吗？"这么一改，学生的话匣子就打开了。

在课堂讨论过程中，遇到难以理解的问题或不能继续进行时，教师可以从学生实际出发，换一种说法，通过引导和启发，使学生逐步形成解决问题的思路和方法，以便继续探究，进一步解决问题。

（二）问题偏向时，给予规范性引导

教学的本质在于引导。当学生迷路的时候，教师不应轻易告诉学生方向，而应引导他怎样去辨明方向，并给予其规范性引导。

比如，教学《景阳冈》一课，当学生读到武松打死老虎时，老师问："你们有什么感受？"有学生说："如果我是店家，武松打死老虎立了功，他所得到赏银的一半应该分给我，因为我的十八碗老酒功不可没。"面对这样出乎意

料的独特见解，老师请学生再次回到课文，找一找文中有关店家的描写。学生很快就找到了相关信息："店家筛酒，只筛三碗，怕客官喝醉。""武松喝了十八碗酒后出了店门，店家叫他回来看景阳冈上有虎伤人的官司榜文。"有了这些信息，学生很快就感悟到："从这些描写中，我感受到店家非常注意顾客身体健康和生命安全，很有职业道德。"这个感悟与要分一半赏钱的感悟相比，思想境界上明显高出许多。当学生未能全面把握课文有关内容、感悟出现偏向时，教师就要准确把握问题的核心，在思路方面给予学生正确、规范的引导，使学生的思路从偏狭、肤浅走向全面、深刻。

（三）问题错误时，给予科学性引导

由于学生生活阅历、知识水平、理解能力的限制，他们对问题的理解出现偏向、出现错误，这是很正常的事。但有的教师在学生出错时，为了保持课堂对话的热烈氛围，常常视而不见，充耳不闻，忽视对问题的引导。

在讨论的过程中，教师要不怕出错，学生的错本身就是一种难得的教学资源。所以，当学生解决问题出现错误时，教师要发挥自己的教学机智，巧妙地给予科学性引导。例如，一位老师在教学"赛跑"一词时，提问学生："什么叫赛跑？"有个学生很有把握地回答："赛跑就是拼命跑。"老师接着问："一个人拼命地跑叫赛跑吗？"学生意识到自己的回答有了问题，补充说："两个人或几个人一起跑才叫赛跑。"老师进一步追问："几个人一起慢慢地跑能叫赛跑吗？"这时学生争着说："几个人一起跑，看谁跑得最快，才叫赛跑。"在老师的引导下，学生通过自我监控、修正，终于得出了正确的结论。可见，只有平庸的教师才把答案奉送给学生，而优秀的教师应当引导学生正确面对错误、自己去发现真理，使其成为走向成功的起点。

（四）问题混乱时，给予点拨性引导

在课堂讨论中要让教学秩序"活"起来，就必须要求全体学生都参与到问题对话中来。有的教师也希望课堂"乱"起来，"乱"得越彻底越好，以证明学生的投入程度高，问题探讨更加深入。我们不怕"形乱"，但要小心"神乱"。当学生讨论问题思路混乱时，教师要给予条理性、点拨性引导。

在学习《白杨》一课时，学生对"几棵小树"发生了争议。有的说："沙漠里绿色植物多了，几棵小树不一定是小白杨。"有的却认为："课文一直在讲白杨，这里又写道'在一株高大的白杨树身边'，所以几棵小树一定是小白

杨。"面对学生的不同理解，老师引导学生回答："这两位同学的分歧在哪里？"等学生找到分歧点后，让学生说说同意哪个同学的意见；当看到学生的意见不一时，老师给予点拨：大家有争论的这一部分，与上文联系是十分紧密的。课文写的是白杨，而且把白杨比喻为边疆建设者。现在，爸爸正在担心孩子们是否能像自己一样扎根边疆，看到了小白杨自然会产生联想了。学生通过读、思、议后，较好地解决了分歧。运用点拨，可促使学生将零碎的知识集成点、连成线、组成面、构成体，以形成对知识的整体认识。如果学生对知识掌握无序，则可以通过"理序"点拨，以求得学生对知识理解的条理性；如果学生对知识掌握散乱，则可以通过"联系"点拨，以求得学生对知识掌握的整体性；如果学生对知识头绪不清，则可以通过"比较"点拨，以求得学生对知识掌握的准确性。

（五）问题深入时，给予发展性引导

在课堂讨论中，教师的"导"和学生的"学"是有机统一的，是有效课堂教学的最好体现。在问题讨论中，当学生的兴趣正浓，问题解决到新的层次和高度时，为了把问题讨论引向深入，教师要找准问题的关键，给予递进式、发展性引导。

教学《狐狸和乌鸦》一课，第二自然段是这样的："有一天，乌鸦飞出去给他的孩子找吃的。他找到一片肉，叼了回来，站在窝旁边的树枝上，心里很高兴。"不料学生提出的问题与课文大相径庭。有的说："乌鸦已经飞到窝旁边的树枝上，干嘛不到窝里去喂小乌鸦，偏要等狐狸来骗他？"有的说："这时窝里的小乌鸦肯定会呱呱大叫，急着要妈妈喂食，乌鸦妈妈怎么能有心思去跟狐狸聊天？"……显然，这是教师在备课时没有料到的情况。一个何不让大家来改编课文的念头产生了，教师便顺水推舟地说："大家说的很有道理，课文是人写的，如果不妥当，当然也可以修改。你们觉得怎样改才合理？"于是，学生更来劲了，多数意见认为，可以改成"乌鸦飞累了，半路上停歇在一棵树上，心里很高兴。一只狐狸跑过来……"①

《狐狸和乌鸦》虽然是想象出来的故事，但要符合事物发展的内在逻辑，

---

① 佚名. 有效课堂引导策略[EB/OL]. [2013-09-15]. http://wenku.baidu.com/view/115b8626ccbff121dd3683fa.html.

合乎常理。从改写情况来看，的确学生所言凿凿，合情合理，面对这样的"意外"，教师要尊重文本，同时要勇于超越文本，凭借自己精深的专业水平，做出正确的判断，顺着学生的思路为教材提出合适的修改意见。没有必要为维护所谓的"权威或者尊严"而抹杀学生的积极性和创造性。

教师的适时引导是课堂讨论的核心内容之一。教师必须充分发挥引导的作用，是组织者，就不能"放羊"；是启发者，就不能"填鸭"；是点拨者，就不能"代疱"；是传授者，就不能"缄默"。教师只有引导得当、得法、得理，才会使学生学习起来觉得轻松快乐，才能使学生产生浓厚的学习兴趣，进一步升华探讨问题的欲望。如此，我们的课堂才是有效的。

第四节　实战案例：如何调控讨论节奏

一、实战案例

《白鹭》（教学片段）①

生1：白鹭"那雪白的蓑毛，那全身的流线型结构，那铁色的长喙，那青色的脚，增一点儿则嫌长，减一点儿则嫌短，素一点儿则嫌白，深一点儿则显黑。此'鹭'只因天上有，人间哪得几回'见'"。白鹭长得太美了！我多么想看一眼真的白鹭啊！

师：白鹭长得美，作者写得美，你评得更美。

生2：老师，我发现这段话似曾相识，好像在哪儿读过！

师：是吗？在哪儿读过呢？

生3：（恍然大悟）前些日子，您推荐我们读战国时代楚国辞赋家宋玉的《登徒子好色赋》，其中有描写美人的句子："增一分则太长，减一分则太短；施粉则太白，施朱则太赤。"郭沫若先生描写白鹭青色的脚的语句可能是从这儿转化来的。

师：你爱联想，善思考，活读书，读书活，不仅知其然，而且知其所以

---

① 孙建峰. 享受对话教学 [M]. 重庆：西南师范大学出版社，2009：13-14.

然。课文中，郭老巧于用古，化旧为新，值得学习！

生2：老师，我不同意"巧于用古，化旧为新"的看法，袁枚说过，诗有三偷——偷句、偷意、偷势。我认为，郭沫若先生描写白鹭脚的语句有"偷势"之嫌。（同学们先是面面相觑，接着哄堂、喧哗）

师：我想谈一下"偷势"的个人见解。"疏影横斜水清浅，暗香浮动月黄昏。"当我们吟诵宋代诗人林逋的这两句诗时，有谁会想到这是出自五代南唐江为的"竹影横斜水清浅，桂香浮动月黄昏"？当我们拜读莎翁名剧《奥赛罗》时，又有谁会想到那是出自意大利钦蒂欧的《夫与妻之不忠实》？艺术不是无源之水，任何一个民族，一个时代的文学都是在前人的基础上发展起来的，其中有继承，有创新，成功的化用应该是在原句基础上的别出心裁，得其神韵而自有境界。

生2：老师，听您一席谈，我佩服江为胜过林逋，佩服钦蒂欧胜过莎士比亚，佩服宋玉胜过郭沫若，因为前者是首创，后者是革新。（学生热烈鼓掌）

师：（走过去，真诚地拥抱与自己意见相左的学生2）我佩服你，因为你有思想、有个性！让咱们以启蒙思想家伏尔泰的名言共勉吧——"我坚持不同意你的意见，但我誓死捍卫你发表意见的权利。"（掌声雷动）

生3：我想来一次"偷势"！

师：祝你成功！

生3：同学们都说妈妈为我编织的毛衣合体，增一点儿则嫌长，减一点儿则嫌短，宽一点则嫌肥，窄一点儿则嫌瘦。

师：妈妈心灵手巧，女儿心灵"口"巧！

……

上述案例中的讨论始终体现着平等对话的原则。师生之间那种认知与被认知、灌输与被灌输、征服与被征服的关系被解构，一种民主的、平等的、互动的、共享的双赢乃至多赢的格局在建构。教师通过有效的调控，实现平等对话，使得讨论如涓涓细水，潺潺而流。师生相互尊重、相互倾听，彼此敞开心扉，真诚肯定对方、赏识对方、悦纳对方。彼此共享知识、共享经验、共享智慧、共享丰富多彩的生活意义与曼妙丰盈的人生价值，这也正是课堂讨论需要实现的情感境界。

二、实战经验

课堂讨论是动态生成的，教师究竟该怎样面对动态生成的课堂讨论呢？

（一）于冷处激之，以求热

为了体现先进的教学理念，很多教师都设计了讨论环节，可是一到讨论时，学生常常默默低头看书，课堂气氛反倒变得压抑、沉闷了，很难有愉悦的交流和思维的碰撞。我们的课堂讨论为何冷场呢？这种令人尴尬的沉默背后隐藏着什么教学问题？

在上述案例中，教师善于让学生在有一定难度的问题上展示自己的能力，通过进一步的思考体会成功的喜悦。当学生开始讨论时，教师说："白鹭长得美，作者写得美，你评得更美。"这样的激励性评价，引发学生更积极的思考。

我们知道，课堂讨论的目的是引发学生积极的思考，促进学生全员参与，通过交流，互相启发，提高学生的认知能力、判断能力、语言交际能力。这就需要教师能够在设计论题时，抓住学生思维的兴奋点，具有启发性、综合性和实践性。如果教师所设计的问题答案就在课本上，学生就会感觉没有讨论的必要，自然懒得去说。

那么，如何"于冷处激之，以求热"？

1. 学生认真对待

教师不仅自己要明确课堂讨论的目的，端正讨论的态度，避免形式主义，而且要使学生讨论的目的明确，态度端正，避免漫不经心，敷衍了事。比如，学生说："老师，我发现这段话似曾相识，好像在哪儿读过！"教师马上追问："是吗？在哪儿读过呢？"探究的态度就从追问中引发出来，而恰恰是教师的追问，让学生认真地对待问题，之后学生给出的答案就会更加严谨，更加有价值。

2. 教师善于引导

在学生抛出精彩的答案后，教师借助积极的评价，将鼓励渗透其中。比如"你爱联想，善思考，不仅知其然，而且知其所以然。值得大家学习！"教师要增强自身组织讨论的能力和技能训练，参与讨论，机智引导；根据讨论主题采取灵活多样的讨论组织形式，避免千篇一律；善于用激情的语言点燃学生讨论的热情；善于把握讨论的节奏，抓住学生讨论中思维的闪光点，并进一步引导其深化。

3. 构建和谐关系

教师要努力构建和谐融洽的师生关系，创设民主的讨论氛围。讨论虽然只是教学中的一个小环节，但它的热烈程度是对平时师生关系的一个检验和反映。教师仅给学生亲近感是不够的，还应通过幽默的语言、激励的话语、丰富的情感来激发学生的学习兴趣。和谐的师生关系是学生能够热烈讨论的动力之一。教师欣赏的眼光、接纳的态度、鼓励的语言、耐心倾听的表情等，无疑都是对学生最好的鼓舞和激励。

4. 精心设置论题

精彩的论题是提高讨论实效、避免冷场的重要保证。常言道：话有三说，巧说为妙。教师应当思考，什么论题最具吸引力并能启迪学生的思维？什么论题最能激发学生的讨论兴趣和热情？论题精彩，讨论则热烈。

5. 培养主体意识

教师要大力培养学生课堂讨论的主体意识、参与意识，提高学生讨论的能力及品质，使其形成良好的讨论习惯。学生在讨论中暴露出的诸多问题，其实也是教师的问题。对于教师来说，如何激发学生参与讨论的主动积极性，使学生敢于发言、善于发言，培养学生正确的讨论态度等都是非常重要的。教师面对学生提出的不一样的声音时，他说："我佩服你，因为你有思想、有个性！让咱们以启蒙思想家伏尔泰的名言共勉吧——'我坚持不同意你的意见，但我誓死捍卫你发表意见的权利'。"这样的评价不仅让学生敢于发言，更提高了学生的主体意识。

（二）于滞处变之，以求畅

在课堂讨论中，教师常因学生被困在一个问题里绕不出去而无法正常教学。这时，教师要用一个"变"字来改变课堂状况。

1. 可以改变提问方式

"那雪白的蓑毛，那全身的流线型结构，那铁色的长喙，那青色的脚，增一点儿则嫌长，减一点儿则嫌短，素一点儿则嫌白，深一点儿则显黑"。有学生发现，这段话似曾相识，好像读过，这时候，教师追问："是吗？在哪儿读过呢？"引出了学生精彩的回答："战国时代楚国辞赋家宋玉的《登徒子好色赋》，其中有描写美人的句子：增一分则太长，减一分则太短；施粉则太白，施朱则太赤。郭沫若先生描写白鹭青色的脚的语句可能是从这儿转化来的。"

可见，不断转变提问方式，更能引发学生思考的欲望。

我们再来看一个案例。一位教师在教学《狼和小羊》时，教师让学生讨论："学了这篇课文，你明白了什么道理？"除一个学生说出"狼很凶恶，小羊真可怜"外，其余学生不知道该怎么回答，于是课堂讨论中止了。这时，教师灵机一动，提出了另一个论题："如果你是这只小羊，你会怎样做？"这一问题打开了学生想象的大门，他们有的说："我会大声喊妈妈来帮忙。"有的说："狼是个坏家伙，一看见它我就跑掉。"还有的说："当狼向我扑来时，我就往旁边躲，让狼扑个空。"然后，教师引导学生将他们的办法与课文中小羊的办法进行比较。这时，学生很容易就会说："对像狼这样的坏家伙，我们要机智勇敢地同它做斗争。"

2. 可以降低思维坡度

在教学中，学生思维阻滞，有时是教师提问不当，有时是问题难度太大。如果此时教师能及时改变提问内容，降低思维坡度，学生就可以顺利通行了。

3. 可以扩大讨论范围

同一个论题在同桌讨论无法得出结果时，可以适当地扩大讨论范围，让更多的学生一起讨论，实现思维的碰撞。

（三）于险处排之，以求奇

不管教师怎样精心设计，课堂讨论是最喜欢出现意外的，这种意外对整个教学过程构成了"险情"。经验不足的教师常被这种"险情"难住。那么，教师如何及时"排险"呢？

1. 另辟蹊径

在前面的案例中，学生与教师进行了关于"偷势"的激烈讨论之后，本该结束这个话题，进入后面的教学环节。但这时候，有位学生说："我想来一次'偷势'！"教师就满足了学生的心理诉求，放手给学生说："同学们都说妈妈为我编织的毛衣合体，增一点儿则嫌长，减一点儿则嫌短，宽一点则嫌肥，窄一点儿则嫌瘦。"这样的意外回答，超出了教师的预设，他说："妈妈心灵手巧，女儿心灵'口'巧！"这样激励性的评价更把学生引入了另一层境界，之后讨论也更加精彩，更加热烈。可见，教学中的"出乎意料"往往可以让我们另辟蹊径，从而使教学别有洞天。

我们再来看一个案例。一位教师教学《我们成功了》时，开始设计的讨论是：先让学生讲讲自己成功的经历和感受，再引出论题，同时进入学习。当教师正要开始授课时，窗外却传来了响亮的鞭炮声，学生的注意力一下子被分散了。这时，教师索性抛弃教案，顺势问："你们刚才听到了什么声音?"学生回答："放鞭炮的声音。"教师组织学生讨论："你们猜猜为什么要放鞭炮?"学生纷纷举手回答，有的说可能是有人结婚，有的说可能是新店开张，有的说可能是搬新房……这时，教师话锋一转，说："不管是结婚、新店开张，还是搬新房子，都是属于个人和家庭的成功，但你们看到过通过很多人努力才成功的热闹场面吗? 你想去感受一下吗?"学生马上情绪高涨，响亮地回答："想!"这位教师巧妙地将学生的注意力拉回到了课堂上，继续进行教学。

2. 巧妙嫁接

如果课堂讨论中突然出现尴尬之事，怎么办? 巧妙嫁接。学生听完了教师的精彩阐述，依然坚持自己的想法，说："老师，听您一席谈，我佩服江为胜过林逋，佩服钦蒂欧胜过莎士比亚，佩服宋玉胜过郭沫若，因为前者是首创，后者是革新。"同学报以热烈的掌声。这时候，教师走过去，真诚地拥抱与自己意见相左的学生，说："我佩服你，因为你有思想、有个性! 让咱们以启蒙思想家伏尔泰的名言共勉吧——我坚持不同意你的意见，但我誓死捍卫你发表意见的权利。"教师通过巧妙的嫁接，让学生们进入了另一个讨论学习的良好状态。

我们再来看一个案例。一位教师教学《三衢道中》，讲到"绿阴不减来时路，添得黄鹂四五声"时，一个学生竟学起了黄鹂叫，课堂气氛一下子紧张起来，学生都以为老师要生气了。可这位教师竟笑着说："这位同学真的是被诗中描写的情境所感染了! 可见诗中写黄鹂鸣唱，为渲染气氛，表达诗人情感起到了很大的作用。请同学们想一想，在黄鹂的叫声中，在左右绿荫相映的山道上，诗人的心情会怎样呢?"这样巧妙的嫁接不正好能让课堂讨论变得更鲜活、更生动吗?

3. 顺水推舟

当学生提出："老师，我不同意'巧于用古，化旧为新'的看法。袁枚说过，诗有三偷——偷句、偷意、偷势。我认为，郭沫若先生描写白鹭脚的语句有'偷势'之嫌。"学生们首先面面相觑，接着哄堂、喧哗。这时候，教师并没有制止学生的行为，而是顺水推舟地说："我想谈一下'偷势'的个人见解。'疏影横斜水清浅，暗香浮动月黄昏。'当我们吟诵宋代诗人林逋的这两句诗时，有谁会想到这是出自五代南唐江为的'竹影横斜水清浅，桂香浮动月黄昏'？当我们拜读莎翁名剧《奥赛罗》时，又有谁会想到那是出自意大利钦蒂欧的《夫与妻之不忠实》？艺术不是无源之水，任何一个民族，一个时代的文学都是在前人的基础上发展起来的，其中有继承，有创新，成功的化用应该是在原句基础上的别出心裁，得其神韵而自有境界。"这样的回答一方面解答了学生的疑惑，另一方面更是赢得了学生的尊重和佩服。

我们再来看一个案例。一位教师在教学《牛郎织女》时，多数学生认为王母娘娘很残暴，有一个学生却提出："我觉得王母娘娘铁面无私，即使犯错的是自己的亲孙女。"此言一出，教室里一片哗然。虽然学生的想法与文本产生了偏差，但此时教师不应加以说教，而应引导学生对课文进行仔细研读，让学生通过读书、辩论，最后统一认识。教学顺水推舟的地方比比皆是，当学生提出质疑时，很多时候，教师不必说教，只需顺势而为。

三、实战策略

在课堂讨论中，适当的调控可防止讨论放任自流，流于形式，成为无效劳动。讨论有效调控可从预防性调控、矫正性调控和培养学生自我调控三个方面入手。

（一）预防性调控

预防性调控是指为防止主体出现偏差而进行的事前调控。要让学生在课堂上进行有效讨论，教师就要根据学生的特点，对学生进行预防性调控，防患于未然，为有效讨论打下基础。一般教师的预防性调控应包括两个方面：一是要提高学生对课堂讨论必要性的认识；二是要对学生进行课堂讨论方法的指导。

1. 提高学生对课堂讨论必要性的认识

在课堂讨论中，学生各方面都存在差异。通常情况下，小组成员在讨论之初，往往较难取得良好的心理相容。比如，有些学习好的学生不愿意讨论，认为自己有能力解决问题，他们认为，所谓的讨论，就是帮助别人而浪费自己的时间，会影响自己的学习，这种心态导致他们在讨论中往往缺乏热情。

因此，教师若要引导好课堂讨论，就要改变学生不正确的想法。优等生的态度如果转变过来，就会主动给后进生提供帮助和鼓励；后进生通过讨论，成绩得到了提高，内心的焦虑得到了缓解，自然就会投入到讨论中去。

2. 对学生进行课堂讨论方法的指导

在学生讨论时，我们常常会发现这样的情境：乍一看非常热闹，但细心观察，发现有的小组在无理争吵，浪费时间；有的小组是"一言堂"，始终只有一个人在讲，其他学生毫无反应，这样的讨论，效果可想而知。若要改变这些状况，教师就应对学生进行课堂讨论方法的指导，比如，专心地听别人发言，努力地听懂他人的发言；若有不同的意见，就等发言人讲完后再提出来，切不可随便打断别人的讲话。

（二）矫正性调控

矫正性调控是指当主体出现偏差时所进行的事后调控。课堂讨论与传统的灌输式教学不同，传统的灌输式教学以教师为中心，而讨论则强调要以学生为中心，要突出学生的主体地位。课堂中存在着很多不确定因素，学生在讨论的过程中可能会出现各种各样的问题。当学生的讨论出现问题时，教师应该立即对其进行矫正性调控，以使学生的学习及时回到正轨上来。

1. 及时提醒

在开展讨论时，当学生思维的闸门打开后，有时会偏离讨论的主题。如果教师不及时调控，往往会偏离得越来越远，甚至还会波及其他小组。在处理此类问题时，可以通过询问学习小组"你们讨论到什么程度了?"、"你们讨论的结果是什么?"等问题来提醒学生，以将学生的讨论引导到主题上来。

2. 促进思考

讨论时常会出现冷场，这可能有两个原因，一是有的讨论小组缺乏组织，小组成员之间不能相互配合，每个人都等着同伴发言，出现冷场局面；二是小组成员的确无话可说。若是前一种情况，教师要先鼓励其中的一两个相对活跃些的学生大胆表达。而后一种情况的出现，多半是小组成员对讨论的内容还没有好好思考，思维还没有深入，一时讨论不起来。在这种情况下，教师可以先建议该组成员先自主学习，独立思考，等大家脑子里有了自己的想法，自然就有话可讲了。

3. 有效监督

噪声过大是讨论中容易出现的问题，遇到此类情形，教师可以先让学生暂停讨论，提醒学生声音要小一点，然后继续进行讨论；教师也可以运用一些手势语，如"嘘"声加以控制。当然，效果最好的方法就是让讨论小组的组长监督，当出现过大的噪声时，学习小组的组长及时用手势或语言加以控制，以防噪声越来越响。

4. 因势利导

"问题学生"是指经常在讨论中表现不佳的学生，如讨论不积极、经常偏题、责任意识差等。教师应该深入小组，特别关注这些学生的表现，倾听他们对问题的理解和想法，观察他们完成任务的情况；此外，在小组汇报时，教师应多请这些"问题学生"作为代表发言，这样既检查了小组讨论的情况，又可以督促这些"问题学生"要积极参与到讨论中去。长此以往，"问题学生"必没有"问题"。

（三）培养学生自我调控

在讨论中，教师还要培养学生的自我调控能力，因为只有把教师的外在调控转变为学生的自我调控，才能长期保证讨论的有效性。

1. 赞赏鼓励

在讨论中注意强化学生积极的体验，引导学生注意发现自己努力的效果。当学生表现出色或取得进步时，教师要给予赞赏和鼓励。

2. 认识自我

当学生在讨论中有不愉快的体验时，教师应引导学生对自己的能力形成一个积极认识：学习过程中难免会遇到困难或挫折，失败并不可怕，关键是要让失败成为进一步努力的指路牌。只要积极地投入，讨论的技巧和能力就会大大提高。

3. 深入反思

每次讨论后，教师应引导学生及时反思自己和小组成员哪些讨论是对的、哪些讨论是不对的，决定哪些讨论要继续、哪些讨论要改变，以提高学生在讨论中的自我调控能力。

第六章

课堂讨论激励评价的原则

激励评价对一个人的成长很重要。激励评价是推动学生不断前进的一种有效动力，包含着表扬、赞美、赏识、激发、希望、鼓励等。教师可以通过激励性评价激发学生的自信心，调动他们的积极性。教师在引导课堂讨论的过程中，应该以满腔的热情关注每一个学生，对每一个学生的成功都给予热切的期望。在讨论中，教师要维护学生的自尊心，尽量多表扬、少批评，发现学生的闪光点，帮助其树立其自信心，激发其自主向上的动力。

评价是人们对某一事物的价值判断，它存在于人类一切有目的的活动之中。教育作为一种有目的的社会实践活动，离不开对教育过程、结果和目标实现程度的价值判断，这种判断过程就是教育评价。教育评价伴随着教育的产生而产生，随教育的发展而发展。

《基础教育课程改革纲要（试行）》指出，"改变课程评价过分强调甄别与选拔的功能，发挥评价促进学生发展、教师提高和改进教学实践的功能"。要充分发挥评价的教育功能，而不能仅仅把评价当作筛选与甄别的工具。评价的功能从鉴定功能转向导向功能，其核心就是激励学生潜能，激发学生热情，回归教育的本质。

激励评价既要注重近期效应，也要强调远期效应，而且要把促进学生向着真、善、美发展作为目标。当然，这就要求评价必须同评价对象内在的需求相适应，学生有了被评价的需求，对评价有信任感，把评价作为自身发展的需要，才能自觉评价和主动接受他人评价，并把外部评价转化为自身发展的动力。

第一节　主体性：因材施教

《教育漫话》的作者英国哲学家洛克说："儿童学习任何事情的最合适时机是当他们兴致高、心里想做的时候。"他的这句话道出了儿童学习的主动性。主动性是一种积极的情绪状态，学生兴致勃勃、兴趣浓厚、兴高采烈是学习的最佳情绪状态。与以往的教学理念相比，今天的教育尤其强调学生的主体性，强调以学生为中心，培养学生的自主学习能力。教学评价的主体性就是将学生的学习任务与学习愿望有机地统一起来，促使学生主动积极地完成学习任务。

评价学生，要尊重学生的主体性，培养学生的学习意识和学习能力。教师不仅需要调控好讨论的过程，更应该给学生以激励，教师夸奖的语言、赞美的眼神、支持的行为、热情的表彰，都是学生积极参与讨论的动力。

教学案例

《半殖民地半封建社会》（节选）①

上午上课回来，老师在博客上收到一个同学的留言。

愤怒的小鸟（2013-10-15　12:16:00）：

肖老师，您好！

今天上完你的课后，我还有个问题不是很明白。

今天在学习中国近代史时，"半殖民地半封建社会"的含义我还不是很理解，我理解的"半殖民地半封建社会"是国家的一半是殖民地、一半是封建社会，或者是政治上是殖民地的，经济上是封建的。

这个问题我思考了好久都没能想明白，希望老师您帮我解答。

谢谢，肖老师！祝你工作顺利，健康愉快！

老师的回复（2013-10-15　12:30:00）：

---

① 佚名.半殖民地半封建社会[EB/OL].[2013-12-17].http://wenku.baidu.com/view/e-77a6587767f5acfa0c7cd33.

这位同学很爱思考喔！老师很高兴看到像你这样好学的学生。下面老师给你解答一下：

第一，半殖民地的含义是指丧失了部分主权而不是全部的独立自主权，在政治、经济、文化各方面受帝国主义控制和压迫的国家。比如说，鸦片战争后，中国社会的"半殖民地"性质表现在政治上丧失了领土主权、贸易主权等，但清政府在形式上依然对全国实行管理。

第二，半封建社会的含义是原有封建经济遭到破坏，资本主义有了一定成分，但仍保持着封建剥削制度，在中国既保存了封建主义，又发展了资本主义。比如，经济上东南沿海地区的丝、茶生产依赖于世界资本主义市场的需要，日益殖民地化，但在中国广大内地，自然经济仍占主导地位。

老师这样说你能理解吗？如果不理解，回到学校可以直接来找老师，老师当面给你作讲解。老师很高兴你能开动脑筋思考问题，希望你能保持对学习的这份热情，在往后的学习过程中继续保持勤思考、爱动脑的好习惯，老师相信你一定能取得好成绩。

这位教师的评价就很尊重学生的主体性。回答学生的问题，不仅有引导，更有激励。教师不再只是灌输者，而是学生自主学习的组织者、引导者和促进者。

教师作为组织者，其主要作用是根据教材内容和学生的实际情况，设计教学方案，并组织学生开展学习活动，完成教学任务；教师作为引导者的主要作用是引导学生形成思考和分析问题的正确思路，启发学生去发现规律，诱导学生进行评价和反思，帮助学生及时调整自己的学习方法，以形成正确的学习策略；教师作为促进者的主要作用是为学生创设尽可能多的交际活动，尽可能提供具有知识性和趣味性的学习材料，包括影视多媒体、报刊以及其他学习资料，并给学生提供必要的帮助和指导。

课堂讨论是师生双边活动的过程，教师既要体现出学生的主体性，积极引导学生主动参与学习；又要体现教师的引导作用，用积极的激励评价，培养学生的主体人格，让学生们在主动获取知识的同时，还能提升解决问题的能力。

那么，如何在讨论中实现学生的主体性呢？

一、从被动到主动：唤醒学生主体性思维

（一）含义

从心理学角度看，激励是一个强化的过程。斯金纳的强化理论告诉我们，一个人的行为如果得到奖励，该行为就会趋向重复；反之，则减少重复。激励是一种正强化，它不但可以满足学生的归属、爱、自尊的需要，而且可以帮助学生建立自信，这种自信主要来自于教师的信任。信任是一种力量，这种信任是对学生作为独立的"人"的尊重，是把学生当作生动的、有个性的、有感情的人来看待。

美国心理学家罗森塔尔抽取某个学校 18 个班的部分学生名单留给学校，并说他们都是"天才"的学生。8 个月后他来学校复试，结果他发现他的名单上学生的成绩增长很快，求知欲旺盛，即使差生表现也很突出。而事实上，这些学生都是他随机抽取的，并不是什么"天才"。而他用自己真实的谎言，激励了这些学生，使他们更加自尊、自信、自强。这就是著名的"罗森塔尔效应"。这告诉我们每一个教育者要尊重每一个学生，赏识激励每一个学生，因为每个学生的发展潜能是巨大的，赏识就是承认每个学生的潜能并给予重视和赞扬，从而深入挖掘学生的潜能，使学生在其自身的基础上，尽可能地获得最大限度的发展空间。在课堂讨论中，我们应把学生当作主体性的个体，尊重其人格，淡化对学生的强制和约束，给予更多的启发、诱导和鼓励，激励学生大胆质疑，积极探究，拓展创新。此外，教师还要更多地重视学生在课堂活动中的参与和表现，而非活动本身及结果。

（二）方法

如果教师总是训斥、指责学生，给学生的大部分是负强化，那么，学生见你上课心里就发怵，哪里还谈得上被吸引？在课堂讨论中，尊重学生主体性的激励评价着眼于学生的成长，充分尊重学生的独立人格意识，肯定学生的主体地位，激励学生产生一种欲罢不能的浓郁兴致和竞争意识。也就是说，学生的个体行为在受到教师的激励之后，就会产生一种内驱力。只有产生了"内驱力"，学生才会把教师的教学目标变为个人的学习目标，才会由消极的"要我做"转化为"我要做"。在课堂上教师只有对学生表现出的积极、正确

的学习态度，学习信心和学习效果给予及时的肯定和激励，才会有效地激发他们的学习热情，才会促使他们把自己作为学习的主体，从而自发、主动地思维，并最终完成学习任务。

在讨论中，教师可以根据学生的特点给予学生表扬，比如，对爱动脑筋的学生，表扬他智慧；对愿意和老师、同学交流的学生，表扬他懂得倾听，热爱分享；对观点鲜明的学生，表扬他见解独到等。还可以评比一些，比如，"智慧之星"、"发言之星"等一些具有激励性的称号，来激发学生的学习兴趣，使每个学生在讨论中都能展示自己的个性特长，获得成功的体验。当然，教师的评价要强调双向互动性、激励性、针对性和建议性，只有这样才能使学生既看到自己的进步，又知道自己的不足，这有利于学生增强信心，不断改进，可以充分调动他们学习的主动性和积极性。

二、从口动到心动：挖掘主体性创造思维

（一）含义

德国教育家第斯多惠说："一个真正的教师指点他的学生的，不是已经投入了千百年劳动的现成的大厦，而是促使他们去做砌砖的工作，同他们一起来建造大厦，教他建筑。"教师要大胆放手，激励学生自主合作、探究交流，把想象的空间、思考的时间、思维的过程还给学生。教师主要是引导、点拨、纠偏、调控，不仅要使每个学生都能积极参与学习，而且要让他们会学、要学、乐学，富有创造性地学，真正成为学习、认知的主体。

创造性思维是人类思维的高级形态，是智力的高级表现，它是在独特地、新颖地解决问题的过程中表现出来的智力品质，其目的是得到具有社会价值或个人价值的新理论、新看法、新产品。学生的创造性思维主要表现为敏锐的观察力、丰富的想象力、深层的思维能力，迅速、流畅、独特的解决问题及动手操作的能力。

创造性思维的产生、发展和形成是一个复杂的心理过程，它要受着动机、兴趣、情感、意志和性格的驱动和制约。创新意识和品格主要表现为创造兴趣浓厚、求知欲强烈、不畏权威、敢于独立思考、意志坚定、能经受失败挫折、持之以恒等。激励性评价正是通过营造宽松、和谐的课堂氛围激励学生的创造性思维。在这种氛围中，想象驰骋，思路纵横，多种想法涌动、交会，

使学生碰撞出创造的火花，引发创新的潜质，使课堂成为学生积累释放、组合、撞击的舞台。由于"创新"的成功，学生可以获得精神上的满足和愉快，并希望尽快地得到老师和同学的认可和祝贺。而老师的及时激励强化巩固了学生的这种满足和愉快，促使学生去争取新的"创新"的成功，从而鼓舞学生创造性思维的培养。

（二）方法

善于发现问题与提出问题是创造潜力的重要标志。爱因斯坦说：提出一个问题往往比解决一个问题重要。提出问题往往是创新的开始，也是创新的动力。通过教师的启发和引导，如果学生能主动提出有创见的问题，就说明学生的主体性得到了较好的体现。

当学生提出疑难时，教师应启发学生主动讨论，组织学生认真剖析，去伪存真，抓住本质，把握重点，攻克难关。

教师要鼓励学生以研究者与创造者的姿态去独立思考，积极引导学生大胆质疑，鼓励学生多提问题，提出与众不同的设想，启发学生通过自己的思考去解除疑难。如果学生对教师的提问有独到的见解，教师要热情鼓励。对教师的解答，如果学生有不同看法，也应肯定学生独立思考的能力，不要挫伤学生的积极性。在质疑问难中，教师对不同意见的激励，既培养了学生的创造思维，又提高了学生独立分析问题的能力，打破了传统教学中教师讲、学生听的被动灌输模式，实现了从口动到心动的转变过程。

三、从心动到行动：推动主体性研究思维

（一）含义

传统的知识本位教育观，让教师将学生当作知识的容器，忽视了人作为"完整的人"的独特个体生命的存在。在这样的课堂中，丰富多彩的生活体验和感悟被机械化、工具化的标准答案扼杀。清初教育家颜元说："心中醒，口中说，纸上作，不从身边习过，皆无用也。"当学生将被动接受"死"的书本知识转化为生动的生活世界，教学才算真正"动"起来。在课堂讨论中，我们往往遵循这样的过程："描述—交流思辨—研究探讨—实践"，这让学生的思维得以推进，并在推进中完善对学科的认知和理解，从而使学生实现由心动到行动的过程。

当然，学生的参与态度将直接影响着讨论的成效。这就需要教师通过激励评价吸引学生的有效注意，引领学生在充满激情的讨论中有所提高。从心动到行动的过程是学生行为、情感参与的过程，更是思维参与与推进的过程。在教师的激励下，学生通过讨论原因、过程、结果等促进三维目标的达成。

（二）方法

教师通过引导学生讨论，推动学生的主体性创新思维，使学生"自由地呼吸"，使学生的创造潜能得以充分释放。讨论学习不能只停留在对教材的感知、理解上，应该深入生活现实，使学生有机会运用知识解决实际问题，从而充分发挥学生的主体性和创造性，最终从整体上提高学生的素养。激励性评价有利于提高学生探索和发现问题的能力，这对于学生今后的发展以及解决实际生活问题有着重要作用。

激励性评价在激活学生的生活体验和道理感悟中扮演了非常重要的角色。在讨论中，教师的激励性语言可以很好地推动学生的主体性创新思维。比如，教师在发现学生明白了超出其认知范围的知识时，可以用"你一定是个爱学习的好孩子，老师没有教，你就会了，老师和同学们都要向你学习"这样的话语加以引导，以便激活学生丰富的生活积累。同时教师可以通过动情的声音，赞美的语言、眼神以及爱抚的肢体动作，给学生以心理上的安慰和精神上的激励，充分调动学生学习的积极性和主动性，使学生的思维更加活跃，探究热情更加高涨。

在课堂讨论这一特殊的认知过程中，学生是认知的主体，只有尊重学生主体，唤醒学生的主体意识，才能充分调动起学生的积极性、能动性和创造性。而激励性评价正是通过创造宽松、和谐的课堂氛围、开放的心理环境，使学生真正成为学习的主人，培养学生的创造性和研究性思维。通过激励性评价，教师可以把"讲堂"变成"学堂"，把"听课"变成"做课"，学生的创造潜能将得到最大限度的开掘，主体性也将得到最大限度的发挥。

第二节　发展性：一马当先

在课堂讨论激励评价中，发展性评价就是根据一定发展性目标，运用发展性的评价技术和方法，对学生素质发展的进程进行评价解释，使学生在发展性教育评价活动中，不断地认识自我、发展自我、完善自我，不断积淀、发展、优化自身素质结构，并在德、智、体诸方面的素质得到和谐的发展。发展性评价目标紧紧抓住学生素质发展的根基和生长点，着力于发展学生相对稳定的、长期发挥作用的、终身受益的品质结构，从而使评价目标具有发展的阶段性和连续性。

"找规律—搭配问题"一课是国标本数学三年级下册的一个内容，特级教师吴金根老师在上课时，借用了四年级的教材，他以引导学生"主动学习，探索研究"为着眼点，依托生活中的"规律"性东西，充分发挥学生的学习主动性，使该课既源于日常的生活知识，又不局限于学生已有的生活经验，把生活中经常看到的、无序化的东西，通过投影演示、动手操作，引导学生进行有序的思考，教师还适时渗透了模型化的思想，真正达到了新课标所要求的"自主学习，主动探究"。

教学案例

从"无序"走向"有序"①

一、创景设疑，激发兴趣

师：（幽默风趣）今天我来这里上课，心里非常高兴，想着要见到同学们，应该要穿得漂亮些，吴老师的家里有这么多颜色的领带与衬衣，请你们帮我选择一下，我该怎么搭配才好看呢？

接着，投影出示了三条不同颜色的领带与三件不同颜色的衬衣。

师：你们认为一共有多少种搭配方法，老师可以有多少种穿法？

---

① 佚名. 引导学生从"无序"走向"有序"：听特级教师吴金根老师"找规律"一课有感［EB/OL］.［2013-09-15］. http://www.shuxueweb.com/minshi/HTML/7051.html2007-5-2.

学生颇感兴趣，一个劲地猜老师可能会怎么穿？

生1：我猜是6种。

生2：我猜是9种。

生3：我猜……

师：看来同学们都很关心吴老师啊！你们的搭配方法老师要回去试验一下。

二、小组合作，建构模型

师：好，刚才大家猜到了老师会有9种不同的穿法，为了大家方便地看出来，我在黑板上用简单的符号画出来。

老师依次用简笔画画了三条领带、三件衬衣。

师：通过观察，你们现在知道有多少种不同的搭配了吗？

生（齐）：9种。

师：怎么才能做到既不重复又不遗漏呢？请哪个同学上台来演示一下。

一生上台操作，三条领带与三件衣服搭配，先连一条领带与三件衣服，再依次连接其他的领带与衬衣。

师：同学们，看了刚才这位同学的操作，你们知道领带的条数与衬衣的件数有多少种搭配方法吗？

同桌交流。

生1：我是这样想的：$3×3＝9$。

师：你们能用连线的方法很快地找到答案吗？

学生小组合作，用线连一连。

师：谁来说说现在你是怎么想的？

生2：抓住领带找衬衣。这样搭配的话，就有9种可能。

师：看来这位同学平时在生活中是一位做事有条理的孩子。

师：同学们在买东西的时候经常会面临选择。比如：我要买一个木偶娃娃，再配上一顶帽子，帮我看看有多少种选择呢？

师：（出示两顶帽子和三个娃娃的简笔图画）请你们连一连，有多少种搭配的方法？

学生小组合作得出6种。

师：木偶的个数与帽子的顶数有多少种搭配方法吗？

（学生得出：2×3=6）

三、唤醒经验，寻找规律

师：学到最后，老师又要请同学们来帮忙了，先猜一猜：吴老师平时可能有多少套西装、多少双皮鞋？

学生猜出多种可能。

师：现在有4种答案。你们认为哪些情况不太可能？

生4：我认为一双皮鞋配8套西装和8双皮鞋配1套西装不太可能。

师：为什么不可能？

生4：这样穿法似乎不讲究卫生。

师：好，按照你们的说法，会有多少种搭配的方法呢？

小组讨论。

师：你们是怎么找到答案的？

生2：我是这样想的：2×4=8，4×2=8。

生3：4+4=8。

师：那么，你们找到规律了吗？

生3：找到了……

吴老师每一次引导学生讨论后，都会给予学生激励性评价，从而创设了良好的讨论氛围。师生在互动过程中逐渐形成了一个"学习共同体"，在这个"学习共同体"中，就不仅仅是知识与技能的互动与交流，更是一种平等意义上的互动与交流。学生不但体会到数学学习的乐趣，而且思维也慢慢从无序走向有序，从而激发了学生学习数学的热情，真正促进了学生的发展。

一、发展性讨论激励评价的特点

（一）形成而非终结

传统的课堂教学评价注重的是学生的课堂回答与教师预设的答案吻合的程度，而对学生的思考过程、思维品质漠不关心。而发展性激励评价虽然也重视学生答案的正确度，但更重视学生在回答过程中发展、推理与创新能力的体现。

（二）多元而非单一

传统的课堂教学评价存在简单化的倾向，主要表现在追求答案的唯一性和纯知识化方面，运用单一的评价手段与方法，评价显得苍白无力，不能有效地促进学生的发展。而发展性激励评价则强调丰富性原则，从多元的角度去考虑问题。这主要表现在：评价的对象是全体学生，评价的内容是多方面的，评价的标准是多重的，评价的方式是多样的。

（三）互动而非单向

在传统的课堂教学评价中，教师以自我为中心，以绝对裁判者的身份来评判学生，主观色彩过浓，使学生难以获得客观的评价，也很容易造成师生之间的严重对立。而发展性激励评价注重评价中的互动，可以使学生的心灵世界产生强烈的共鸣。

（四）发展而非奖惩

传统课堂教学评价以奖惩为主要目的，视奖惩为引起学生重视教学和使学生课堂表现更为优秀的法宝。而发展性激励评价承认学生的个性差异，重视学生的个性发展，相信学生的判断能力，承认学生在课堂教学中的独立价值，尊重学生各方面的发展需求，尽管偶尔也会使用一些必要的奖惩，但它的本质特征是发展的而非奖惩的。

（五）动情而非冷漠

传统的课堂教学评价过分注重客观性，由冷静变为冷漠，学生不能从教师的语气、语调、神态、动作中感受到教师对自己的期待。而发展性激励评价则是在科学分析的基础上，强化情感因素，学生能够从教师情感化的语言、丰富的面部表情和得体的态势语中，充分领略课堂教学的乐趣，感受老师的澎湃激情和殷殷期望。

二、实现发展性讨论激励评价的多元化方式

（一）师评——激励与赏识

1. 关注差异

教师需全方位地了解每一个学生的背景、兴趣爱好、智力特点、学习强项等，认真地对待学生的个性差异，使用不同的评价手段，使每一个学生都能得到最大限度的发展。

2. 关注亮点

寻找闪光点，正确公正地评价学生。教师应及时发现每个学生的闪光点，哪怕是微小的进步，也要抓住契机，帮助学生找到自信，尤其是对学习有困难的学生，更应该倍加关注。

3. 关注新颖

讲究语言艺术，避免千人一面。如果教师经常说"你真棒"，"很好"，时间一长，学生就没有了新鲜感，评价也就失去了意义。教师应针对学生的不同特点，力求给学生一个正确、恰当的评价。另外，教师的面部表情也是一种极为有效的非言语式评价，常常以微笑鼓励学生，用赞许的目光肯定学生的进步，可以收到事半功倍的教学效果。

（二）生评——反思与欣赏

1. 自评——反思与成长

学生通过反思，给自己下结论。比如我能行、我真棒、加油等，激励性语言可以培养自信。教师要鼓励学生进行自我评价，此举可以提高学生的学习积极性和主动性，更重要的是自我评价能够促进学生对自己的学习进行反思，有助于培养学生的独立性、自主性和自我发展、自我成长能力。

2. 互评——欣赏与收获

教师的评价带有一定的价值倾向，对学生的行动有一定的导向作用。但对于学生来说，参与评价也是一次好的学习机会，能在评价别人的同时修正自己的错误，弥补自己的不足。学生互评，调动了学生学习的积极性，而且无论是从时间上，还是从空间上，都有教师无法比拟的优势，学生的互评更全面、更客观，常常能够记录下教师看不到的闪光点。学生互评能让学生学会欣赏他人，加强了学生之间的交往与了解。

3. 家长评——理解与鼓励

家长是学生的第一任启蒙老师，家庭教育对孩子的影响非常大。利用家长会，向家长宣传课堂讨论的方向、意义和要求，讲解评价的目的、形式，让每位家长了解课堂讨论，了解讨论中发展性的激励评价，成为评价的促进者。

三、实现发展性讨论激励评价的情感策略

评价的根本目的在于获得反馈信息，以帮助教师改进教学，促进学生发展，保证课程目标的实现，而不在于对学生发展水平做出终结性的评定，更不是利用评价结果对学生进行比较与分等。所以，要重视学生在讨论活动中的态度、情感、行为表现，重视儿童活动中付出努力的程度，以及过程中的探索、思考、创意等。即使活动的最后结果没有达到预期的目标，也应从学生体验宝贵生活经验的角度加以珍视。

（一）心中有爱，润物无声

讨论教学总是伴随着评价，评价是讨论教学的有机组成部分。讨论的有效进行取决于不同价值观点的碰撞，取决于学生和教师之间思想的交流，取决于来自师生的美好情感的润泽。在课堂讨论中，师生之间、生生之间、师生与文本等信息之间的沟通和互动中自然生成评价，与课堂教学浑然一体，贯穿于教学的每一个环节，最大限度地介入学生成长的过程，从而直接促进或者阻碍学生的发展。

在讨论过程中，教师不仅要关注学生是否掌握了相关的知识，还要关注他们的技能发展程度，更要关注他们投入活动的欲望和参与活动的热情，他们在活动中的情感变换，他们为此付出的艰辛和努力，他们尝试的种种方法以及思考的方式，他们与别人合作的愿望和能力等。这时候，教师要用充满爱心、饱含真诚的声音，和学生们进行交流；用智慧的语言、适时的点评启迪学生的心智，使课堂充满活力，充满魅力，充满勃勃生机。

比如，学生的想法有道理，但表述得不够清楚，这时教师千万不可全盘否定，可以说"你的想法很有道理，老师已明白了你的意思。如果说得更明确些，那么大家都能明白你的意思了，试试看"。学生的想法即使是完全错误的，也应用委婉的口气说："看得出，你正在积极思考，但这种结论是错误的，没关系，再想想。"学生的想法出乎老师的预料，但很有道理，教师可以欣喜地说："有创新，老师也从你的想法中长了见识。"这些就是发展性激励评价的"心中有爱，润物无声"，学生也就在如沐春风的评价中，得到了发展。

（二）晓之以理，动之以情

对学生进行激励性评价是激发学生学习兴趣，帮助学生养成良好的学习习惯，引导学生形成积极、健康的价值观，促进学生全面发展的重要手段。教师应赞赏每一位学生的独特性，赞赏每一位学生的微小进步，赞赏每一位学生的努力付出，使学生在教师的激励性评价中获得自信。

任何一个学生的性格特点都是不同的，在发展过程中总有个性差异。因此，在教学评价中，教师应从实际出发，区别对待，做到因人而异。对学习有困难、学习缺乏主动性的学生来说，教师应根据情况晓之以理，动之以情，在感情上缩短与学生的距离，激励学生，调动其积极性和自信心，师生共同创设和谐的教育情境，从而达成教育目标。

心理学研究表明，任何知识活动、群体性活动都是在情感的动力影响下进行的，情感也是维系集体和谐稳定、团结进取的纽带。给予学生评价，就应让学生对教师产生亲切感，是他们亲密无间的伙伴，"亲其师，信其道"。比如，教师面对那些沉默的学生，应该不断地激发他们表达的欲望，用积极的语言，让他们感受到心理上的信任感、思想上的责任感、学习上的紧迫感，进而投入自身的发展中。

（三）丝丝扣人，句句关情

在讨论的过程中，教师丝丝扣人，句句关情的激励评价往往能收到意想不到的效果。只要教师用真情激荡真情，温暖传递温暖，拿出一片诚心、一番苦心、一颗爱心，必然会打造出一批"精品"，也必然能让学生获得更好的发展。

比如，学生的发言感动了全班同学，教师可以说："你的发言如此的流畅，如此生动，如此精彩，更重要的是，你感染了全班同学，你用你真挚的情感深深地打动了我们。"这样的激励性评价，会让学生朝着更好的方向发展。再比如，学生流露了自己的理想和坚定的信念，教师可以说："信念就是这样一个火把，它能点燃你的潜能。相信你也能飞向梦想的天空。"学生也会因为这样的评价而激发斗志，打造属于自己的一片天。

第三节　过程性：以生为本

讨论过程性激励评价中的"过程"是相对于"结果"而言的，具有导向性，过程性评价不是只关注过程而不关注结果的评价，更不是单纯地观察学生的表现。相反，它更加以生为本，更加关注教学过程中学生智能发展的过程性结果，如解决现实问题的能力等，及时地对学生的学习质量水平做出判断，肯定成绩，找出问题，是过程性评价的一个重要内容。

教学案例

《和平与发展的时代》（教学片段）①

师：同学们，我们经常从报刊、电视中看到一些国家和地区不断发生冲突，甚至战争，导致社会混乱、人民流离失所，不得安生。也看到各国人民在联合国和其他国际组织的协调下，解决了一些国际冲突、经济发展、环境保护等各国人民的共同利益问题。这说明当前的国际社会仍然是十分复杂的，那么我们该如何看待当今世界的总体形势呢？

生1：20 世纪下半叶，世界和平形势有了很大变化，避免了世界性战争的发生，这是世界人民共同努力的结果。但是，世界并不太平，和平与发展问题仍然突出，战争的隐患依然存在。

生2："和平与发展"是当今时代的主题。邓小平指出，现在世界上真正的大问题，一个是和平问题，一个是经济问题或者说发展问题。可见，和平与发展是当今时代的主题。

师：很好！你们看问题都很透彻。那好，我们今天就来探讨"和平与发展的时代"这个课题。我们都知道"和平与发展"是当今时代的主题，那么人类为什么向往和平？

生1：因为和平是人类社会生存和发展的基本条件。

---

① 符厚全.九年级政治教学实录[EB/OL].[2013-09-12].http://res.hersp.com/content/1355644.本文略有改动。

生2：和平是人类永恒的追求。

生3：世界要和平，人民要合作，国家要发展，社会要进步，已成为不可阻挡的历史潮流。

师：很好！同学们都可以当政治评论家了。那现在同学们思考一下，影响和平问题的因素是什么？

生1：霸权主义和强权政治。

生2：国际恐怖主义。

生3：宗教、民族、种族冲突，领土、资源纷争、贫困、环境恶化、毒品等问题带来的危机。

师：很好！这位同学看问题很全面。学知识就应该这样。同学们，当今世界仍很不安宁，第二次世界大战后虽没有再发生大的世界战争，但局部冲突不断。当今世界，霸权主义和强权政治有新的表现，有的大国常常打着"自由"、"民主"、"人权"的幌子，侵犯别国主权，干涉别国内政。民族、宗教矛盾和边界、领土争端导致的局部冲突此起彼伏。西方一些国家插手和利用这些纠纷，使问题更加复杂化。国际各种形式的恐怖活动危害着人们的安宁生活，贫困、毒品等问题更加突出。

师：同学们，总体和平、局部战乱，总体缓和、局部紧张，总体稳定、局部动荡，仍是国际局势发展的基本态势。世界人民还面临着争取和维护世界持久和平的艰巨任务。因此，谋求经济发展是时代的主流。同学们想想，影响发展问题的因素又有哪些呢？

生3：霸权主义和强权政治的存在是解决世界和平与发展问题的主要障碍。

师：很好，那什么是"霸权主义"和"强权政治"？

生3：霸权主义是指大国不尊重弱小国家的主权和独立，蛮横地对别国进行干涉、控制、统治，推行侵略扩张政策，谋求一个地区或世界的霸主地位的行径。

生4：强权政治是指超级大国以强凌弱，肆意干涉别国内政，任意宰割别国人民，侵害他国利益的政策和活动。

师：掌声鼓励一下，你们回答得很正确。当今世界正是由于少数国家推行霸权主义和强权政治，才使世界和平受到威胁，使许多国家特别是发展中国家的发展受到阻碍。因此，维护和平、促进发展，必须反对霸权主义和强权政治。下面同学们想一下，解决和平与发展问题的有效途径是什么？

学生脸上露出疑问。经过一番激烈的讨论探究后，学生开始举手回答。

生5：建立国际新秩序是解决和平与发展问题的有效途径。

师：这位同学可以说一下原因吗？

生5：为了和平与发展，必须改变旧的国际秩序，建立以和平共处五项原则为基础的有利于世界和平与发展的国际新秩序，这是抑制霸权主义、强权政治，解决和平与发展问题的有效途径，是每个国家生存和发展的最基本和最重要的外部条件。世界发展的主体是世界各国人民。世界的管理必须由各国人民共同参与。这是各国人民的共同呼声。

……

教育的奥秘不在于传授，而在于激励、唤起和鼓舞。教师应注重对学生进行激励评价，让学生通过讨论解决学习中的疑难问题。"教育不是注满一桶水，而是点燃一把火。"教师应该做一个充满智慧的引路人，用心去启迪学生的智慧，努力让学生成为充满激情的创新者。在教学中，教师不要吝啬赞许和激励，要以激励性评价为主，让学生保持愉快轻松的心情，品尝到成功的喜悦，从而强化自己的优势心理，促进个人的全面发展。

课堂讨论中的过程性激励评价具有很强的针对性，让教师更关注学生的学，通过教师的评价，学生也能不断了解自己的学习方向是否正确，从而不断调整自己的学习策略。

一、过程性讨论激励评价的基本内涵

关于评价，韦氏大词典的解释是："评价，决定或确定价值或数量。"美国《心理学词典》的解释是："evaluation，一般说来指对于某事的价值作决定。"[①] 顾明远主编的《教育大辞典》的解释为："评价，evaluation，指事物价值的判断。"[②] 过程性评价是指在教育、教学活动计划实施的过

---

① 雷伯. 心理学词典［M］. 李伯黍，译，上海：上海译文出版社，1996：290.
② 顾明远. 教育大辞典（增订合编本）［M］. 上海：上海教育出版社，1998：1188.

程中，为了解动态过程的效果，及时反馈信息，及时调节，使计划、方案不断完善，以便顺利达到预期的目的而进行的评价。过程性评价不可能通过一次评价完成，它应该是在学习过程中发生的、学习者参与的、渐近的价值建构过程。

激励性评价就是以激励性的评语鼓励学生正确的学习行为，或以建设性的批评指正学生错误的学习行为，激励学生不断地自我发展和自我完善。

过程性讨论激励评价着眼于通过过程性评价，激发学生参与课堂讨论的积极性，从而产生学习内驱力，以便更好地完成学习任务，是使学生积极主动学习的一种策略。

二、过程性讨论激励评价的重要特征

（一）关注学习的过程

学生在学习的过程中会采取不同的学习方式，不同的学习方式又会导致不同的学习结果。而现有的评价方式与评价工具，更多地侧重于对表层式学习方式所产生的学习结果的评价与测量，对于那些由深层式学习方式所导致的学习结果要么不予关注，要么无法评量，从而形成评价死角。过程性激励评价却恰恰关注学生学习过程中的学习方式，通过对于学习方式的评价，将学生的学习方式引导到深层式的方向上来。

过程性激励评价很好地填补了上述的评价死角。比如，过程性激励评价中的学生自评、互评的方法，可以使学生逐步把握正确的学习方式，树立正确的学习动机，掌握适合于自己的学习策略，从而提高学习的质量与效果。

（二）重视非预期结果

学生的学习过程是丰富多样的，不同的学生会有不同的学习经历，也会产生不同的学习结果。传统目标导向的学业评价，将评价的目标框定在教育者认为重要的、十分有限的范围内，这种做法使得很多有价值的教育目标被忽视，评价导向的积极作用被削弱。

过程性激励评价则将评价的视野投向学生整个学习经验领域，认为凡是有价值的学习结果都应当得到评价的肯定，而不管这些学习结果是否在预定的目标范围内。其结果是，学生的学习积极性大大提高，学习经验的丰富性大大增强。这正是现代教学所期待的最终目标。应当指出的是，过程性评价也会对学习的结果进行评价，只不过与传统评价所不同的是，这里的结果是过程中的结果，并且其评价标准不是预设的，而是目标游离和价值多元的。比如，学生自己的一些非正式的学习活动，如与人谈话、浏览网络、看电视或者阅读一些教师所列书单上没有的书籍等，都可能引发新的思考，这些新思考往往成为课堂讨论中新思想、新发现的重要来源。

三、过程性讨论激励评价的实施策略

（一）以赏识为导向

在讨论中，教师应该让学生主动参与学习的过程和探究的过程。只有主动参与，才能真正实现"人的发展"。因此，讨论中要多给学生畅所欲言的机会，对有独到见解的学生给予赏识与鼓励，对错误的看法要及时纠正，对不完善的提法要引导补充。让学生在学习过程中，其个性、特长得到发展，其情感、态度、价值观得到关切，从而使学习成为发自内心的需要，这样就能充分发挥学生的能动性，培养他们自主学习的能力，真正从"我要学"发展到"我爱学"。例如，学生回答老师提出的"雪化了变成了什么？"这个问题时，有一同学回答"变成了春天"，这是个颇有创意的回答，教师应多加赏识，而不能因为标准答案是"变成了水"而否定学生。学生会在老师的赏识中，放飞想象，发展创新能力和求异思维。学生能在学习的过程中获得学业特别是学业之外多方面才能的展现机会，产生的成就感更为强烈。

（二）以商讨为原则

课堂讨论过程需要及时的动态调整。合作、交流、互动、共进，讨论将成为一种变动不居、新奇多彩的活动。在讨论过程中，每位学生都能从对方汲取对问题的不同看法，借鉴他人的看法，可以弥补自己思维的欠缺或不足。因此，在讨论过程中，要建立一个接纳的、支持的、宽容的、民主的和睦气氛，师生之间、学生之间的互动评价要以商讨为宜，比如：我的不同看法你能接受吗？我的朗读是不是更有感情呢？我这样的表达是不是更具体、更生动呢？我不同意你的观点等，教师在为学生创造一个良好的思维和表达的氛围的同时，还要建立一个商讨性的评价环境，以方便进行过程性激励评价。

（三）以启发为目标

教师是学生学习的指导者，不仅要引导学生乐于学习，更要启发其学会学习。因此，在讨论过程中，教师应当帮助学生制定适当的讨论主题，并确认和协调达到目标的最佳途径，指导学生多维互动、深入探讨等。

（四）以激励为方法

学生是学习的主人，教师应充分尊重学生的主体性，积极鼓励学生对学习内容进行自我理解和自我解读，尊重学生的个人感受和独特见解，把思考、发现、批判的权利交给学生，使讨论过程成为一个富有个性化的过程。教师应该用生动、亲切、明朗的语言感染学生，最大限度地调动学生的主动性和积极性，从而活跃课堂气氛。

第四节　开放性：众说纷纭

讨论激励评价的开放性体现在教师面对质疑问难的情境中，依然能够开放思维的空间，挖掘教材中有利于学生创造思维的因素，给予学生充分的时间，使其或独立思考，或互相质疑，或大胆想象，或相互争议。教师应改变以单一答案为主的评价方法，采取多种评价方式对不同的答案进行评价。教师的评价应以激励学生为主，给学生正确的价值导向，语言要明白准确，避免功利性。

教学案例

《对声音的认识》（节 选）①

师： 经过上节课的学习，相信同学们对"声音"已经有了初步的认识，现在让我们一起来探究一下声音是怎样产生的？请同学们动手做一做，怎样利用桌上的器材，如直尺、橡皮筋、气球、玻璃杯、纸、笔、音叉等，让它

---

① 汤嘉陵. 初中物理课堂教学实录［EB/OL］.［2013-09-15］. http://www.docin.com/p-169201520.html. 本文略有改动。

230

们发出声音。比比看，谁的方法多，谁的发音方法有创意。

生：……

师：好，请大家思考一下刚才发出声音的各是什么物体？有什么共同特征？

生1：尺子、橡皮筋、气球、玻璃杯、音叉等，它们发声时都在振动。

师：这位同学很聪明。下面请同学们观察一个实验：敲打音叉，你们看到、听到什么？

生2：敲打音叉，音叉振动，发出声音。

师：对！这位同学观察得很仔细。

师：那如果将正在发声的音叉插进水中一部分，你们能看到什么？

生3：看到水花四溅。

师：回答正确，很棒！那如果用手握住振动的音叉，又会怎样呢？

生5：用手握住振动的音叉，声音会马上停止。

师：很好。证明你们都很细心地观察和思考了。下面请大家来看第二个实验：击鼓。鼓面在振动吗？如果在振动，你如何证明？能否让看到的人感受它的振动？

生6：在鼓上放纸屑，可以看到纸在跳。

生7：把乒乓球放在鼓面上会弹得很高。

生8：把手放在鼓面上感觉它在抖动。

师：好的，你们都很聪明。那么现在请同学们摸着自己的声带，说一句话，体会手上的感觉，说出自己的感受。

生5：说话时声音在抖动，是声带在振动，不说话就不动了。

师：这位同学，你的感觉和理解都很到位。那么通过以上的实验，你能得出一个什么样的结论？

生7：声音是由物体的振动产生的，正在发声的物体都在振动，振动停止，发声就停止。

师：好的，我们来掌声鼓励一下这位同学，结论归纳得很好。

教师不断地通过问题引导，促进学生对问题的理解和认识。开放性讨论激励评价，不仅能教会学生思考问题的方法，还能促进学生发散性思维的发展。

一、开放性讨论激励评价的特点

（一）含义

所谓"开放性"，是相对于标准化、封闭式而言的，即开放性评价的评价主体、评价时间、评价空间都是不设定条件的，它强调挖掘每个学生的发展潜能，促进学生学习的积极性，为每个学生的积极思维创造了机会和条件。其理念是教育公正、机会平等与价值多元。

（二）特点

1. 发挥主体性

对学生的学习评价不是老师的唯一途径，我们也可通过学生自评、小组互评的形式，使学生从被动接受评价逐步转向主动参与评价。如通过学生自评，提倡学生不断反思并记录自己的学习历程，激发学生的自信心，发展学生的自我意识。

2. 体现全面性

随着社会的发展，知识爆炸、竞争加剧、网络与信息时代的到来，仅仅掌握知识与技能已远远不能适应社会发展对人的要求。这就要求教师在评价过程中应更多地关注学生的其他方面，如积极的学习态度、创新精神，分析与解决问题的能力以及正确的人生观、价值观等，从考查学生学到了什么到学生是否学会学习、学会生存、学会合作、学会做人等进行全面考查和综合评价。

3. 尊重差异性

无论从哪个角度说，人总是有差异的，人的思维也不一样。根据差异性原则，教师应以最大的宽容鼓励学生去学习，允许有不同的态度，用自己喜欢的方法去学习。

4. 重视实践性

教师不仅要注重学生对知识的掌握程度，而且更要重视学生的学习过程和体验。比如，设计一份社会调查的作业，然后评价学生能否积极主动地完成这一调查任务，能否实事求是地分析调查活动的数据，是否在调查报告中表现出对存在问题的忧患意识，能否独立思考、提出与他人不同的见解。只有在参与过程中，才能有效地帮助学生形成积极的学习态度、科学的探究精神、正确的人生观和价值观。

二、开放性讨论激励评价的指导思想

（一）平等与机会：提供自我展示平台与自主发展的信心

美国"飞人"迈克尔·乔丹有一句著名的广告词："You can，I can，人人都能当明星！"在课堂讨论中，教师应通过开放性的激励评价为学生提供自我展示的平台，给学生自主发展的信心。在讨论中，教师们要善于发现那些躲在角落的学生，给予他们平等表达的机会，让这些学生清楚："只要他们自己努力，老师就会看得到，相信自己，自由展示的平台就在眼前。"

（二）开放与建构：培养批判性创新精神与探究性实践能力

建构主义学习理论认为，知识不是通过教师传授得到，而是学习者在一定的情境即社会文化背景下，借助其他人（包括教师和学习伙伴）的帮助，利用必要的学习资源，通过意义建构的方式而获得。讨论的过程是构建过程，不是被动吸收的过程，教师应该以培养学生的批判性创新精神与探究性实践能力为目的，通过开放性讨论激励评价让每一个学生都"品尝"思维的盛宴。

（三）协商与合作：拥有合作意识与合作精神

在讨论过程中，教师应强调学生协商合作。讨论小组成员相互支持，相互信任，相互配合，相互理解，面对同一个目标，大家齐心协力，以积极的态度共同参与，达到共同提高的目的，教师应该通过开放性激励评价来认可并强化学生的这种行为。

三、开放性讨论激励评价的实施策略

（一）营造宽松的心理氛围，发挥情感作用

开放性的课堂讨论，要借助激励性评价营造宽松的心理氛围，这样才能发挥情感的作用，促进学生的学习。营造宽松的心理氛围让激励性评价更有开放性。首先，教师要做到热情地倾听、积极地评价。热情地倾听意味着要共同接纳新颖的观点、想法；积极地评价则使发言的学生感受到自己是受欢迎的。其次，在讨论的过程中，教师应该引导学生无论是发表自己的意见还是评价他人的看法时，都要保持谦逊的态度和高度的注意力，这是打造开放民主学习氛围的基础，也是构建积极健康情感的要求。再次，激励性评价的开放性还体现在师生共同商议、学生之间不急于否定等方面。敢于表达和坚持自己的观点，同时也不急于否定别人的观点，这样，一个宽松民主的课堂氛围就形成了。最后，开放性讨论会得出各种各样的结果，面对不同的答案时，师生应求同存异，有时错误的意见表述也是一种有效学习资源。学生的质疑和探究在宽松的心理氛围中进行，学生之间、师生间不断地进行心灵的交流，完成了激励性评价的开放。

（二）创设多样的问题情境，促进主动探究

创设多样化的问题情境也是促使学生开放式讨论的重要方法。现代教学理论认为，教师不能只是传授知识，也应该想方设法设置问题情境，激起学生的探究欲望，让学生在探究的过程中积极思考。平铺直叙的讲解只会使学生感到空泛乏味，也难以启发学生思维。情境是问题的基础，问题是思维的动力，教师应该积极创设问题情境，尤其是要创设创造性问题的教学情境，善于提出一些富有挑战性的问题来砥砺学生的思维。这不仅仅是指培养学生用创造性思维来理解问题，更重要的是激发学生独立地去解决问题。

丰富的问题情境会激发学生的讨论欲望，就会迸发出更多思维的火花，此时，教师应该抓住这些教育契机来进行激励评价，通过评价来激发学生的学习兴趣，同时引导学生举一反三，逐步提高学生思维的抽象程度和思维活动的广度、深度。当一些高质量、有思维价值的、值得学生争论的问题出现

时，学生会变得更加积极主动，他们的讨论也渐入佳境，一个更为开放的讨论环境也就形成了。

（三）变换不同的知识载体，建立思维线索

在课堂讨论的激励评价中，教师要本着开放性原则，鼓励学生自主构建知识意义，完善认知结构。如果学生能够建立起一个良好的认知结构，这对于他继续学习或解决问题都会起到积极的作用。当学生遇到新问题而不知所措，无从下手时，教师可通过帮助学生变换知识载体，建立思维线索，激励学生进行自主分析和总结。

在讨论中，变换不同的知识载体可以让论题不过于简单，能打开学生思维的闸门、有一定挑战性。为讨论建立思维线索，则可以激励学生沿着这些线索展开讨论，逐步超越教师的预设，通过鼓励学生生成新的学习问题，提出有创新性和超越式的见解，激发自主学习兴趣。变换不同的知识载体和思维线索可以让激励性评价更具开放性，通过教师的评价和引导，学生从不同角度去思考，在讨论中通过生生思维的互相碰撞、互相启发，探寻更多答案及对问题的理解。

第五节　实战案例：如何进行激励评价

一、实战案例

《一棵开花的树》教学实录①

师：这棵开花的树是诗人灵魂的潜影，它生长在诗人精神的原野，是诗人情绪的流动与飞扬，是诗人的情感的外化。别林斯基说："美是从灵魂深处发出的。"下面请同学们用简短而精彩的语言阐释美，每位同学只谈一点即可。

---

① 董一菲.《一棵开花的树》教学实录［EB/OL］.［2013-09-15］. http://dongyifei.blog.zhy-ww.cn/archives/2010/201062185919.html. 本文略有改动。

生1：本诗富有真情美，读过之后感觉作者的感情像繁复的花瓣一样一层一层地舒开，所有甘如醇蜜、涩如苦莲的感觉正交织在心中，人应有情，有了情才会热爱生活，珍惜生活的每一天，珍惜每一个有鸽哨的日子，珍惜阳光洒过的每一个角落。

师：像诗一样优美，解读诗就应该用诗的语言去表现。

生2：我觉得本诗中还有一种细节美。诗中有很多的细节，比如"当你走近，请你细听，那颤抖的叶是我等待的热情"，作者抓住这一细节，能使读者感受到作者在那一瞬间的激情，这也使我想起席慕容《重逢》中的一句："我们一无所有，也再一无所求。"

师：细节美是很重要的，没有细节就无以感人。没有细节，也就没有诗，也就没有艺术，愿我们每一个人都有一颗善感的心，去拥抱生活与艺术。

生3：席慕容的每一首诗都是一幅画，可谓诗中有画，我认为读她的诗是一种享受，能让人找回自己的年龄，找到似乎已经消失的东西。同时，在这首诗中也可以看出席慕容倾注了百分之百的情，要不她怎么会写道："朋友啊，那不是花瓣，那是我凋零的心。"

师："诗如画"是一个传统的命题。你知道席慕容是学什么专业的？

生3：绘画。

师：太好了，所以席慕容的诗画面感特强。

生4：我觉得这首诗有一种凄凉美。这首诗表现出作者对爱情的无望、伤感。让我想起了一段把爱情比作云的对话："烟花永远的美丽在于它的短暂／刻骨铭心的爱情永远没有痕迹，坚持却显得无望，因此永远没有开启的一天，我们的心像一朵飘在空中的白云，一路飘着，直到积满灰尘和眼泪，无望地从空中落下。"

师：凄凉美，这话题不错。这首诗老师没有读过，能告诉我它的作者吗？凄凉美、哀伤美甚至绝望美都是一个话题，这种美独具魅力而又风姿绰约，有这样一句话："感伤是一弯残月，它拥抱着未来的圆满，有着独具的魅力。"希望同学们好好体会。

生5：从《一棵开花的树》中，可以看出席慕容对爱情的执着，就像她在《错误》一诗中写的一样"假如爱情可以解释，实验可以修改，假如泥污的相遇，可以重新安排"，表现出她对爱情执着的追求和赞美。

师：对美好事物的执着是人类令人感动的品质，我们已在《诗经·蒹葭》中体会过"朔回从之"和"朔游从之"的执着，也在《九歌·山鬼》中体会了"乘赤豹兮从文狸"的山鬼的执着，那样的美足以感动天地。

生7：这首诗中有一种瞬间美，艾米莉曾说过："真正诚挚的爱，体现在最细微的地方。真正永恒的感情，表现在最短暂的瞬间。"在那句"而当你终于无视的走过，在你身后落下一地的"这一瞬间，我们能感受到"花的凋零，树的哭泣，女孩破碎的心"。

师：瞬间美，很好的命名，这一瞬间很精彩，胜于永恒。

生8：我觉得这首诗不但具有瞬间美，而且还具有永恒美，记得雨果曾经说过："对于爱情来说，年是什么？它既是分钟，又是世纪，说它是分钟，因为在爱情的甜蜜中，它像闪电一样稍纵即逝，说是世纪，因为它在我们身上建筑，生命之后，达到永恒的幸福。"所以我觉得这首诗同时具有瞬间美和永恒美。

师：瞬间美和永恒美就像一把双刃剑，令人向往而发出美的赞叹。

生9：本诗以开花的树为意象，表现它的含蓄。花易落，使我想起了舒婷的《致橡树》，以木棉作为女性追求爱情的象征："你有你的铜枝铁杆，像刀，像剑，也像戟；我有我的红硕花朵，像沉重的叹息，像英勇的火炬。"这也是棵开花的树，与本诗有异曲同工之妙。

师：关于树的意象，在中国诗歌史中源远流长，《诗经》中有"昔我往矣，杨柳依依；今我来思，雨雪霏霏"；宋代贺铸的《半死桐》借助半死桐的形象抒写对死去的妻子的怀念。

生10：首先，我认为这是一首情诗。其次，我认为这首诗具有象征美，情诗的最高境界是"爱意仿佛是河里的游鱼，捉摸不定，若隐若现"，象征手法的运用层出不穷，这才是情诗观止，而此诗的好处正在于此。

师：很别致。

生11：这首诗有些缺钙，理性之美就应该是诗中的钙，我认为应该找个时间为中国文坛补一补钙。

师：很精辟，敢于发表与众不同的见解。最能够将一己的悲哀推广成天下人情怀的，这个人还要数杜甫。当自己的茅屋为秋风所破的时候，他却唱出"安得广厦千万间，大庇天下寒士俱欢颜"；当他在"安史之乱"中躲避战乱，只与一条破船为生的时候，他还要吟唱："戎马关山北，凭轩涕泗流。"

生12：这首诗有一种追求美，每一句诗都流露出作者对爱的渴望与追求。泰戈尔说过："相信爱情，即使它给你带来悲哀也要相信爱情。别深锁紧闭你的心。让悲哀的爱情在你的眼睛里醒来。"虽然作者最后没有得到心底的那份爱，但她一直都在积极地追求，所以这首诗有一种追求的美。

师：美在过程，难怪李泽厚的中国美学著作书名叫《美的历程》。

生13：这首诗有一种组合的美。单看某一句，没有华丽的辞藻，但各句组合在一起，却显得华丽绚烂无比。另外，在组合之中我感觉有些"太极拳"的味道。打太极拳"只重意"，"不重形"，但把所有的武功忘掉，刚柔并济再和敌人交手时就能练成。

师：艺相通，道相同，用一个"太极拳"来说明席慕容的"春梦无迹，大雪无痕"，非常棒。

二、实战经验

（一）激励性评价要实事求是

1. 尊重学生情感，更尊重客观事实

尊重学生的情感，激发学生的学习兴趣，更要尊重客观事实，二者并不矛盾。教师评价学生应该从实际出发，始终坚持客观公正的原则。面对问题不回避，坚持事实。可适当采用中性评价，使学生明白正误，以保持知识的严谨性。"很精辟，敢于发表与众不同的见解"，"艺相通，道相同"，用一个"太极拳"来说明席慕容的"春梦无迹，大雪无痕"，"非常棒"等，教师对每一个学生的回答都进行了十分到位的点评，既拨动了学生的情感琴弦，又升华了学生的学习思想。

2. 尊重主体地位，更尊重主导作用

董老师不断用"太好了"、"很别致"、"很精辟"、"非常棒"等鼓励性的话语来激励学生。学生的主体地位很多时候是通过教师的评价体现出来的，当学生说出自己的理解的时候，教师提供了重要的激励性评价，学生在教师评价的基础上，进一步感知、理解，运用自己的智慧学习。当然，激励性评价的主体可以是教师，也可以是学生。学生由于年龄、心智不成熟，易受情绪支配，缺乏主见，盲从别人，尤其是易为班上的"明星"学生所左右。凡是"明星"学生做的、说的都是对的，大加赞赏；反之，则全盘否定。这时，教师就需要发挥主导作用，正确引导学生细辨真伪，全面、客观地去评价每一位学生，做到实事求是。

（二）激励性评价要激励为重

新课标强调："评价要激励学生的学习热情"，"评价要充分关注学生的个体差异，发挥评价的激励作用，保护学生的自尊心和自信心"。强调以赞扬鼓励为主的肯定式评价，增强评价的正强化效应。教师把学生看作平等的伙伴、知心的朋友，与学生共同组建"学习共同体"。当学生谈到"过程美"时，教师就抛出李泽厚的《美的历程》，在认同学生、发挥激励作用的同时，也对学生的回答做了拓展。当学生谈到"理性美"的时候，教师更是表扬学生说："很精辟，敢于发表与众不同的见解。"而后，提出了杜甫的《茅屋为秋风所破歌》所表现出的凄凉美。这样的评价充分发挥了激励作用，通过充分尊重学生，培养学生的自信心，激发学生的学习兴趣，强化学生的学习动机，促使学生积极主动地参与讨论学习。评价学生，我们尽量不用指令性、裁判式、批判式语言，而是尽可能挖掘他们的优点，进行肯定式评价。

激励性评价要把关注学生的个体差异和面向全体有机结合起来。学生在发展过程中存在着个性差异，教师应从实际出发，区别对待，要做到因人而异，随时就势，在面向全体学生的同时，实现发展学生个性的良好愿望。对于教师常用的"你真聪明"这一评价，很值得商榷。由于学生的资质有差异，性格不同，有的学生长于表达，反应快，就显得很"聪明"；有的学生性格内

向，胆小怕发言，拙于语言表达，属于内秀型；有的对问题的理解比别人慢一些，反应慢，也就是说总有一些"不聪明"的学生存在。而"你真聪明"的评价只能面向班上少数的尖子学生，对较多学生是不公平的，负作用较大。说"你真聪明"，还不如"少夸聪明，多夸进步"。多夸学生后天的努力，对大家来说是更为公正、公平的评价。

（三）激励性评价要适时适度

教师的每一次评价都很适时适度。当一位学生回答结束后，教师都会用简短的语言、激励的态度，帮助学生或概括归纳，或升华思想，不断推进学生的思想和情感，让学生围绕论题进行更深层次的讨论。

1. 适时

及时是指教师在评价时，要根据学生取得学习成绩的大小和努力水平，及时采取适度激励，以达到鼓励学生努力学习的目的。"及时"是指教师要正确把握对学生进行激励的时机，必须根据学生的表现随时给予评价，以追求激励的最大正效应。心理学表明，人对事物或问题的注意力持续时间是有限的，因而应抓住学生对激励要求最强烈的时机进行激励。比如，当学生提到"凄凉美"，并且借助一首诗来表达"爱情的凄凉"时，教师就适时地说："凄凉美，这话题不错。这首诗老师没有读过，能告诉我它的作者吗？凄凉美、哀伤美甚至绝望美都是一个话题，这种美独具魅力而又风姿绰约。"我们发现，教师并没有因为自己没有读过学生所说的诗而避而不谈，而是及时地给学生反馈。一般情况下，及时的程度与学生的年龄成反比，即年龄越小要越及时。古人提出的"责不愈时"就是这个道理。要善于发现学生的点滴进步，并能及时、得体地对学生积极激励，促使学生及时把握学习情况，调整学习行为，改进学习策略，以达到强化学习动机、巩固学习效果的目的。

2. 适度

适度是指进行评价激励的程度既要符合学生取得学习成绩与付出努力的大小，又要注意现有的能力和能够开发的潜在能力。激励不足和激励过度都是不可取的。教师的激励恰到好处，教师并没有满口的溢美之词，而是实事求是地根据学生的回答给出自己的看法和理解。比如，在学生谈到"细节美"

时，教师并没有直接评价学生的回答，而是说："细节美是很重要的，没有细节就无以感人。没有细节，也就没有诗，也就没有艺术，愿我们每一个人都有一颗善感的心，去拥抱生活与艺术。"相信学生听到老师这样高度的认同时，获得的是最好的鼓舞。美国著名教育心理学家吉诺特说："赞美具有摧毁性！赞美具有建设性！"言过其实的赞美具有摧毁性，适度的赞美才具有建设性。

三、实战策略

激励性评价，可以使学生的学习积极性形成内在动力，朝所期望目标前进，最终达到成功。教师恰当而富有激励性的评价，会在学生的心灵深处激起波澜，萌发顿悟，产生共鸣，从而促进学生形成健康、奋进、知难而上的心理。在教学中，当学生取得进步时，哪怕是一点点，教师都应给予适当的评价。尤其是对那些心理压力重的学困生，更需要老师的赞许去帮助他们减轻学习的压力和心理负担，帮助他们找回自信，树立自信。多鼓励学生，便于培养他们勇敢的精神、积极的态度。

（一）教学中激发兴趣

"内因起决定作用"。激励性评价的最终目的就是无论在什么样的条件下，都要激发学生内在的潜力。进行激励性评价，学生的内心感受和需要是根本，因此要对学生的言行赏识和激励。长此以往，学生的学习兴趣自然提高。有了学习兴趣，自然就有了学习动力。实质上，教师就是播种快乐的人。

（二）活动中激励育人

结合活动对学生进行有针对性的激励评价，往往会收到意想不到的效果。比如，运动会结束后，可以组织讨论，表扬学生是热爱集体的好孩子，是飒爽英姿的好健儿。又如，开学见面时，可以组织讨论，让学生自己感受自己的变化，激励他们成熟了，长大了，懂事了。学生在这样的激励与赏识中慢慢懂事，上进，健康快乐地成长！

（三）环境中激励做人

环境可以改变人。我们应该利用环境资源对学生进行激励性评价。在课堂讨论中，教师要不断传达给学生"你能行"、"相信自己"、"热爱生活吧，你才会发现生命真的很精彩"、"力争上游"、"拼搏进取"的信息；同时将"天行健，君子以自强不息"、"三更灯火五更鸡，正是男儿苦练时"、"超越自我，挑战未来"等类似句子拿出来组织讨论，让学生在健康和积极的环境中，唤醒自强不息的意识，激发向上的斗志，激励无限的潜能。

（四）沟通中激励成长

沟通就是心灵与心灵的交流。哪怕是在学生发言不理想的时候，也说"我永远相信你！"哪怕是学生一言不发，也轻轻地拍一下肩膀。甚至是讨论结束后说："××，你今天真不错，听课那样认真，老师真为你高兴！"

激励评价，是实现师生有效交流的重要方式。作为教师，要想真正组织好课堂讨论，就必须把情感投入在学生身上，做真正爱学生的人，把自信和亲切带进课堂，让学生在激励的氛围下投入真心的爱——这是一切教育的核心与原则。让我们用会心的微笑，绽放如茉莉般的容颜，把学生心理健康之果，呈现在祖国未来的蓝图里。只有这样，才能正确评价学生，从而激励学生健康成长。

后　记

构建富于创造性的课堂载体

　　当前，素质教育以及基础教育课程改革不断推进，以人为本的教育理念也在逐步深化。为了在教育实践层面切实提升教师职业素养，深化教师教育改革，培养造就高素质专业化教师队伍，2011 年 10 月，教育部颁布了《教师教育课程标准（试行）》，要求改进教学方法和手段，强化教育实践环节等。因此，为推动教育事业的健康发展贡献自己的力量，我们编著了这本《课堂讨论：高效课堂的思维激荡》。

　　课堂讨论是一种富有创造性的教学活动，更是一个新意频现的教学载体，它激发学生创造性思维的火花、激活创新潜能，扎实提高课堂教学效率，为沉寂的课堂注入新鲜的血液。教师组织课堂讨论看似容易，实则涉及领域宽广，内容丰富，要熟练运用并非易事。组织课堂讨论不仅需要口才，而且需要机智。创设情境、准备话题、展示交流、点拨校正、整合总结，一个宏观的讨论单元需要深思远虑；组织讨论的时机、分寸、节奏、推进、详略，一个微观的讨论细节也需要步步为营。如何引领全员参与、全程参与、主动参与、真实参与，保持思维的碰撞、情感的共鸣，更需要稳扎稳打。基于此，作者多年来致力于课堂讨论的研究，汇聚多方智慧，编著《课堂讨论：高效课堂的思维激荡》一书，诚心为一线教师及相关研究者提供一些有益启示，并为一线教师有效组织课堂讨论支招献策。

　　本书力图站在新的视角来审视课堂讨论，并提升为一个全面、系统、深入、实用的体系，为达到目的，我们在编著时突出几个特色：

　　一是教学理念的创新性，体现教育的人本精神。我们热爱讨论这一方式，我们认为参与讨论本身就是一种奖赏，参与的经验给人一种内在的满足感。所以，在本书中，我们力求体现"以人为本，以学生的发展为本"的现代教育理念，更致力于确立学生是"语言实践主体"的意识，希望学生真正成为学习的主人、实践的主人。通过教师教学技能的提高而将人本教育的思想落实到课堂实践中，真正实现教育培养人、塑造人、发展人的本质要求。

二是系统建构的全面性，提升教师的教育能力。全书紧密联系新课程理念，涵盖多学科知识，全面、系统地针对教师教学能力的提升而展开。施教者的能力决定教育效果，而课堂讨论作为富于创造性的课堂载体是每位教师提升教育能力的必修课，我们从课堂讨论的实际情况出发，有针对性地帮助教师们解决问题，让教师在阅读本书时学有所值、读有所获。

三是典型案例的实践性，突出施教的使用价值。本书引用的案例汇集了在教育改革中涌现的优秀教师的典型之作，经过作者的认真遴选、评点总结而成，代表了目前课堂讨论实践中的先进生产力。作者流畅的语言加之情境式的叙述，在娓娓道来中让施教者获得先进、有效的教学方法，深入浅出地给读者带来思维的火花、想象的空间，为精彩课堂制造"催化剂"。

编写的过程是艰辛的，大量的资料查阅，从纸质书籍到网络资源，从教学实录到教育故事，各类文稿及摘录笔记积满一大摞。我们从众多的文稿中含英咀华整理成书，这不仅仅是教育工作点点滴滴的真实写照，更是实践、反思、再实践、再反思的不断提炼；当众多优秀教师课堂讨论的思想和智慧跃然纸上时，我们相信大家看到的是一种求真务实、不懈追求创新的教育情怀，更是作者对教育责任的一种认真和执着。

在本书中，有对课堂讨论锐意探索的见解，也有实施课堂讨论的策略，更有课堂讨论的思考和感悟。在编著本书的过程中，我们参阅了诸多专家的研究成果及引用了大量优秀教师的教学案例，在此对他们表示衷心的感谢！本书虽然算不上鸿篇巨著，但凝聚了我们的点点心血。尽管我们以无比的热忱投入研究工作，力图让本书具有更高的质量和品位。但由于受时间、资料、水平等因素的限制，来不及做更深入的诠释，本书的疏漏错失在所难免，敬请广大热心读者谅解。我们期待您致邮王林发（wanglinfa999@126.com），我们将随时聆听您的批评指正，以期再版时能做到精益求精。

　　衷心希望本书能给教育领域的同人们些许启迪与思考。在此要感谢本书引用案例的作者们，是你们的精彩案例让本书有声有色地展开阐述，为读者提供了一个可以分享的世界。当然，更谢谢亲爱的您阅读了本书，让我们感受到满溯内心的温暖！

作　者

2015 年 9 月 12 日